治療は文化である

——治癒と臨床の民族誌（エスノグラフィ）　森岡正芳＝編

臨床心理学
増刊第12号
Ψ 金剛出版

目次

5——歴史と記憶——時の痕跡はささやく

6——病いと物語——実践を紡ぐ・文化を書く

7──生き延びること──生活者への帰還

1

治癒と臨床のエスノグラフィ

心と文化——治癒の源泉を探る

立命館大学

森岡正芳

はじめに

　文化と癒しの問題は根源的である。土居健郎（1971）『「甘え」の構造』，河合隼雄（1982）『中空構造日本の深層』，中井久夫（1990）『治療文化論』，ある世代では，臨床実践の支えとなる教養として日々話題になった文化論が，すぐさま連想される。このような卓抜な文化論にとどまらず，臨床家は自らの実践を通じて多少とも文化の課題にぶつかる。

　先達者たちの多くは欧米で学び，その錬成の途上，生活様式，人と人との関係の取り方，言語文化慣習の違いを意識させられたのだろう。力動論的とされる心理療法の世界ではその特徴から特に，自らが依って立つ文化の固有性に敏感となる。このような世代と時代性があった。欧米から理論と技法を旺盛に吸収してきて現在に至る。日本という文化土壌においてそれらがどのように咀嚼されてきたか，それ自体が文化と癒しの重要課題である。直訳しても意味は通りにくく，セラピーのプロセスには齟齬が生じる。それぞれの現場で臨機応変に翻訳解釈しながら活かすのが実情であろう。何よりもクライエントと家族がいる。その人の生活がある。その求め，状態に合わせ柔軟に修正する。理論と技法の積極的な翻案のあり方をよく見ると，私たちの文化の特徴が見えてくるかもしれない。

　一方で，文化と治癒に関わる状況は急速に変動している。高度情報化社会によるグローバルな均一化，多様なメディアの発達による生活基盤の変動。それらによって医療や福祉，教育の現場においても情報化と標準化が加速する。マイノリティ，多文化間対話，サブカルチャー，気候変動・環境汚染の問題が注目を集め，並行するように，宗教民族間差別意識による紛争葛藤が多発する。このような地球規模の変動は当然ながら，心の健康と病に関する観点を大きく様変わりさせた。

　そして本稿執筆時における現況——世界に蔓延している新型コロナウィルスによるパンデミックは，文明そのものを揺らしている。人と人の交流の仕方を根本から変えようとしている。この禍中，全世界の人々，私たち一人一人が生命の危機に瀕する事態にある。すでに人と人，国と国の間に差別と不信が渦巻く。非寛容の時代はますます深刻化しそうだ。「新しい生活様式」をこれからも長期間にわたって維持することが求められる。心の危機は文化の危機である。

病の多次元性

　心理臨床の場面で，文化を際立って意識させられるのはどういうときだろうか。相談に来られる人の主訴を聴く。直面している困難の意味は，その人の生活を背景においてはじめてわかるということが多い。たとえば，抑うつを訴えるクライエントが来室されたとき，どのように見通しを立てるか。まず人生や生活の出来

事に伴って必然的に生じたと推測されるうつと，疾患，症候群の一単位としてのうつを区別する必要がある。失恋，失職，死別などライフイベントへの反応は，悲哀や無気力といったうつ状態を呈するが，十分に了解可能である。これはうつと類似の状態であっても，根底に内因性の素因をかかえているうつ病の中核群とはいえないだろう。メランコリーに関わる歴史は長い。紀元前5世紀，ヒポクラテスが四体液説に分けた気質のうち黒胆汁質は，黒胆汁が過剰で血を侵し，悲しみと落ち込みを特徴とするメランコリーを作ると考えられた。メランコリーは病気というより人の生き方である。アルブレヒト・デューラーの名画「メランコリー」は考える人，真理の探究者，哲学者のアレゴリーである。

　北中淳子（Kitanaka, 2012）は，気分変動に関わる日本古来の文化概念を丹念に探究している。さかのぼって江戸時代には気分の落ち込みを「気鬱」，気が滞り固まる状態と言いあらわしてきた。心の状態を述べる気鬱という言葉が内包する意味内容は，多くの人がその言葉をもとに人に伝え共有してきたわけで，人々が苦しんできた体験が，歴史的に分厚く蓄積された概念でもある。この言葉は，気の巡りをよくするという心の処し方をも含みこむ。

　中井久夫（1990）は，ある症候群をとらえるときの3つの基本的枠組みを提示している。DSMなどの疾患基準にもとづく普遍症候群がまずそのひとつであるが，それに加えて，文化依存症候群と個人症候群を独自の分類として独立させる。中井は，文化依存症候群について文化の文脈から病気をとらえることに力点をおいているというより，ローカルな在地固有の症候群を念頭に文化依存の特徴を考えている。個人症候群は，いわゆる「創造の病」にあるように，一見すると社会的に逸脱した言動や行為も，個人の歴史において必然であり，人生の達成に大きな意味をもつととらえうる症候群についての議論である。

　うつはクライエントが所属する集団・地域社会の状況と文脈を把握し，それを通してはじめて理解できることがあり，文化や風土はうつの理解に欠かせない視点だろう。さらに個人の歴史や人生のテーマが病に絡んでいることがあり，個人の歴史と人生の文脈においてこそ，うつの病の意味が見えてくることがある。うつの状態像を描くときに，生物学的，心理学的，文化歴史的など異なったレベルの記述が成り立つ。そして，臨床心理学の仕事はうつの文化歴史性を含む多様性に直接関わってくる。

感情を耕す

　人が人生において抱える精神的危機の解決や治癒において，文化が果たす役割とはどのようなものか。これは途方もなく大きな課題である。民族歴史に根差した固有の実践が見直されることは必然であろう。どのような民族においても，その土地に根差した心身のケア，魂への配慮の仕方がある。人は昔から悩み苦しん

できた。恐れ，不安や悔やみ，理不尽さへの怒り，他人への妬み，恨みといった感情が苦しみにつきまとう。強い欲望や衝動に対して，感情の動きを直視し，内心を語る言葉を磨くことによって何とか処してきた。文化の源泉をたどってみると，その手掛かりが発見される。

　仏教そしてヨーガは，煩悩（kleshas）による苦しみを出発点としている（佐々木，1975）。『ヨーガ・スートラ』のなかに次のような項目がある。「心の平安を得るには／慈・悲・喜・捨の感情を念想することから心の静澄が生じる」（1・33・34（佐保田，1973））。心の安定のために欠かせないことは，自らの感情の動きに対するふりかえり，配慮である。しかし実際には困難なことである。心理相談に来られる多くの人は感情（怒りや不安）が制御できずに苦しむ。一方で自分が抱えているはずの感情が体感できない不確かさを抱えている人もいる。自らの感情との付き合いは難しい。感情制御（affect regulation）が現代心理学の課題にもなって，実践にも応用が試みられてきているのをみると，これは根が深いテーマである。自らの欲望，衝動，感情との付き合い方を身につけるために，教育のシステムが整備されたともいえる。感情教育すなわち徳育は近代において，主要な教養科目であった。

　感情の暴発だけでなく，自然に感じているはずの感情を体感できないという状態も難しい。心理学では，alexithymia（失感情言語症）として知られている。この言葉にthymiaという語が含まれていることに注意したい。これはギリシア語のthumos（テューモス）から派生した言葉である（Casewell, 1990）。テューモスとは怒りそして欲望である。「テューモスと戦うことは難しい。何であれ欲するところのものを魂（プシューケー）と引き換えに購おうとするからである」（「ヘラクレイトス断片」85（山本，1958））。自らを衝き動かす欲望，強い否定的な感情，自らをさいなむ情動との付き合いに古来，人は苦しんできた。その感情を引き起こす要因はわかっていても，いざ対処となると思うようにははかどらない。その感情はあたかも外から突如襲ってくるようにも感じられ，人は受け身（passive）にさらされるのみである。

　テューモスへの対処法は古代ギリシアにおいてもさまざまに試みられていた。人の生活があるところにはつねに「安心法」があった（藤井，1974）。それらはアポロ的方法とディオニュソス的方法の2つの立場に分けることができる。ディオニュソス的方法は，浄化（カタルシス）による衝動の解放をドラマやさまざまな身体表現を基本に行うもので，ギリシア悲劇による浄化が典型である。ロゴスを媒介とする対話にもとづくアポロ的方法は，真実を理知的にとらえ，正義に向かって人間の能力が働くことを重視する。これは認知，論理，行動へのアプローチを行う近代的心理療法にリンクする。

　精神の修養法は，どの民族においても固有の文化のなかでいくつもが考案された。そのなかには現代の心理療法のルーツとなるものも含まれている。日本でも，いくつもの安心法，精神修養の方法が試みられている。心理学の立場からは城戸

（1968）の先駆的探究がある。そこでもとりあげられている富士谷御杖（1768～1828）の思想は，現代の視点からみてもきわめて興味深い（三宅，1993）。理欲二元論を基本構造とする心理学を彼は次のように説く。「欲をつかさどるをば神といひ，理をつかさどるをば，人といふ」。欲は神の領域にある。人が生きるとき，だれもが欲との付き合いに苦しむ。人が本来的にもっている所思・所欲が働いて一方向に傾くと「偏心（ひとへごころ）」となる。偏心のまま為をいたせば禍を招く。しかも理をもっては制御できない。内的衝迫というべき偏心を制するために禊ぎがある。神道における禊ぎとは，理と欲を「混沌」させないで分離することである。禊ぎはその意味でセラピーである。

　人は心身の二欲をもつ。これらを衝突させずに，それぞれの欲を達することによって，葛藤の多い人生を処することができる。しかし人は神道の禊ぎをもってでも制御できない心をもつことがある。それを一向心（ひたぶるこころ）という。御杖によれば一向心は詠歌（歌を詠むこと）によってなぐさめられる。このように，御杖は心身の処置として歌道を基本におく。

　また，日本ではじめて心理療法の体系を分類・記述した井上円了（1858～1919）は自観法という独自の心理療法を考案している（恩田，1989）。最近の出来事から不快なものをとりあげ，それを観察の対象とする。その出来事で感じた嫌な気持ちや不快な感情を思い出し，それに浸る。その感情が十分出てきたら，それをもう一人の自分が見る。何の判断も批判も加えずただ観る。苦悩の源泉となる感情や欲望を回避せず見つめると，その感情は自己に受け入れられるように変化する。問題との間に適切な距離が生まれる。

コミュニティの視点

　このように文化のなかで培われてきた感情への処方のなかに，心理療法の原型となる輪郭がたしかに現れていることが見て取れる。個人の心の作法として解決する。「安心法」，つまり内面の処し方でなんとか感情をコントロールする。一方で文化の働きは個人の対処法に示唆を与えることにとどまらない。

　あるコミュニティの範囲で，人と人あるいは集団間の紛争，葛藤の処理に一定のシステムが働いていた。経験の象徴化，儀式化を経て，民族，集団の歴史のなかに出来事を意味づけるシステムである。さまざまな災害，人災，突発的事件，暴動，戦争による犠牲者に対して，追悼し，その出来事を記銘する社会のシステムがある。出来事の経験は物語そして劇として，象徴化され，次世代へと継承されていく。追悼のプロセスが進行し，悲しみは和らぐ。在地の知恵（indigenous knowledge）としてどのような民族社会においても，弔う心に働きかけ，治癒共同体を形成する時空を用意した。

　このような営みを Erikson（1977）は，「経験の儀式化」と名づけたが，それは

必ずしも大仰な出来事ばかりではない。松村（2016）がいう「参加者が物を通しての語り合いと易しい作業を協働で行なうなかで，個人の「記憶」や「物語」を捉え直したり，他の時代や他の場所で生きてきた人々の暮らしや思いの存在を想像したりしていく場」が生まれ，生活のそこかしこに維持されていることが，癒しの文化を包含するコミュニティであろう。人々が動き集まりながら，一人一人の個別性（singularity）を尊重する。そのような配慮のある場所が自生する。潜勢的な文化の力はここにある。

　文化的コンテクストは，はじめから与えられる自明のものではない。時にその場で新たに作っていくことが求められる。新型コロナ危機の最中，日常生活で他者とあたりまえに共有されていると思い込んでいた普通のことが，いかに大切か気づかされる。普通のことの尊さ。それによって支えられる私たち。空気のように存在していてあえて言葉にしなくてもよかった日常の感覚すなわち，共通感覚（common sense）に，新しい常識を身にまとうこととなった。常識には逆らい難い。しかし新しい常識によって，奥にある共通感覚にほころびが生じる。それまで自明のごとくあった生活の一日，そこに行けば迎えられた店，チケットを持ってはいれば愉しめる劇場，映画館，スポーツジム。それらが閉じてしまう。再開しても，席はまばらに座る。会場の空気感が違っている。

　まさに共通感覚を支えるものが文化であり，それを耕すことで生じる共同体の感覚の再生が，今求められている。文化は実践現場の身体感覚に根差し，それに気づき磨き上げるというところに感受される。

起点としての現場

　この増刊号では，人々が培ってきた文化の根底にあるものを見直し，文化と癒しに関わる現代課題を抽出する。次のような行程が考えられる。まず，歴史文化の知恵から学ぶ。日本文化に固有の営みとは何かについて，探索の歩みを紹介する。日本文化になじむ心理療法は，自助や自然治癒力の回復促進が優位である。型や作法を介して，一つの技芸を磨く。身体から入ることを大切にする文化土壌がある。「日本人のための音楽療法」を開発している牧野（2019）によると，欧米由来の洗練された音楽療法は，病院，福祉施設において応用するには違和感がある。日本人の音楽性は，ハーモニーによる構築よりも，単旋律の音色重視である。牧野の病院にお邪魔したことがある。院長自らバイオリン片手に，病室を回り，流しのバイオリン弾きとして，ほぼ寝たきりの患者さんたちの心に響く音を奏でる。

　一人一人の個別性に焦点を当てるとき，病や障害をどのように語りうるのかが問いの根本として浮上する。個人の語りはすっきりしたものではない。歴史と記憶，記憶内の歴史の輻輳した次元が個人の体験においても，交差する。それをどのように汲み上げるか。災害や戦争の体験の語りは，「動かしがたい個的な体験を

語っているのではなく，語れば語るほど個的な領域が解体してしまう不安定な発話」である（冨山，1995）。病や障害の体験の特徴もそこに重なる。語ることがむしろ錯綜した現実を生み出す。

　このような問題圏について，方法論と資料の蓄積は，歴史研究，医療人類学や多文化間精神医学においてなされてきた。人類学フィールドの知の医療に与えてきたインパクトは大きい。この増刊号においても核となる。土地に根差した治癒や身体技法，シャーマニズムが注目される。文化の多様多層性を背景におくとき，さらに当事者研究に新たな発見が見出されるのではないか。

　実践の場で文化的差異にぶつかりながら，セラピストたちが自らの方法を自家薬籠中のものとするプロセスを描き出す。各技法や理論が土着化していくプロセスそのものに，文化的コンテクストの特徴が読み取れる。そのうえで，翻って自国の文化歴史に目を向け，治癒への新たな手掛かりを得ていくことが可能となろう。この増刊号は新たな治療文化論を企てるといった大それたことを目指すのではない。文化と癒しに関わる議論を触発する起点となれば幸いである。けっして現場から離れた議論を披露するものではない。現場とはつまるところ起点を意味する。

◉文献

Casewell CP (1990) A Study of Thumos in Early Greek Epic. Leiden : EJ Brill.

土居健郎 (1971)「甘え」の構造．弘文堂．

Erikson EH (1977) Toys and Reasons : Stages in the Ritualization in Experience. New York : Norton. (近藤邦夫 訳 (1981) 玩具と理性——経験の儀式化の諸段階．みすず書房)

藤井龍和 (1974) ギリシャ的安心法と人間性賛歌及びその心理治療的意味．智山学報 23, 24 ; 333-359.

河合隼雄 (1982) 中空構造日本の深層．中央公論新社．

城戸幡太郎 (1968) 心理学問題史．岩波書店．

Kitanaka J (2012) Depression in Japan : Psychiatric Cures for a Society in Distress. Princeton : Princeton University Press.

牧野英一郎 (2019) 日本人のための音楽療法．幻冬舎．

松村美穂 (2016) アートと移動の関係についての一考察——アートイベントへの参加の経験をふり返って．理論と動態 9 ; 92-107.

三宅清 編 (1993) 新編 富士谷御杖全集 第1巻——古事記研究・神道研究．思文閣出版．

中井久夫 (1990) 治療文化論——精神医学的再構築の試み．岩波書店．

恩田彰 (1989) 井上円了の心理学の業績．In：清水乞 編著：井上円了の学理思想．東洋大学井上円了記念学術振興基金 (http://id.nii.ac.jp/1060/00006834/ [2020年7月10日閲覧])．

佐保田鶴治 訳注 (1973) ヨーガ・スートラ．平河出版．

佐々木現順 編著 (1975) 煩悩の研究．清水弘文堂．

冨山一郎 (1995) 戦場の記憶．日本経済評論社．

山本光雄 訳編 (1958) 初期ギリシア哲学者断片集．岩波書店．

平成のありふれた心理療法

十文字学園女子大学／
白金高輪カウンセリングルーム

東畑開人

「深いところでつながる」「耳を傾ける」「寄り添う」「抱える」「関係を作る」。

これらは平成の臨床心理士養成大学院で頻出した常套句である。このような常套句によって治療方針が立てられ，そして「一緒に考えていきましょう」というキラーワードで治療の今後が約束される（上田，2020）。そのような心理療法のことを「平成のありふれた心理療法（以下，HAP[註1]と省略する）」と呼ぼう。私自身そこで育ち，そしてそこから離れていったわけだが，このHAPがいったい何であったのかを明らかにするのが本論の目的である。

最初にHAPの輪郭を示しておこう。それはより広義には「認知行動療法をトッピングした精神分析もどきのユンギアンフレイヴァー溢れるロジェリアン」（東畑，2017）と揶揄されるものを含んでいるが，中核にあるのは「ユンギアン化したロジェリアン」である。すなわち，1960年代までのロジャース的カウンセリングに，ユング心理学的な理解を組み入れたものであり，言い換えればユング心理学的な理解を行いながら傾聴する心理療法のことである。歴史的には，1970年に河合隼雄が『カウンセリングの実際問題』（河合，1970）で提示した心理療法が起源となろう。

したがって正確には，HAPは昭和後期を含んではいるのだが，本論ではあえて「平成の」というワーディングを採用する。というのも，それは平成の臨床心理学を象徴するものであるからだ。すなわち，HAPは「臨床心理士」という資格の根底に埋め込まれたものであり，現在も続く臨床心理士養成大学院で連綿と教育されてきたものだ。それはある時期の臨床心理学において覇権を握っていたのである。

ただし，平成の中盤以降，すなわち2000年代に入ってから，HAPは少しずつ切り崩されていった。最も象徴的であったのは，下山晴彦（2009）の河合隼雄批判であり，HAP批判である。彼はそれまでの臨床心理学が「前近代」にとどまると批判して，認知行動療法を中心とした新たな臨床心理学を提示した。実際それは徐々にHAPに取って代わり，公認心理師という国家資格はHAP的な臨床心理士資格とは全く異なる思想で設計されるに至った。

ただし，このHAPの退潮を「力動的心理療法から認知行動療法へ」とシンプルに理解してはならない。確かに下山（2009）自身はそのような図式を描いていたが，この20年に起きたことは違う。HAPは認知行動療法に取って代わられたわけではない。実際，HAP批判は力動的心理療法の内部でも大々的に生じていたのであり，あらゆる学派でHAP的なものが別のものへと置き換わったと理解する方が正確である。「心理療法とは何か」や「専門性とは何か」という問いをめぐる想像力が決定的に変質してしまったことこそが問題なのだ。その結果，HAP的なものは「素人的なもの」のように見えるようになり，多方面から批判されるようになったのである。

　HAPからポストHAPへ。この平成に起きた心理療法界の地殻変動とは何だったのか。何が失われ，何が新たに付け加わったのか。何が変化し，何が変化しなかったのか。

　このとき，これまでに無限になされてきた定型的なHAP批判を本論は反復しない。「相手陣営の心理療法は悪しきもので，自陣営は良いものである」という形式の議論は，私たちが陥りやすいものだし，していて気持ちがよくなる議論であるけど，それは臨床というものの複雑さをあまりに無視しすぎている。HAPがある時代に有効であったのは確かであり，現代でも有効な臨床現場は存在する。だから，問われるべきは，HAPがいかなる時代・社会的環境に支えられたときに有効であり，いかなるときに無効であるのか，である。

　HAPからポストHAPへ，それを複数の学派たちの政治的闘争の結果として理解するのではなく，この20年に生じた社会的変化の結果として理解しよう。HAPが覇権を握っていた「河合隼雄の時代」から，複数の学派が闘争を繰り広げる「多元性の時代」への変化を，メタな視点から問い直す，それが本論の視座である。そうすることで，臨床心理学における「多元性の時代」をさらに前に進めよう。前期から後期へ，すなわち「闘争の時期」から「寛容の時期」へ。

　本論は以下の手続きによって進められる。まずは理論的枠組みを第1部で明確にし，第2部でその枠組みから，歴史的記述を行いたい。HAP以前から始め，HAPに至り，そしてHAPが退潮していく歴史的経緯を示す。そのうえで第3部においてその歴史を社会的環境の観点から再考する。本論はHAPの価値と限界を「社会のなかの心理療法」という観点から問い直す。「平成の」という歴史性を帯びた語彙を用いるのはそれが理由である。

第1部　理論的枠組み

霊から心へ

　まずは本論全体の理論的枠組みを示すことから始めよう。「社会のなかの心理療法」という視座をとるときに，基本的な枠組みとなるのは「霊から心へ」という図式である。これは「心理療法とは何か」を問ううえで，ほぼ共有されている図式であるので，簡潔に述べる。

　図式の大本はエランベルジェ（Ellenberger, 1970/1980）の不朽の名作『無意識の発見』にある。彼は心理療法の祖先をシャーマニズムに見出している。すなわち，生じている不調を霊的な問題と理解し（たとえば，「先祖が苦しんでいる」），霊的な介入によって問題を解決する（たとえば，「墓参り」），霊的な治療文化のことである。

　この霊的治療文化は伝統的共同体の存在を前提としている。たとえば，キリスト教のエクソシズムは，儀式を治療者とクライエントの二人で行うわけではない。悪魔祓いは親戚や共同体の成員を巻き込んで行われる。皆で集まり，皆で祈るの

である。沖縄のユタの場合も同様だ。それは密室ではなく，みんなの前で行われる[註2]。霊という前提を共有した共同体があるからこそ，霊的な治療は機能しうる。したがって，近代化が進み，伝統的共同体が解体することで，霊的治療文化は退潮し，近代医学や心理療法が上昇していく。

　以上はヤング（Young, 1976）による外在化・内在化の議論を補助線にすると理解しやすい。ヤングはさまざまな治療文化をその病因論によって二分できるとしている。すなわち，問題を自己の外側に見出す外在化の治療文化と，自己の内側に見出す内在化の治療文化である。前者はまさに霊的治療文化にあてはまり（霊は自己の外部に存在する），それはお互いに顔を見知った村落共同体で機能しやすいとされる。後者はたとえば近代医学があてはまり（問題は身体という自己の内部に置かれる），お互いに素性を知らない個人たちの集積である都市で機能しやすい。この観点からすると，心理療法は決定的に内在化の治療文化だといえる（Davies, 2009/2018）[註3]。東畑（2017）では霊的問題を抱える女性との心理療法を記述したが，そのクライエントは治療の進展とともに，霊的問題が消失する代わりに身体的な不調に苦しむことになった。問題は自己の外側から，自己の内側へと置き換えられたのである。それだけではない。そのとき，彼女は「さみしさ」を訴えるようになった。共同体を失い，個人化していったからである。

　まとめよう。共同体優位の社会では問題を外部に見出す霊的治療文化が機能していたが，共同体が解体し，個人化が進んだ社会では，問題を内部に見出す心理学的治療文化（すなわち心理療法）が必要とされる。個人が生の参照枠を外部にある共同体ではなく，自己の内面へと求めるようになるとき，心理療法というテクノロジーが成立する。そして，そのテクノロジーによって，社会はますます個人化していく。社会が心理学化することで心理療法が生まれ，心理療法によって社会はさらに心理学化していくということである（Rose, 1990/2016）。

　以上の「霊から心へ」を基本図式として共有したうえで，本論で取り扱われるのはその中間である。霊と心の中間段階にこそ，HAPが存在すると考えるからである。

心未満 ―― 消えゆく媒介者

　霊と心の中間段階。ここにHAPを位置づけるために，まずは先のエランベルジェ（Ellenberger, 1970/1980）の議論を確認しておこう。

　『無意識の発見』で「祓魔術から力動精神医学への運命的転回点」に位置付けられているのが動物磁気師メスメルである。メスメル以前にエクソシストであったガスナーがいて，メスメル以降に催眠がある。霊と心に挟まれた中間のところに，「動物磁気」という一種の生命エネルギーを用いて治療を行ったメスメルがいるのである。

　面白いのは，ガスナーからメスメルへの移行において，メスメルが「ガスナー

は決してハッタリ屋ではなく，ただそれと知らずに動物磁気で患者たちを治していただけだ」と看破したことである。メスメルの革新は技法ではなく，病因論あるいは説明モデル（Kleinman, 1980）にある。何によって病気になり，何によってそれが癒されるのかについて，「神と悪魔」というモデルを放棄して，「動物磁気」というモデルを見出したところに「運命的転回」があったということだ。

　ただし，この動物磁気はいまだ「心」でもない。動物磁気という生命エネルギーが，暗示効果という心理的現象へと置き換えられ，理解されなおすには，ピュイゼギュールやブレイドのような催眠術師たちの登場を待たなくてはならない。動物磁気は霊と心の中間にある。それは霊や神のように完全に人間の外部に存在するものでもなければ，心のように完全に内面化されたものでもない。そしてまた，そのエネルギーは人間の内側を流れるものであると同時に，人間の間を行き交うものでもある。

　したがって，「霊から心へ」の間には2つの切断面がある。「悪魔祓いから動物磁気へ」という切断面と，「動物磁気から暗示効果へ」という切断面である。前者は世界を神から切断し，後者は心と体，そして精神と物体を切断する（これを「デカルトのナイフ」と呼ぼう）。メスメルはこの2つの切断の中間に位置しているがゆえに，その2つを媒介している。そして，媒介し終えると消えていく。

　この「霊から心へ」の「消えゆく媒介者」は，西欧でのみ生じた現象ではない。同じことを日本の心理療法史でも確認できる。

　たとえば，井村（2014）や栗田ほか（2019）は明治大正の時期に花開いた霊術家たちの治療文化を記述している。廃仏毀釈などで山を追われた修験者たちが，当時輸入されはじめていた催眠テクノロジーを応用して行っていた治療のことである。そこではもはや直接的に神仏に頼ることはないが，「霊気」や「気合」，「超能力」と自称される生命エネルギーによる治療が行われていた[註4]。

　あるいは我々にとってより直接的に重要なのは，日本最初の臨床心理学者である福来友吉であろう（寺沢, 2004）。催眠心理学を専門にしていたアカデミアの研究者であった福来は，千里眼事件と呼ばれるスキャンダルを起こした。透視（のちに念写も）という超能力の実在を検証するための心理学実験を行って批判を浴び，東京帝国大学を追われたのである[註5]。福来は精神現象と物理現象を切断しきれずに混同してしまった。デカルトのナイフが機能していなかったということだ。

　洋の東西を問わないこの中間段階のことを，本論では「心未満」と呼ぼう。それは霊以上であるが，心にはまだ届いていない。神や仏はリアリティを失っているが，孤独な心はまだ十分には到来していない。

　したがって，その特徴は「切断の不全」であり，別の観点から言えば「過剰な接続」である。心未満では，自己と他者，心と体，精神と物質，主観と客観が切断されきらずに，接続されている。ヤング（Young, 1976）のいう内在化と外在化の両方を股にかけるのが心未満である。そのとき，個人と世界は深くつながっていて，空間には意味とつながりが充満している[註6]。

HAPをこの心未満に位置づけるのが，本論の狙いである。ただし，そのために心未満なるものをもう少し詳細に見ておく必要がある。そして，それが明治大正の問題ではなく，今を生きる私たちの問題であることを見ておく必要がある。

現代の心未満 —— 神田橋臨床と気

　現代において心未満に触れたければ，私が「野の医者」と呼んだスピリチュアルやヒーリングの民間治療者を見てみるのが良い（東畑, 2015）。オーラを語り，パワーストーンで自分を守り，宇宙と対話し，すべてが「縁」でつながっていく彼らの世界観は，自己と他者，心と体，精神と物質，主観と客観の「過剰な接続」の現代的なありようをよく示している。

　ただし，このように書くと，臨床心理士や公認心理師である読者にとっては，自分とは縁遠い話に感じ，自分はもはや心未満の段階を脱していると思われるかもしれない。しかし，そうとはいいがたい。

　象徴的なのは神田橋條治である。精神科医であり，英国で訓練を受けた精神分析家である彼は，臨床心理学の専門出版社から多数の本を出版しており，専門職の間に広い読者とフォロワーをもつ臨床家である。そういう意味で彼は臨床心理学コミュニティのインサイダーだといえよう。

　しかし一方で，神田橋は毀誉褒貶がはなはだしい臨床家でもある。その実践が正統の精神分析の範疇に収まるものではないからだ。それはたとえば神田橋（2019）の集大成ともいえる『心身養生のコツ』をひもとけば一読して了解される。そこには「Oリングテスト」「電磁波防御」「地球におんぶ」「泉の気功」など，臨床心理学よりも「野の医者」の方に親和性のある言葉が記されている。実際，精神分析家の松木（2017）は『精神分析研究』という正統の言説を担う場で，神田橋の著作を書評して，深い違和感を表明している。

　そのとき，松木が批判していたのは，「治療は本来いのちへの援助である」という発言や「自己治癒力」という語彙で語られる神田橋臨床の根本的な前提に対してだ。象徴的な批判である。「いのち」とは魂や霊へと接続可能な，心身が分かれていく以前の存在のありようであり，「自己治癒力」とは身体をめぐるメタファーを心に応用した言葉だからである。「心身不二」（神田橋, 2019）が繰り返し語られるように，神田橋は身体と心が入り混じる次元について語っている。松木の表明する違和感はそこにある。なぜなら，デカルトのナイフによる切断後の心理学的治療文化である精神分析からすると，神田橋はあまりに心未満に寄りすぎているように見えるからである。

　神田橋臨床は心未満の臨床である。だからこそ，ホリスティックであり，ときにスピリチュアルになる。そして，それが周縁性を帯びながらも，臨床心理学において幅広い読者を獲得し，メンバーシップを得ていることは，心未満が現代の心理臨床においても確かに場所をもっていることをよく示すものである。

　このとき，医療人類学者の北中（2018）が，神田橋臨床を「「東洋的」精神療法」とみなし，ローカライズされた心理療法と理解したことは慧眼と言わざるを得ない。北中は，神田橋を「身体から心に働きかけるオータナティブな哲学」に基づいていて，「一度東洋的思想（伝統医療）を通した「身体」と「心」の結合を可能にした」と評価している。

　松木が精神分析からの逸脱と捉えたところを，北中は東洋医学の伝統に根差した土着化と捉える。問題はそのいずれの評価が正しいかではない。松木の視点からは神田橋臨床が心未満への偶発的な逸脱としか見えないが，北中からは社会歴史的な文脈における必然的な出来事に見えることこそが重要である。すると，日本の臨床心理学史が，心理療法の東洋的ローカライズの歴史として見えてくる。

　このとき，本論では東洋医学のなかでも，とりわけ「気」の伝統に注目したい。神田橋が気功や陰陽思想を繰り返し語っているように，彼が自らの心未満の世界を「気」の世界として捉えているのは確かであるし，それは先に見た霊術において「レイキ」が謳われ，福来が自身の催眠に「気合術」を持ち込んだことにも通底している。下山（2009）は日本の伝統文化にあって異常行動を「気」の文脈で理解していたことを指摘しているが，それは癒しの文脈にあっても同様である。心と体を橋渡しし，人と人との間を行き交う「気」は，民俗的文化リソースとして蓄積されてきたイディオムとなって，我が国における心未満の世界観を表現するうえで広く活用されてきたのである。

　すると，「霊→心未満→心」という基本図式は，日本においては「霊→気→心」という図式に翻訳しうる。これが北中の神田橋論から導かれる本論の理論的枠組みであり，この枠組みのなかにHAPを見出していくことが第2部以降の作業となる。ただし，それは歴史的に一方向に進むものではないし[註7]，再三主張するように気と心はいずれが優れているというものでもない。松木の臨床で助かる人もいれば，傷つく人もいるし，神田橋もまた同じだ。この点については，本論の最後で論ずる。

　もうひとつ，「気」というときに，そこにグラデーションがあることは忘れてはならない。すなわち，明治大正の霊術のように，気が「見える」ほどに実体化している場合もあれば，神田橋（2019）のように「気持ち良いときには気もよく流れている」と，視覚的には認識不可能だけど，実体としては存在していることが前提とされている場合もある。心未満がどの程度実体化され，どの程度内面化されているのかには程度がある。先のヤング（Young, 1976）の枠組みを借りるならば，気がどの程度外在化されていて，どの程度内在化されているかにグラデーションがあるといえるだろう。

　霊から心への中間に「気」が存在する。そして，その「気」には霊寄りのものと，心寄りのものがある。このグラデーションのなかにHAPの場所を見つけてみたい。

　そのために，HAP前後の臨床心理学の歴史的展開がいかなるものであったのか

を記述し，それを「気から心へ」という枠組みで見てみよう。

第2部　日本の臨床心理学史再考

プレHAP──ロジェリアンと気の調和

　いくつかの論考で詳述してきたように（東畑，2017, 2019a），戦後日本の臨床心理学は大きく3つの段階に分けることができる。すなわち，終戦から1970年前後までの「ロジャースの時代」，そこから2000年前後までの「河合隼雄の時代」，そしてそれ以降の「多元性の時代」。HAPは河合隼雄の時代のパラダイムであるから，それはプレHAP（ロジャースの時代）とポストHAP（多元性の時代）に挟まれている。したがって，プレHAPとポストHAPがHAPとの間でいかなる切断を刻んでおり，そして刻んでいなかったのかこそが問題である。

　プレHAP，すなわちロジェリアン的なカウンセリングは戦後の民主化を目指したGHQの影響を強く受けている（日本社会臨床学会，2000）。実際，初期のロジェリアンたちはGHQの図書館から，ロジャースの書物を発見したのである。戦前の伝統的社会構造の解体と民主的な社会の成立を追い風とした日本ロジェリアンは1950年，60年代に大きな運動を起こし，日本におけるカウンセリング・インフラを創出した。

　その本質を私は「「心理学すること」が欠如し，「関係すること」が（略）追求された」と表現した（東畑，2017）。すなわち，「受容・共感・自己一致」というクライエントと関係するための治療者の作法が強調される一方，クライエントの心理学的メカニズムを理解することが不十分であったということである。氏原（2009）はこの時代のカウンセラーについて，見立て・アセスメントが欠けているから，いまだ「素人」の域を出なかったと表現しているが，それはその構造を指摘してのことである。ただし，そこに限界があったにせよ，それをただネガティブに評価するだけでは十分ではない。この時代の産物である「カウンセリング・マインド」や「傾聴」は，関係するための作法のみを強調したからこそ，教師や福祉職，看護職，そしてピアヘルパーにも広く浸透し，日本の援助文化を確かに変えたからである[註8]。

　「関係すること」が強調されたのは，ロジェリアン的なカウンセリングにあって，治療関係に治療作用が見出されていたことを意味している。治療場面で体験されるカウンセラーとの関係性によって，クライエントは自己治癒力を発現することができるというのが彼らの基本モデルであった（友田，1956）[註9]。

　ならば，それがいかなる質の関係性であったのかが問題であろう。この点について，当時のカウンセラーたちはロジャースを引用しながら，「受容・共感・自己一致」や「エンカウンター」「人間的出会い」「個人と個人の直接的な接触」などさまざまな言い方をしてきた。それらの語彙は実存的であったり，民主主義的で

あったりして，治療文化として十分に欧米化，個人化を遂げているように見えるし，本人たちもそういう意気込みでカウンセリングを普及させていたはずだ。

　しかし，実態は違う。たとえば，「カウンセリング・マインド」を普及させた國分（1981）は陸軍幼年学校にあった上官の態度を模範とし，「カウンセラーにも心意気がなければクライエントは安心して頼る気にならない」と言い切っている。あるいはロジャース全集の翻訳を行い，日本ロジャース運動の中心人物であった友田不二男は，治療関係がきわまるとき，そこに「天地イコール自己」と言える個が溶解するような体験がもたらされることを強調していた（日本カウンセリングセンター，2009）。ここで語られているのは，きわめて日本的な人間関係なのだ。

　ロジャースは日本化した。土着化し，ローカライズされた。本来のロジャース的なカウンセリング関係は，日本的人間関係として受容されたのである。実際，先に述べた友田はカウンセリングを老荘思想や禅などの東洋思想の文脈で理解するようになり，カウンセラーの訓練に俳諧を取り入れさえしている（友田，1968；日本カウンセリングセンター，2009）。私は以前，友田が遺した東京カウンセリングセンターでの連句会に参加したことがあるが，そこでは集団の雰囲気を尊重しながら，前の句と接続しうる新しい句を生み出す練習がなされ，それがクライエントとの関係そのものであると語られていた。日本的な人間関係の精髄をカウンセリング関係の範とするような想像力が働いていたのである。無論，友田は極端な例ではあろうが，同型の雰囲気は当時の治療記録にも通底している（たとえば，三木（1956）の優れた事例報告）。

　本論ではこの日本的治療関係を「気」の文脈で理解したい。そこでなされているのは「気を遣い」「気持ちを汲み取り」「雰囲気を尊重し」「空気を読む」ことだからである。赤塚（1990）が「「心」というものは本来，内に向って閉ざされているものだが，「気」は外に向って，一種の目にみえない触手のように動いている」と表現しているように，ロジェリアン的カウンセリングにおいてはまさに，この人と人との間でうごめいているものをいかに調和させるかに，「気」が払われているのである[註10]。

　それが特徴的に表れるのが，転移に対する対処である。治療関係が困難になるとき，精神分析であればそこに「心」が読み取られていくのであるが，友田（1956）は「クライエントのいわば転移的な態度は，それを受容され反射されることにより，いずれかといえばきわめて短い時間の間に消失してゆく」という。転移は調和した関係性に回収されていくべきものとして理解されており，そのために治療者が取り組むのは心理学的な理解ではなく，「関係すること」の作法なのである。

　以上については，次節以降でさらに検討を加えるとして，ひとまずこの調和を重んずる日本的な人間関係によるプレHAPの臨床を，「気の臨床」として理解しておこう。そこでは，心を理解するのではなく，気の次元で調和した関係を作り出すことに重点が置かれていた。

　ただし，このときの「気」が，霊術や神田橋臨床よりもはるかに非実体化され

ていることは重要である。そこには明示的な生命エネルギーが存在しているわけではない。佐藤（1996）は「気」という語が天地に満ちたなんらかのエネルギーであると同時に，人情の機微を表現するものでもあることを指摘しており，池上（1991）は，中国では実体化されたエネルギーのニュアンスが濃かった「気」が，日本では室町時代以降「情緒」という意味で受容されていったことを指摘している。ロジェリアン的な「気の臨床」とは，より情緒に近づき，心に近づいた「気」なのである。

　以上，心未満のグラデーションの心に近い方に，プレHAPを位置づけた。そこからさらに一歩心に向かって前進したところにHAPが存在している。

HAPの正体 ── 箱庭療法というパラダイム

　ロジャースの時代の「気の臨床」からの決定的な一歩は，河合隼雄によって踏み出された（東畑，2017）。つまり，傾聴のような「関係すること」に重点を置いていたロジャースの時代から，その関係で生じていることを心理学的に理解すること，すなわち「心理学すること」を加えたのが河合隼雄の開いた新しい地平なのである。

　その象徴的な書物が『カウンセリングの実際問題』（河合，1970）である。河合はそこで，難しくなってしまったカウンセリングの局面を示し，そのような難局に対して心の力動と転移を読み取ることで対処する治療者の姿を示した。ロジャースの時代であれば，「もっと受容を」とか「もっと共感を」と作法が強調され，乱れた気を調和させることに力を注いでいたところから，問題を心理学的に捉えることによってケースバイケースで対応するという新しいやり方が示されたのである。こうして生じたのがHAPであり，そこでは「心未満から心へ」の決定的な一歩が踏み出されたといえる。

　以上の経緯を理解するならば，HAPを「ユンギアン化したロジェリアン」であったと表現したことの意味は明らかであろう。河合がなしたのは，ロジャース的なカウンセリングで生じることを，ユング心理学という理論的枠組みで理解することだからである。下山（2009）がHAPを「個人心理療法を理想モデルとしながら，“カウンセリング”を実質モデル」とすると表現したのは，この構造を認識してのことである。

　しかし，真に重要なことは，以上をもって，心未満は心へと完全に着陸したわけではないことだ。河合は確かに「心理学すること」を導入した。それはクライエントを，治療関係を，そしてときには日本文化までも，心理学的に理解することをもたらした。それは間違いない。そこには大きな一歩がある。にもかかわらず，そこにはいまだに心未満にとどまる部分が存在している。「気の臨床」はいまだにそこに根を下ろしている。

　その象徴が箱庭療法である。言うまでもなく，箱庭療法は河合が「日本人に向

いている」と直感して輸入した技法であるが，それは「心理学すること」を普及させるうえで，決定的な役割を果たした。というのも，河合とそのフォロワーたちは，作られた箱庭を写真に撮り，スライドで示すことで，今まで言語的に語られるしかなかった心理学的リアリティを，目に見えるものとして突きつけることができたからである。これは現代の大学教育でも反復されている。私は学部生の授業で，山中康裕による箱庭療法のビデオ（「ぼく，しゃべったよ——場面緘黙児のケース（DVD）」メンタルヘルス）を見せている。そのビデオでは場面緘黙児が箱庭を作り，動物たちの戦争や，戦艦が砦から出港するというドラマが繰り広げられる。すると，学生たちは「場面緘黙児が発話するようになった」という客観的事実の裏側で，心理的成長の物語が確かに展開していたことを実感するのである。

その意味で，箱庭療法は一面では「心理学すること」を推進した装置である。日本の臨床心理学は，箱庭を通じて，内面には内面の，心には心の世界があることを実感した。外的リアリティとは別のリアリティがあることを，箱庭は見せてくれたのである。それは自己の内外を切り分けるデカルトのナイフとして機能したといえよう。

しかし，もう一方で箱庭療法には心未満な部分も象徴的に示されている。河合（1969）が繰り返し強調していたように，箱庭療法では極力解釈をしないように戒められていたからである。欧米の箱庭療法では，表現されたものの心理学的解釈が徹底的に言語化され，話し合われていたのに対して，日本では言語化によって表現が困難になってしまうと警告された。日本では箱庭は解釈するものではなく，鑑賞されるものとされたのである（東畑，2012）。このとき，「心理学すること」にはある部分で抑制がかかっている。

日本の箱庭療法は鵺のようである。それは一方では心理学することを推進し，一方では抑制していた。つまり，表現された箱庭について，治療者はさまざまに「心理学すること」をめぐらせており，事例検討会やSVでは饒舌に仮説が語られるのだが，治療場面ではその「心理学すること」が話し合われることはない。

すると，心理学化は最終的には完遂されない。なぜなら，治療者のなかで行われている心理学的理解は，検証することができない仮説にとどまりつづけるからである。これはいわゆる「科学的実証」とはまた別の議論で，治療者が「心」について考えたことが，治療のなかで共有されたリアリティになるか否かの問題である。

心をめぐる仮説が検証され，共有されたリアリティとなるためには，クライエントと話し合うことが必要である。2人の間で心理学的理解が話し合われ，修正され，共有される過程，すなわち「サイコロジカルトーク」が不可欠なのである。サイコロジカルトークをなすことによって，「心」はようやく治療において存在することができる[註11]。

箱庭療法にはサイコロジカルトークが欠けている。そして，それは箱庭療法に限定されず，河合の臨床に共通した特徴である。河合自身は箱庭療法ではなく夢

分析を行っていたわけだが（河合，1995），その著書でクライエントの夢について
さまざまな心理学的解釈を記しているにもかかわらず，それをクライエントと語
り合ったやりとりが描かれることはまれであるし，実際臨床場面で彼が断片的に
しか言葉を発さず，沈黙で応えていたことは多くの証言があるところである（滝
口，2014）。

　さらには，それはHAP全体に共通する作法でもある。治療者は心について考え
ているが，それをクライエントと話し合うことは避けられる。それは私が大学院
で受けた訓練そのものであったし，多くの心理士が自分で体験したか，どこかで
見聞きしたものであろう。クライエントの語りを傾聴し，さまざまな心理学的理
解を考えるのだが，それについてクライエントと言語的に共有するのではなく，
「一緒に考えていきましょう」とふんわりと包摂される。

　したがって，「平成のありふれた心理療法」は，今では次のように言い換える方
が妥当であろう。「サイコロジカルトーク抜きの心理療法」。ここに「心未満」の
極北がある。つまり，HAPとは心を扱おうとして，心に到達しえない極限の心理
療法だといえるのである。

“sense” の臨床

　以上の議論を，河合隼雄とそのフォロワーだけの問題に矮小化してはならない。
HAPの中核群は確かに「ユンギアン化したロジェリアン」であったが，その本質
は「サイコロジカルトーク抜きの心理療法」であったわけで，それはこの時期の
他学派においても共通したありようだったからである。

　たとえば，河合隼雄と同世代の指導者であった鑪幹八郎も同じ想像力のなかに
いた。アメリカのホワイト研究所で精神分析の訓練を受けた彼は，広島大学に着任
し，精神分析的心理療法家の育成を行ったわけだが，その実態をアメリカの人類学
者であり精神分析家であったローランド（Roland, 1983）がフィールドワークして
いる。ローランドは，鑪や一丸藤太郎のようなアメリカで訓練を受け，アメリカ
では盛んに解釈を行っていた心理療法家たちが，日本に帰ると解釈を控えるよう
になったことを驚きとともに観察し，それを「解釈抜きの精神分析（Psychoanalysis
without Interpretation）」と呼んだ。

　あるいは力動学派を離れても同じことがいえる。河合隼雄と並ぶ当時の指導者
であった九州大学教授の成瀬悟策が推進していたのは「動作法」である。そこで
は身体運動を通じた主体の変容が目指されたわけで [註12]，やはりサイコロジカ
ルトークが排されている。そして，当時の東京大学教授の佐治守夫はそもそもロ
ジャース派であった。この時期に指導的立場にあり，その後臨床心理士制度の中
核を担った人々は皆「サイコロジカルトーク抜きの心理療法」を教え広めていた
のである。HAPが平成に覇権を握っていたとはそういうことである。

　後述するように，この「サイコロジカルトーク抜き」の部分が，現在では強い

批判の対象になっていくわけだが，重要なことはそれを脱価値化することではなく，なぜそれが有効に機能したのかを問うことである。

このとき，ローランド（Roland, 1983）がなした観察は注目するに値する。彼は「解釈抜きの精神分析」において確かな治療的進展が起きていることを指摘したうえで，それが治療者と患者の"I"と"You"の関係ではなく，"We"の関係によって生じているとしている。この"We-ness"は横並びの関係ではなく，社会的な序列関係に根差したヒエラルキカルなものである。すなわち，加藤（2015）が「先生転移」と呼んだような，治療者を「先生」と理想化し，依存する，垂直の関係がその"We-ness"では機能しているのである[註13]。

そのような治療関係において，解釈の代わりに行われるのが"sense"である。ローランドは，クライエントのニードや感情について，治療者が言語的コミュニケーションを最小限にしながら，"sense"することを求められていると観察している。そしてそれが日本社会におけるお互いの感情や考えを言語化することなく"mutual subtle sensing"するコミュニケーションに支えられているとしている。

この"sense"は「気づかい」とか「気持ちを汲み取る」と翻訳するのが適切であろう。治療者は心理学的に理解することを続けながら，クライエントとの関係では「気を配っている」。心理学的な問題は，話し合われるのではなく，senseされる。日本ロジェリアンから引き継がれた「関係すること」，すなわち二者の関係の調和に「気」をつかいながら，「気」持ちを汲み取る「作法」がここにはいまだ機能している。

以上はロック（Lock, 1980/1990）が描く東洋医学の治療者の姿を補助線にすることでより明確になる。彼女は「患者と同様に彼ら〔治療者［引用者注］〕も，治療に入るにあたってまず身体に関する訴えに焦点を当てる方を選ぶ。心理学的・社会的要素を直接扱うと患者との調和を破り，協調を弱めることになる」と指摘している。サイコロジカルトークは東洋的治療関係を毀損してしまうのである。HAPはこの伝統の上に立っている。

したがって，治療者は心理療法を「方法」ではなく，「作法」として実践することになる。自身漢方医である津田（2015）は東洋医学的な治療者のありようを「作法」と呼んで，西欧医学的な「方法」と対比して記述している。つまり，「方法」は目的のために選択されるものであり，「原因を分析したり，介入の方針を立てたり，評価する」ときに有効であるのに対して，「作法」は目的に拘泥せず，ときに自己目的化に見えるほどに決まった所作の積み重ねである。ただし，お茶会がそうであるように，その所作の集積として，場全体がホスピタリティを実現する。

この比喩は示唆的である。なぜなら，後述するHAP批判は，それが「方法」ではなく「作法」であったことに向けられているからである。つまり，HAPにおいては，心理学的なアセスメントに基づき，心理学的な介入を行い，その結果を心理学的に評価する「方法」ではなく，河合（1992）が中国の故事である「雨降ら

し男」の比喩を挙げたり，「何もしないことに全力を注ぐ」と言ったりしたように，治療者が一定の所作を積み重ねる「作法」の方に治療的作用が見出されてきた[註14]。ここが次の時代の論点となる。

　まとめよう。HAPはプレHAPに「心理学すること」を付け加えた。しかし，実際の治療場面では，ロジャース的な「関係すること」の「気の臨床」が残存していた。この「心理学することと」と「関係すること」の乖離こそが，「サイコロジカルトーク抜きの心理療法」である。だからこそ，HAPは「認知行動療法をトッピングした精神分析もどきのユンギアンフレイヴァー溢れるロジェリアン」でありうるのだろう。「関係すること」の次元では同じ作法が共有されていて，そこに多様な「心理学すること」を乗せることが可能なのがHAPだからである。

　HAPとは何かを検討してきたのだが，一度前に進もう。この東洋的伝統に根ざした「方法」よりも「作法」を重視するHAPは，平成前期に覇権を握ったわけだが，その後退潮していく。

ポストHAP ── サイコロジカルトークの臨床へ

　HAPは2000年以降の臨床心理学で強く批判されることになった。その最重要人物は下山晴彦である。下山（2009）はHAPが「心理療法」と「カウンセリング」の混淆物であり前近代的なものだと批判し，イギリス流の認知行動療法をベースとした近代的な「臨床心理学」を導入することを強く訴えたことは，冒頭で述べた。このことは，「力動的心理療法VS認知行動療法」という党派的・政治的対立をもたらすことになったが，下山のHAP批判の最も重要なところは別にあったと私は考える。

　下山の革新性はケースフォーミュレーションを行い，それに基づきクライエントと協働作業を行うことを強調したところにある。それは先の言葉を使えば，「作法から方法へ」の転換である。もちろん，「方法」の心理療法自体は，すでにさまざまな臨床家によって実践されており（山上，2007），下山の独創性とは言いがたいが，それをHAPの作法的ありようの批判と結びつけて，臨床心理学全体の問題としたところに下山の大きな功績がある。ポストHAPへと時計の針を前に進めたのである。

　実際，それは認知行動療法に限らず，力動的心理療法内部でも推進されていたことだ。平井（2015）や松木（2010）はHAPにおいてサイコロジカルトークがなされないことを批判していた。より若い世代である上田（2020）は，HAPを批判して，治療契約を取り交わすこと，その際に治療の中身について「説明」を行うことの意義を主張し，さらに若い世代である山崎（近刊）は，クライエントのモチベーションを言語化して共有することを強調している。これらはいずれもサイコロジカルトークによって，治療を構成する潮流として理解できる。

　HAPからポストHAPへの移行とは，サイコロジカルトークの導入によって特徴

づけられる。治療者とクライエントは心について話し合い，心なるもののリアリティを共有しながら治療を構築していく，それがポストHAPの刻んだ革新である。

したがって，この20年は学派ごとにそれぞれに専門性と訓練を高度化させる時期となる。もはや「関係すること」と「心理学すること」は乖離していない。サイコロジカルトークにあって，それらは一体である。それゆえに臨床心理学のふんわりとした共通基盤は失われ，それぞれの学派は小宇宙化していく。さらには，サイコロジカルトークは技能であるから，本や教科書だけでは学べず，理論と実践をつなぐ訓練を必要とする。すると，その小宇宙のなかで厳しい訓練がなされ，認定資格が発行される。そのようにして，日本の臨床心理学は多様な学派が並列する多元性の時代を迎えることになったのである。

簡潔に述べてきたが，ここに「心未満から心へ」の一応の完成を見出したい。明治大正から始まる心理療法の心理学化のプロセスは，サイコロジカルトークをもって徹底されたと私は考える。

第3部　社会論的転回

社会論的分析

「霊→気→心」を理論的枠組みとして，「プレHAP→HAP→ポストHAP」の歴史的展開を追ってきた。

以上を啓蒙主義的な進歩史観で理解することは過ちである。つまり，シンプルに「気の臨床」よりも「心の臨床」が優れていると考え，未開な過去が後進たちの叡智によって克服されたと捉えるのは思考停止である。そうではなくて，それぞれの時代における社会的環境において，それぞれの臨床は有効であり，必要とされていたと理解しなければならない。

東畑（2019a）で指摘したのは，ロジャースの時代，河合隼雄の時代，多元性の時代が，大まかに日本の戦後史の3段階と符合するということであった。つまり，敗戦の荒廃から高度成長を成し遂げた社会とロジャースの時代が符合し，高度消費社会に突入し豊かな福祉国家を実現した社会と河合隼雄の時代が符合し，バブル崩壊を経て貧しくなり新自由主義国家として再組織化していった社会と多元性の時代が符合している。

以上を踏まえると，「プレHAP→HAP→ポストHAP」の必然性が見えてくるだろう。日本の伝統的共同体を引きずっていたロジャースの時代では，「気の臨床」には確かにリアリティがあった。「物は豊かになったが心はどうか」と語られた河合隼雄の時代には，豊かさによって都市化と個人化が進みながらも，一方で会社や組織における集団主義が確かに息づいていた。だからこそ，この時代の心理療法家たちは文化を語ったのだろう。河合隼雄，鑪幹八郎，土居健郎，北山修たちがそれぞれに行った日本文化論は，日本社会の伝統的集団性，言い換えるならば

日本的共同性に対して「心理学すること」を行った結果であるが，当時の日本社会にはそれがリアリティをもつだけの共同性が残存していたのだ。そして，そのように「心理学すること」を行う一方で，「関係すること」の次元ではその共同性は治療的に生きられていた。だからこそ，治療者は「先生」と呼ばれ，「サイコロジカルトーク抜きの心理療法」が求められた。

これに対して，ポストHAPが前提としているのは，そういった共同性の解体である。人々をふんわりと包摂していた豊かさは姿を消し，非正規雇用が広がり，誰もが転職・副業・起業を考えてしまう時代になり，個々人はそれぞれでリスクを背負わざるをえなくなった。「物は豊かになったが心はどうか」から「リスクは豊かになったが心はどうか」（東畑，2019b）へと時代は変わったのだ。

この時期に心理療法家による文化論も姿を消した。日本的共同性が治療場面で問題になりにくくなったからであろう。その結果，専門家は「先生」と呼ばれてふんわりと依存するに値する対象ではなく，当事者との間で契約に基づいてサービスを提供する対象へと変わった。

私自身も，今では治療場面で「先生」と呼ばれることはかなり少ない。それはもちろん，東京の開業臨床という設定によるものでもあるが（沖縄のクリニックにいたころは私は「先生」であった），そこでは素朴な「先生転移」は機能せず，治療はサイコロジカルトーク抜きには成立しえない。

心理療法は「治療」から「サービス」になり[註15]，個人と個人の間で結ばれる契約の結果として執り行われるものとなった。すると，問題を説明し，いかなる「方法」が有効かを説明し，そして同意を得なくては，心理療法は成り立たない。もはや「気」だけでは治療的リアリティを構築できず，「心」が語り合われないといけない。サイコロジカルトーク抜きでは，心理療法は存在しえない。

そして，より本質的な問題は，そのような治療技法や手続きだけではなく，治癒像自体が「気から心へ」と変容していることであろう。つまり，心理療法の目的自体が，日本的共同性における「善き生」から，リスクを個人的に引き受けるような「善き生」へと移行しているということである。

以上，心理療法は進化したのではなく，社会の変化に適応しようと形を変えたことを議論してきた。図式的にまとめるならば，次のようになる。プレHAPとHAPは前近代から近代へと移り行く過渡期的な日本社会を前提としており，ポストHAPはそれらが失われて包摂するものを失った個人たちの社会を前提としている。心理療法は社会に規定されているのだ。したがって，ポストHAPもまた，社会の次なる変化において，急激に有効性を失っていくことが十分ありうるし，その予兆はすでに兆しているのである[註16]。

社会論的転回

しかし，以上の流れはあくまでマクロな変化に過ぎない。日本社会のマクロな変化に対応する臨床心理学のマクロな変化に過ぎない。

きわめて重要なことは，ミクロに考えるならば，つまり臨床的に考えるならば，社会的環境にはグラデーションがあることだ。臨床現場によって，そしてそれぞれのクライエントが置かれている境遇によって，社会的環境は異なる。

当たり前だ。都心の開業臨床と，離島のスクールカウンセリングでは社会的環境が全く違う。日本的共同性は一律に減退したわけではない。十分に共同性が機能している場所だって当然存在している。それゆえに，一律にHAPを否定し，ポストHAPを推奨することは思考停止である（いたずらにHAPにしがみつくのも思考停止だが）。

「気から心へ」は徹底化されればそれでいいわけではない。むしろ，「気の臨床」にとどまることの方が有益なことも，地域や臨床現場によっては多い[註17]。「一緒に考えていきましょう」と作法でふんわりとつながる心理療法で助かる人がいて，サイコロジカルトークを重ねることで個人化していくときに，生きづらくなってしまうクライエントは確かに存在している。だからこそ，今でもそういう臨床が営まれている。

社会は複数である。平成も複数であったし，令和も複数である。日本のなかにもさまざまな地域があるし，同じ地域であってもさまざまな経済階層があり，さまざまなコミュニティがある。

したがって，臨床心理学は複数であるべきだ。私たちの生きる大きな社会には，複数の小さな社会がある。さまざまな境遇があり，さまざまな人生がある。「霊の臨床」で助かる人もいれば，「気の臨床」で助かる人もいる。そして，「心の臨床」でなければ，納得がいかない人もいる。もっといえば，それらは配分の問題であって，それらがいかなるバランスで組み合わされるかこそが，実際の臨床感覚というものだろう。

その配分の問題を考えるためには心理学的アセスメントだけでは足りない。必要なのは社会学的アセスメントである。すなわち，クライエントの心理学的メカニズムだけではなく，クライエントが生きている社会的環境がアセスメントされねばならない。

クライエントの経済的，社会的，文化的背景を考えずに治療戦略を組み立てるならば，それは暴力になってしまうからだ。うまくいった精神分析が人を不幸にし，成功した認知行動療法によって人が傷つくのは，「治療そのものが社会的に規定される」視座が見失われたときである。その視座は心理療法が与えるものと奪うものの両方を見えるようにする。ある社会的環境では有益なものも，別の社会的環境では害悪になるのである。心の健康とは社会との相関でしか定義しえない。したがって，それぞれの社会的環境にマッチした治療が提供されねばならない。

「どの心理療法が良いのか」はもはや臨床心理学の問題ではない。認知行動療法なのか，力動的心理療法なのか。そのような政治的闘争は十分になされ，そしてこの20年で答えは出なかった。問われるべきはマッチングである。いかなるクライエントに，いかなる心理療法が有効であるのか，そして有害であるのか。それを心理学的アセスメントと社会学的アセスメントの双方から考えるための理論的枠組みこそが必要なのである。

本論の冒頭で，多元性の時代の前期から後期へ，すなわち闘争の時代から寛容の時代へ，と書いた。それは複数の学派たちが覇権を目指して闘争するのではなく，それらがそれぞれにある条件では有効であると認めたうえで，その条件を問わんとする視座のことを指していた。

この視座を「臨床心理学の社会論的転回」と呼ぼう。河合隼雄のように文化を「心理学すること」ではなく，そして下山晴彦のように素朴に社会を受け取るのでもなく[註18]，心理療法そのものを社会の側から再考すること，そしてその視座から支援を構想していくこと，それこそが複数の心理療法がモザイク状に配置される多元的臨床心理学の現代的課題であると私は考える。

平成のありふれた心理療法。私が生まれ落ち，育てられた心理療法。それは社会の変化とともにゆっくりと退潮していこうとしている。HAPは心未満と心をつなぐ「消えゆく媒介者」だからだ。だけど，東京のど真ん中で営まれる開業オフィスにも，HAPを求めてやってくる人が今でもいる。彼らと会っているとき，私は「先生」と呼ばれる。そのとき，私は無理にサイコロジカルトークをすることなく，気をつかいながら，彼らの語りに耳を傾けている。河合隼雄の時代を生きていたクライエントは，こういう人たちだったのかもしれないと思いながら。そしてもちろん，そうじゃない人もたくさんいたであろうという臨床的多様性を思いながら。

▶註
1 "Heisei no Arifureta Psychotherapy" の頭文字をとったものであり，ワーディングとしてはほぼジョークである。そしてジョークで十分なのである。なぜなら，この概念はこの論文の終わりには姿を消すからだ。
2 オープンダイアローグや当事者研究もまたこの観点から再理解できるだろう。それは失われた伝統的コミュニティを，再設計するところに真価がある。
3 この点で心理療法は究極的には「社会モデル」と対立する。それが補完関係になるような理論的枠組みが必要だろう。
4 これが「霊」ではなく「Ray」であったという指摘は面白い（栗田ほか, 2019）。すなわち，物理的な光線の想像力がそこで機能していたのである。
5 これを大正の「STAP細胞事件」と私は呼んでいる。いや，STAP細胞の方が，平成の千里眼事件かもしれないが。
6 占いはまさにその象徴である。空の星の運行が，そのまま運命をつかさどる。そこには物理現象と人間の過剰な接続がある。思えば，空の星が人体にいかなる影響を与えるのかはメスメルの博士論文のテーマであった。
7 神田橋はその好例だ。近代医学を学び，精神分析の訓練を受けた神田橋は，デカルトのナイフによって心と体を分割していたところから，「心身不二」の領域へとたどりついたのだか

ら。それは無論，私たち自身にも生じうることであろう。

8　一度，知り合いの生活保護申請に付き添ったことがあるが，そのとき対応してくれたケースワーカーが「傾聴」を体現していたことは誠に印象的であった。それは確かに申請者をケアしていた。ロジャース時代の傾聴文化の果たした意義は我々が気づかないほどに広く，深い。

9　ここでも「自己治癒力」というメタファーが現れている。これは実は河合隼雄にも共通する語彙であり，ポストHAPにおいて失われていったものである。

10　この時期，「ラポール」という語が多用されていたことは本論の傍証となる。というのも「ラポール」とはメスメルが動物磁気に感応した患者との間で成り立っているものを表現した言葉であるからだ。それは心未満の語彙なのである。

11　したがって，HAP的な治療者は，語尾がモゴモゴとあいまいになりがちである。心はいまだリアリティを獲得しきってないので，モゴモゴとあいまいなままだからである。

12　動作法もまた神田橋臨床同様，身体を通じた心の変容という東洋的治療文化の文脈で捉えられるだろう。

13　これは前に述べた國分（1981）が陸軍幼年学校的な人間関係の「心意気」をカウンセリングの本質としたことと同じである。

14　その最たるものがHAP的な大学院の雰囲気であろう。ときに「家元制度」と揶揄されるような師弟関係が築かれ，「方法」の学びが蓄積するカリキュラムではなく，コミュニティで「作法」を学ぶような教育制度がとられてきたことは多くの人が見知っていることであろう。

15　下山（2009）は「治療」から「援助」へのパラダイムの転換を説いているが，それはさらに「サービス」にまで市場化されはじめている。特に開業臨床ではそうであろう。

16　当事者研究の上昇はその予兆であったし，それすらも「つながり」の有毒性が示されたコロナウィルス以降の社会ではどうなるかわからない。

17　これは地方の臨床心理士会などで研修を行うと強く実感する。ある地域では非正規雇用の若者が回帰しうる実家の農業があるゆえに，個人化が徹底されることは生きづらさを生み出すこともあると，その土地の心理士は語っていた。心理療法とは最終的には面接室の外側で，すなわち社会で生きていくことを援助するものであるから，健康概念そのものが複数であることを忘れてはならないだろう。それが「ポストモダン」ということの本来の意味である。

18　下山は臨床心理学に「社会」を再導入した点でその功績はあまりに大きいが，彼の「社会」理解が社会学や人類学などに支えられたものではなく，生活実感に近い素朴なものであったことには限界がある。彼の理論では社会は一つであり，そこには多元性が住まう余地がない。実質，それは政府や行政と同じ意味で使われてしまっている。すると，心理療法そのものを社会的営みとしてメタに理解する視点が失われてしまう。もちろん，それは彼の偉大な業績を貶めるものではない。マックス・ウェーバーの次の言葉の通りである。「学問上の「達成」は，どれも新たな「問いを出す」ことであり，「凌駕」されること，古くなることを欲するのです」（ウェーバー，1980）。

◉ 文献

赤塚行雄（1990）「気」の文化論．創拓社．

Davies J (2009) The Making of Psychotherapists : An Anthropological Analysis. Routledge. （東畑開人 監訳（2018）心理療法家の人類学――こころの専門家はいかにして作られるか．誠信書房）

Ellenberger H (1970) The Discovery of the Unconscious : The History and Evolution of Dynamic Psychiatry. Basic Books. （木村敏，中井久夫 監訳（1980）無意識の発見――力動精神医学発達史．弘文堂）

平井正三（2015）新訂増補 子どもの精神分析的心理療法の経験．金剛出版．

池上正治（1991）「気」の不思議――その源流をさかのぼる．講談社．

井村宏次（2014）霊術家の黄金時代．ビイング・ネット・プレス．

神田橋條治（2019）心身養生のコツ．岩崎学術出版社．

加藤隆弘（2015）日本語臨床における「先生転移」の功罪．In：北山修 監修：北山理論の発見．創元社，pp.71-91．

河合隼雄（1969）箱庭療法入門．誠信書房．

河合隼雄（1970）カウンセリングの実際問題．誠信書房．

河合隼雄（1992）心理療法序説．岩波書店．

河合隼雄（1995）ユング心理学と仏教．岩波書店．

北中淳子（2018）「東洋的」精神療法の医療人類学——神田橋臨床のエスノグラフィー論．こころと文化 17-2；107-115．

Kleinman A（1980）Patients and Healers in the Context of Culture. University of California Press.（大橋英寿ほか 訳（1992）臨床人類学．弘文堂）

國分康孝（1981）カウンセリング・マインド．誠信書房．

栗田英彦, 塚田穂高, 吉永進一（2019）近現代日本の民間精神療法——不可視なエネルギーの諸相．国書刊行会．

Lock M（1980）East Asian Medicine in Urban Japan : Varieties of medical Experience. University of California Press.（中川米造 訳（1990）都市文化と東洋医学．思文閣出版）

松木邦裕（2010）精神分析臨床家の流儀．金剛出版．

松木邦裕（2017）書評 神田橋條治著『治療のための精神分析ノート』．精神分析研究 61-3；422-425．

三木アヤ（1956）受容ということ——あるカウンセリングの経過を中心として．In：友田不二男：カウンセリングの技術．誠信書房, pp.58-135．

日本カウンセリングセンター（2009）友田不二男研究．日本カウンセリングセンター．

日本社会臨床学会 編（2000）カウンセリング・幻想と現実［上］——理論と社会．現代書館．

Roland A（1983）Psychoanalysis without interpretation : Psychoanalytic therapy in Japan. Contemporary Psychoanalysis 19；499-505.

Rose N（1990）Governing the Soul : The Shaping of the Private Self. Free Association Books.（堀内進之介, 神代健彦 訳（2016）魂を統治する——私的な自己の形成．以文社）

佐藤喜代治（1996）気（一語の辞典）．三省堂．

下山晴彦（2009）臨床心理学を学ぶ1——これからの臨床心理学．東京大学出版会．

滝口俊子（2014）夢との対話．トランスビュー．

寺沢龍（2004）透視も念写も事実である——福来友吉と千里眼事件．草思社．

友田不二男（1956）カウンセリングの技術．誠信書房．

友田不二男（1968）ロジャーズと老荘．In：友田不二男, 伊藤博 編：ロジャーズ全集18——我が国のクライエント中心療法．岩崎学術出版社, pp.288-302．

東畑開人（2012）美と深層心理学．京都大学学術出版会．

東畑開人（2015）野の医者は笑う——心の治療とは何か．誠信書房．

東畑開人（2017）日本のありふれた心理療法——ローカルな日常臨床のための心理学と医療人類学．誠信書房．

東畑開人（2019a）自意識から市場へ——自己啓発と臨床心理学．臨床心理学 19-1；80-84．

東畑開人（2019b）心の時代の二種．ACADEMIA 174；44-47．

津田篤太郎（2015）漢方水先案内——医学の東へ．医学書院．

上田勝久（2020）個人心理療法再考 第2回——治療契約について．精神療法 46-2；113-120．

氏原寛（2009）カウンセリング実践史．誠信書房．

マックス・ウェーバー［尾高邦雄 訳］（1980）職業としての学問．岩波書店［岩波文庫］．

山上敏子（2007）方法としての行動療法．金剛出版．

山崎孝明（近刊）精神分析の歩き方．金剛出版．

Young A（1976）Some implications of medical beliefs and practices for social anthropology. American Anthropologist 78-1；5-24.

多彩な療法の分散——その歴史と行方

立命館大学大学院先端総合学術研究科　小泉義之

歴史を垣間見て

　精神医学史・精神医療史に関する文献を読んでいると，新奇なものとして話題になりがちな療法にしても，それとそっくりの療法が過去に行われていたことに気づかされる。と同時に，「われわれ」のいささか硬直した考え方や行い方を反省させられる。

　フーコー『狂気の歴史』は，いわくつきの思想書ではあっても，歴史研究としては買えず，まして「現場」で役立たぬと思われているだろうが，思いこみを捨て丹念に読んでみると，そうでもないことがわかってくる。例えば，フーコーが音楽療法に触れた一節を引いておく。

　　ルネサンス以来，音楽は，古代において付与されていた治療上の効能を再発見してきた。音楽の効果はとくに狂気に対して著しかった。シェンキウスは，「深いメランコリーに陥った」一人の男を，「彼がとりわけ好きだった合奏曲」を聞かせて治したのである。アルブレヒトもまた，ある妄想者を，あらゆる他の治療を試みたが無駄に終わった後で，治している。その妄想者が発作を起こしたとき，人に歌を歌ってもらったところ，「そのちょっとした歌が，病者を目覚めさせ，病者を喜ばせて，笑わせた。そして激しい発作を永久に消した」。

　　　　　　　　　　　　　　　　　　　　　（Foucault, 1972 [pp.343-344]）

　私自身はここに示されているような経験が昔も今もありうることをまったく疑っていないが，その上で気になるのは，演奏者たちや歌い手をどのように調達したのか，謝礼はどうしたのか，ひょっとして病者の知り合いであったのかといったことである。ことにその効能や効果をどのように説明して理解していたのかということが気になる[註1]。フーコーは，続けてこう書いている。

　　ところで，このような観察は，決して心理的な解釈に付されないのである。音楽が治すのは，音楽が人間存在の全体に作用するからであり，魂そのものに浸透するのと同様に，直接的・効果的に身体に浸透するからである。

　　　　　　　　　　　　　　　　　　　　　　（Foucault, 1972 [p.344]）

　音楽は，精神だけに働きかけるのではなく，人間の全体，精神と身体の結合体としての人間に働きかけるというのである。もっと絞って言うなら，心身結合の領域に位置づけられる情念や感情に働きかける。だから，効果が生ずるというわけである。心を癒すだけではなく，体を癒すだけでもなく，人間を癒すというのである。これだけでは何とも雲をつかむような説明であるが，おそらく肝心なことは，メランコリー者も妄想者も，そのことを信ずることができていたというこ

とであろう。それだけでなく，臨床家を信用し演奏者・歌手を信頼できていたということであろう。「当事者」を含めた人間の徳性や資質が肝心なのである。

ピネル瞥見

　私自身は「理論的」な話としてはこれだけで足りる，それ以上続けても「実践的」には無駄話にしかならないと思っているが[註2]，もう少し話を引っ張るために，先の引用の「あらゆる他の治療を試みたが無駄に終わった後」という句に注目しておきたい。おそらく「深い」メランコリーの男にも同様の状況があったと推測されるし，関連して多くの症例報告が想起されるが，ここでは精神医学・精神医療の祖とも呼ばれるフィリップ・ピネルに触れておきたい。

　ピネルは，精神医学の歴史に新しさを持ち込んだ人であると見なされてきた。そして，ピネルが狂人を鎖から解放して初めて狂人に治療という救済をもたらしたとする神話，啓蒙主義的で進歩主義的な神話が，とりわけフーコー『狂気の歴史』によって退けられた後でも，その新しさが何であるかについて議論が積み重ねられてきた。そこで確かめられてきたことでもあるが，ピネルは，狂気が人間精神と人生のすべてを障害して全面化するという観念を退け，狂気は人間の一部だけを冒すのであり必ず人間には理性の部分は残るのであって，実際，たとえ病識を欠くように見えても急性期を過ぎれば細部にわたって想起されるのが常であるから急性期においても理性は潜在していると捉え，したがって，狂気を癒すには人間に残存する理性を生かすことが必須であって，実際，そのような「自発的な内的革命」（Pinel, 1800［p.50］）を経てほとんどは治癒するということを強く主張したのである。

　そうは言っても，ピネルにしても，他の時代の専門家と同じく，器質的原因のために生まれながらにして精神全体を障害される場合や，各種の精神疾患の一部が精神全体の障害に落ちこむ場合はあって，それらは治療不可能で治癒不可能と判断せざるをえず，基本的には保護と救済の対象とせざるをえないとしているが，それでもピネルは，当時の啓蒙思潮にも影響され，その一部については教育可能性と発達可能性を新たに強く押し出したのである。

　そして，ピネルは，狂人そのものの中に，狂気を自覚し狂気を自ら治し自らを変化させることのできる主体を見出し，そのことが近現代の主体観の起源ともなったとする見解が打ち出されてきた[註3]。

　しかし，ピネルの新しさを理解する上で強調しておきたいのは，ピネルが当時の医学に対する強烈な批判者であったということである。もちろんピネルは，当時の療法を全否定したわけではないが，肯定するところの一部療法についても当時の理解と運用を厳しく批判している[註4]。ピネルの述べるところでは，当初は「精神病の原因」として「大脳や脳膜の病的状態」を考慮するなら大きく進歩で

きると信じ込んでいたが，そのように結論できるのは極めて僅かな症例に過ぎず（Pinel, 1800［p.115］），さらに悪いことには，精神病を「脳の器質的欠損や頭部の何らかの部位に結びつける」ことによって，精神病を「治癒不能」と見なす傾向があって，それこそが「人間性に対して最も害悪を与える偏見で，殆んど至るところで精神病者を放置している遺棄状態の呪わしい元となっている」と痛烈に批判するようになった（Pinel, 1800［p.134］）[註5]。その契機となったのは，比較的よく知られた事実であるが，ピネルが，「退屈極まりない書物や無益な編集の大洪水，学派の滑稽な物言いや何でも説明しようとする熱狂振り」を捨てて（Pinel, 1800［p.180］），優秀な「監護人」の実践に学んだことである（Pinel, 1800［p.94］）。そして強調されることは，観察と経験であり，「心身の養生を用いた待期療法」である（Pinel, 1800［p.181］）。その際に，ピネルが，監護人，言いかえるなら医師以外の人間の徳性を強調しながら療法の探索について述べる一節を引いておこう。

　　精神病者救済院内で静寂や秩序の維持を，またこのような監護に必要な心身の諸資質を著者が極めて重要視しているからといって少しも驚かないで頂きたい。なぜならこの監護こそがマニー治療の基本的土台の一つとなっており，これを欠いては薬物治療をどのように自慢しても，正確な観察も永続的治癒も得られないからである。［…］一部の極めて困難な事例では，このような研究を数カ月もかけて行った後に，試みることのできる試験的処遇の種類がようやく正しく決定され，固定される。　　　　（Pinel, 1800［pp.88-89］）

では，その「試験的処遇の種類」はどのようなものであったのだろうか。それがモラル・トリートメントと総称される療法であり，その範囲は，「われわれ」が知るもののすべてを含んでいると言ってよいだろう[註6]。

療法の分散と治癒の行方

　ここで強調しておきたいのは，歴史的に振り返ったとき，専門職による療法と民間における療法を区別しても意味がないということである。たしかに，それぞれの療法について，歴史的に変化したことはある。いかなる制度の下で，いかなる資格で，いかなる場所で，いかなる正当化によって，いかなる技術や技法を用いて，いかなる薬物療法を施した上で，いかなるカテゴリーで括られる対象者に対して，その療法を実践したのか，何を成功や失敗と称するのかについての変化はある。しかし，ある療法は，ある条件の下で，ある人間が，ある人間を快調にしたり失調を深めたりすることがあるという事実に変わりはない。
　その上で，歴史に少しだけ立ち返るなら，ピネル以降のモラル・トリートメントは，基本的にアサイラム，コロニー的なアサイラムの内部で，医療専門職の管

理の下で，ピネルの言葉では「人間を制御する技法と人間の疾病を癒す技法」が一致する場で執り行われたということである（Pinel, 1800 [p.186]）[註7]。しかし，現在は，脱施設化，地域医療，専門職連携が進められ，そのような一元的管理が効力を発揮する場は解体されている。言いかえるなら，多様な療法が多様な仕方で分散している。まさにそのようであるから，おそらく，近年の病者は，「自発的な内的革命」といったクリティカルな経験をすることなく，あるいは，それを免除されるなり封印されるなりして，ある経路を渡り歩きながら，間歇的な発症と寛解を繰り返している。あるいは逆に，そのような状況が確立される中で，人間の狂いは変容を始めている。臨床医学をモデルとする精神医学によって医療化され病理化される限りでの精神病者の形象が崩壊した後で，各種の療法が手を変え品を変えて繰り出される中で，人間の狂いの変容をどう考えるべきかということは次世代に課せられた課題であろう。

▶註

1　日本の音楽療法の歴史研究としては，光平（2018）が重要である。
2　理論が灰色に見えてくるや情念論・感情論が持ち出されることは定期的に繰り返されてきた。しかし，思想史を振り返っても，新しいことは何ひとつ言われていない。
3　この見方をフーコーに対抗して打ち出したのが，Swain（1977）である。その第2部はピネル神話の形成過程についての詳細で有益な叙述である。
4　1960年代から70年代にかけてのいわゆる反精神医学は，たとえ精神医「学」の全否定であっても，精神「療法」の全否定ではなかったことに注意されたい。その意味ではピネルは反精神医学の祖である。小泉（2014）参照。
5　次の告発も見よ。「白痴は救済院内で極めて多い種類の一つで，彼らの状態というのは，他の所で受けた余りにも積極的すぎた治療の結果であることが極めて多い」（Pinel, 1800 [p.140]）。ピネルが精神疾患に白痴を含めたことは後に批判されるが，ピネルの観点は重要である。
6　小泉（2017）参照。
7　ピネルは，フーコーが『監獄の誕生』で分析する規律権力を自覚的に採用しているのである。フーコーは気づいていなかったようだが，そこにもピネルの新しさがあった。

◉文献

Foucault M (1972) Histoire de la folie à l'âge classique. Gallimard.（田村俶 訳（1975）狂気の歴史──古典主義時代における．新潮社）〔引用に際しては訳本頁数を表記する〕
小泉義之（2014）ドゥルーズと狂気．河出書房新社．
小泉義之（2017）新しい狂気の歴史．青土社．
光平有希（2018）「いやし」としての音楽──江戸期・明治期の日本音楽療法思想史．臨川書店．
Pinel P (1800) Traité médico-philosophique sur l'aliénation mentale, ou la manie.（影山任佐 訳（1990）精神病に関する医学＝哲学論．中央洋書出版部）〔引用に際しては訳本頁数を表記する〕
Swain G (1977) Le sujet de la folie : Naissance de la psychiatrie. Calmann-Lévy.

治癒と臨床を巡る対話

2

［座談会］
来たるべき治癒へ
——ケアとキュアの交差域
森岡正芳＋北中淳子＋東畑開人

もうひとつの治療文化論

森岡 今や最前線をひた走る北中淳子さんと東畑開人さんをお迎えして座談会を執り行うこと，すばらしい場を用意していただいた金剛出版・藤井裕二さんに御礼を申し上げます。「治療は文化である」というタイトルを冠した増刊号特集がどのような経緯で成立したのか，まずは簡単に説明します。すでに古典となった中井久夫の「治療文化論」[註1]，河合隼雄の「中空構造文化論」[註2]，土居健郎の「甘え文化論」[註3]，北山修の「見るなの禁止」[註4]などから，殊にわたしたちの世代は多くを学んできました。この世代の臨床家の多くには，欧米留学という共通体験があるのですが，欧米で学んだことを日本に移入するなかで，当然さまざまな壁にぶつかる。そこから日本に固有の文化的コンテクストをふまえ，アレンジしながら，独自の臨床理論を構築していきます。河合隼雄がsand play techniqueを「箱庭療法」と訳したのは，異なる文化の土壌に技法を移植するうえで卓抜なアイデアでしたね。バブル経済崩壊後の1990年代以降，グローバリズムのうねりのなかで医療・福祉を取り巻く状況も激変していきます。高度情報化社会の到来による社会の均一化，多様なメディアの発達による生活と社会基盤の変動は，わたしたちの心の世界にも反映されていきます。マイノリティ問題，宗教間民族紛争，サブカルチャーの隆盛などはその一例でしょう。さらに目下進行中の新型コロナウイルス感染拡大によって，心と癒しのコンテクストも変わらざるをえなくなったことを肌で感じます。

今日の議論でキータームのひとつとなるのは，医療人類学でしょう。その展開を通じて，民族・歴史・土地（genius）に根差した心身のケアや魂への配慮，これらローカルな在地の知恵（indigenous knowledge）の探求が見直さ

れるようになりました。標準化，制度化された専門家の知識をいったん保留し，専門家主導で患者来談者の行動変容を起こすのではなく，当事者から学ぶ。生活の場から発想する。共に生きていくための足場を創造する活動が再評価されていきます。1990年代に勃興したナラティヴ・アプローチはそのひとつの表現型でしょう。

以上の流れをふまえ増刊号は，文化と癒しに連なる課題を「解決」することを目指すのではなく，まずこの問題圏に関わる検討点を広く「抽出」することを目指しました。第1セクション「治癒と臨床のエスノグラフィ」では，日本における心理療法史の転換期をとらえた東畑開人さんの「平成のありふれた心理療法」，文化とセラピーを論じるにあたって出発点となる，小泉義之さんの凝縮したミシェル・フーコー論が掲載されます。この座談会を収める第2セクションに続いて，第3セクション「精神の危機——わたしたちはどのような時代を生きているのか？」には，春日武彦さんの「狂気こそ正常」，信田さよ子さんの「被害について考える」のほか，社会学の論客による時代性の分析を掲載します。第4セクション「地霊と治癒——辺境（エッジ）と局在（ローカル）にケアを求めて」では，日本の精神文化に関わる神道や仏教の歴史と芸道，霊性，アイヌ文化における治癒の問題など，文化歴史的テーマを集中的に扱い，第5セクション「歴史と記憶——時の痕跡はささやく」では，島薗進さん，堀江宗正さんらの執筆陣によってグリーフ（悲嘆）や喪失，集団と個人の傷つきの歴史，そしてその歴史をどのように想起し，忘却し，語り継ぐかという一筋縄ではいかない課題を検討します。続く第6セクション「病いと物語——実践を紡ぐ・文化を書く」では，江口重幸さんをはじめ，社会学，歴史学，人類学など多士済々の執筆陣が，文化と癒しを

めぐる課題の発火点となった議論について健筆を振るっています。そして最後の第7セクション「生き延びること――生活者への帰還」では，当事者研究など生活者の視点からの論考が集められ，大嶋栄子さんの論文「当事者の生は"その後"も続く」が掉尾を飾ります。当事者研究は，医学書院やそれに続いた金剛出版が出版を重ね，そのルーツとなった浦河べてるの家に視察を希望する海外研究者も多くいると聞きます。それはどのような意味があり，今後どのような方向へと向かうのか。この座談会に登場するテーマのひとつになるでしょう。

　臨床心理学の「境界領域」を探っていくと，すっかり専門分化された臨床知の「栄養源＝エネルギー源」が，実は現場に眠っていることがみえてきます。江口重幸さんも若い頃の勤務先，滋賀県長浜市の病院で診療と並行して，フィールド採集に努め，「狐憑き」の事例に出会ったことを書き留めていらっしゃいます。一方，自らは病院でターミナルに関わるケアを幾度となく経験される。このような医療とフィールドワークの「境界領域」から，精神医学民族誌という着想を得たと伺っています[註5]。「中心」からは見えないものを探るために「周縁」に向かう方法，生活の場に生じる微細な出来事に焦点を当て，そこに人が生きるための「資源＝栄養源」を掘り起こす方法が，さまざまな交差領域を作り出すのです。今日は生産的な議論ができることを期待しています。

かくも長き沈黙
――文化論の生成と消滅

東畑　先日，北中さんとオープンダイアローグ・シンポジウム[註6]に出席したとき，「最近の臨床心理学はなぜ文化の話をしなくなったの

か？」について雑談をしていました。かつて臨床心理学の華であった文化論がめっきり語られなくなったんですね。おそらく2000年代が潮目だったと思うのですが，そういう状況で今回「治療は文化である」というこの特集が企画されたのは意義深いことだと思います。しかも執筆者のほとんどが臨床心理学の「外部」だというのも象徴的ですね。ですからなぜ臨床心理学は文化を語らなくなったのか，そして今ふたたび文化を考えることにいかなる意味があるのか，この座談会ではぜひこの問いを考えてみたいと思っています。

北中　いわゆる日本文化としての心理療法は語られなくなりましたが，むしろ「治療文化論」は多く語られるようになっていますよね。森田正馬や古澤平作といった初期臨床家や，土居健郎はフロイトと正面から向き合って，その教えを実践すればするほど違和感を覚え，文化的精神分析論を打ち出していく。河合隼雄の時代までは日本文化としての心理療法論は活発でした。しかしかつて存在していた東洋と西洋という大きな文化軸は後退し，禅的実践として欧米で流行したマインドフルネスが日本に逆輸入されるなど，旧い意味での文化概念が消滅した一方，新たな文化論が臨床心理学にも生まれつつある。認知行動療法，マインドフルネス，精神分析など，療法ごとの個別の文化性が逆に強く意識されるようになってはいないでしょうか。

東畑　難しいところですね。河合隼雄，土居健郎，中井久夫の時代には，自分たちの営みをメタ的に俯瞰しようとする志向がありました。そのときに，文化を比較することが一つの装置となっていたように思うんです。では，今はどうか。現在の臨床心理学は，各学派が作った小宇宙の多元的集合体のようになっています。そこにはいい点もあります。質の高いトレーニングが追求され，より洗練された理論と実

践が構築されていくからです。しかし，弱点もあって，それは小宇宙そのもの，つまり自分たちのカルチャーについてのメタレベルの議論が難しくなっているところですね。すると，「比較」とか「文化」という伝統的な方法が後景に退いていきます。ただ今，臨床心理学が公認心理師という制度と直面したり，当事者研究や社会的処方といった心理学以外の「心の援助」の存在感が増すなかで，「自分たちはいったい何をしているのか」というメタな問いが再び浮上しています。「治療文化」というテーマが今回取り上げられたのも，そういう事情があるのではないか──僕はそう理解しています。

北中淳子

北中　まさにそうですね！　少し自己紹介も兼ねますが，私は1989年に上智大学に入学して心理学を専攻していたので，今日は古巣に帰ってきたような懐かしさがあります。ヴィクトール・フランクル『夜と霧』の訳者だった霜山徳爾先生からも教えを受けて，将来はセラピストになると固く誓っていた……のですが，霜山先生から「セラピストは黒子でなければならない」と言われ，「それは絶対無理！」と思ってしまって（笑）。当時，がんセンターの小児科病棟で家庭教師のボランティアをする機会があったのですが，どこまでも優しく，信じられないくらい素晴らしい絵を描いた子どもたちが，次の回に行くと亡くなっている，という臨床現場の重みに耐えられなかった。バブル末期の浮かれた社会で，ぼんやりと「人生の意味とは何か」みたいなことを考えていた自分の甘さと，限界を感じたのですね。同時に，精神分析を学んだ同級生たちが精神分析らしい言葉で幼少期を語り出す様子を，不思議な思いで眺めていました。それはまるで過去を発掘し，真理が発見されたようにも語られるのですが，単に特殊な言語で創られた「真理」が過去を上書きしていく

ようにも見えました。この不思議な現象を学ぶには臨床心理学の外に出るしかないと，シカゴ大学で，グレゴリー・ベイトソンにも師事した先生に人類学を学んだ後，マギル大学で医療人類学と出会うことになります。ですから，フーコー論に始まり，グローバルとローカルの問題，精神医学の歴史性，実践の物語，当事者活動に至る特集号の構成は，実は私自身のライフヒストリーをなぞっていて，今日は私の人生の疑問をお二人に解いていただけるのではないかと期待しています。

　それにしても，なぜ文化論が消えたのかという問いは本当に不思議です。私が心理学科に入学したのはちょうど「自分探しブーム」の時代で，河合隼雄の講義を受けたり，『朝日新聞』の連載も楽しみにしていました。言語を通じた自律的自己を目指す欧米の精神分析に対して，そのような自律への拘りこそに病理をみた森田正馬や，父子よりは母子関係の葛藤に着目した古澤平作の阿闍世コンプレックス論[註7]，母子関係に根差した相互依存的自己こそを健康として，西洋の精神分析家にも衝撃を与えた土居健郎の「甘え」論の伝統が，やがて母なるものの素晴らしさと恐ろしさ

を描きだす河合隼雄のグレートマザー論に合流する……この精神分析的「日本的自己」論は魅力的でした。ただ，ここで日本的とされたものは，母の自己犠牲的愛のもとに育った男性からみたファンタジーでもあり，それを一枚岩の「日本人の心」として語ることの暴力性や，医学・心理学の言説が自己を創り出すことの権力性に無自覚なことには，当時から疑問がありました。しかしながら現在，かつての「日本的自己」という問いは消え，当時戦っていた「敵」はどこへ行ったのだろう……という思いです。

森岡 言説にもとづいて自己・他者を構築するのが精神分析の基調にあります。河合隼雄は当時，夢をも精密に構築的に扱う西洋由来の精神分析に対し，日本では明瞭さには欠ける「移行状態」にこそ関心が寄せられ，好まれると語っていました。そこにフィットしたのが，ドナルド・ウィニコットの「遊びの中間領域性」や「ホールディング」といった理論立てでした。西洋の心理療法では，人が自我をいかに形成し，個人になるかということがマスターストーリーになるのですが，日本ではどうもそういうプロセスが描きにくい。そこで先人たちは苦肉の策として，日本文化になじむ心理療法という独自路線を追求していったのかもしれません。

北中 フィリップ・リーフによれば，精神分析が北米で覇権を握った現象はキリスト教の権威失墜とパラレルで，振り返りのない人生は生きるに値しないという価値観，教会で罪を告解するという自己のテクノロジーを，精神分析が引き受けてひとつの文化を築いたといいます[註8]。ですから，理知的・自律的な近代的自己を形成しなくてはならないというオブセッションがない日本において，西洋型の心理療法が一体いつ誰に，どのように必要とされるようになったのだろう，と思います。

東畑 ここで歴史をおさらいしておきたいのですが，日本の臨床心理学の始まりにおいて，学校カウンセリングは特別な位置にあります。カール・ロジャースの思想が広まるのも最初は学校教員のあいだですし，もともと河合隼雄も高校教師で，初期の本は不登校の事例がパラダイム（範例）になっていますね。もちろん精神科病院などでも心理職は働いていましたが，そちらは心理テストがメインでした。治療ということを考えるときには，子どもの臨床が範となってきたということです。これは先ほどの北中さんの問いに答えるうえで重要で，日本においては，近代的自我を確立した成人のためではなく，発達途上の子どもに向けて心理療法理論が構築されていったのではないか。すると当然，子どもを取り囲む環境である母親が重要な問題となります。だから，文化論では「甘え」論や「母性社会」論，それから北山修がウィニコットを下敷きにしたように，「包み込むもの」について考えることになったのではないかという仮説です。

北中 おもしろい仮説ですね。1990年代に刊行された自己論の本[註9]を読んでいたのですが，西洋の自己言説の歴史を追いかけながら，清少納言らの日記文学も補足的に紹介されています。ただし最初のほうの章の最後にわずかに触れられているだけで，理知的な近代的自己は西洋起源の産物であり，非西洋には未分化な自己しか存在しないという，社会ダーウィニズム的思想の影響が，当時もまだ残っていたことへの反省として書かれています。たしかに，20世紀中頃のうつ病論を追いかけていても，アジア・アフリカの人々は「うつ」を言語化・心理化できずに身体化して不定愁訴に陥ってしまう未熟でより原始的な人々として表象され，啓蒙されるべき子どもと非西洋の人々が暗黙裡に重ね合わされている。日本の心理臨床が子どもから出発したとすれば，

日本の臨床家としては，西洋の心理療法の意味を二重に反転させる必要があったのかもしれないですね。

サイコロジカルトークの光と影

森岡 このような歴史を経て，今まさに過渡期にある我々の時代はどうなっていくのか。東畑さんはこのたび「平成のありふれた心理療法」で見通しのよい日本心理療法史を提示されています。これからは多様性の時代になっていくとお考えでしょうか。また，そこでサイコロジカルトーク，心語りはどう位置づけられるのでしょうか。

東畑 これは京都で臨床を始め，沖縄に行き，現在は東京で開業をしているという，僕自身の移動の問題と切り離せません。先ほどから「日本人まとめて甘え理論」の暴力性が語られていますが，現在「日本の心理臨床とは何か」という包括的な総論を語ることはきわめて困難です。それぞれの学派ごとに違ったリアリティがありますし，臨床現場ごとにも異なる現実があります。現場では経済階層の問題も深刻に現れてきているように思います。だから，臨床心理学は今，総論から出発することができず，各論の寄せ集めとしてしか存在できません。見方を換えれば，それだけ臨床心理学が成熟して，多元的になったとも言えます。要は，それぞれに見ているクライエントが違いすぎるんですね。だから，グランドセオリーが成り立たない。このとき，必要なのはマッチングの発想になります。それは従来，たとえば病態水準のような個の内側の次元でアセスメントされていたわけです。精神病水準だからSSTとか，神経症水準だから認知行動療法とか，ですね。だけど，もうひとつ，それぞれのクライエントの社会経済的環境という個の外側の要因もあると思うんで

すね。たとえば，サラリーマンのためのEAPでは認知行動療法が圧倒的なシェアを誇っていますが，それは「企業で働く自己」と認知行動療法がよくマッチするからでしょう。心理療法がある種の自己や主体性を形づくるものだとすると，いかなる社会的環境において，いかなる心理療法がフィットするのかが考えられるべきだと思います。この心理療法をメタ的に捉える理論として，今回「社会論的転回」という提言をしたわけです。

さて，ここで僕の移動が絡んできます。京都にいたころと，沖縄にいたころ，そして今とでは，心理療法のありようが大きく変わっていくんですね。見ているクライエントの層が大きく変わるからです。沖縄では病院の臨床でしたから，詳細に心理学的な対話をするよりも，ふんわりと関係性を結ぶことに重点がありましたが，東京の開業臨床で出会うクライエントは「心」を内省的に構築することを望む人たちでした。彼／彼女たちとは，心についてああだこうだと説明したり，話し合うことが，治療関係を結ぶためには不可欠です。「サイコロジカルトーク」です。ここには地域性という意味での文化の問題もあるでしょうし，社会階層という意味での文化の問題もあるように思います。かつて臨床心理学では「言葉にしないこと」の価値が語られていましたが，それは普遍的というよりは，それにフィットする社会文化的条件に支えられたものだったと思うんです。

森岡 私たちの世代の指導者，河合隼雄からは，逆説的な言い方ですが，面接を始めるにあたっては，今でいうケースフォーミュレーションなど，細々したことを周到に準備してから始めるものではないと教えられたものです。

北中 本当ですか？ カナダの精神科でフィールドワークをした後に帰国して，精神療法的アプローチのところでも必ずしも治療契約が

交わされないという事実には衝撃を受けましたが……

東畑 実際，日本の多くの大学院では「サイコロジカルトーク」が十分に教育されていません。心について語り合うよりも，心理学的に相手を理解するよう努めるけど，技法レベルでは傾聴が重要だと今でもされています。それはある時期までは主流の臨床観で，有効だったのだと思います。だけど，社会が変化するなかで，それでは不十分なケースも多くなっていて，そのなかでサイコロジカルトークの価値が上昇しているように思います。何が変わってしまったのか。ひとつは社会の心理学化ですね。斎藤環さんやニコラス・ローズ[註10]が書いているように，人々が自己を心理学的に想像することが広く普及しました。そのとき，カウンセリングではサイコロジカルトークが必要になります。もうひとつは，これは一つ目と表裏ですが，専門家の権威が失墜してユーザー・ニーズの価値が向上し，心理療法というサービスを提供するという価値転換が起こったということです。権威というものが通用していた時代は，権威ある教師や治療者に依存するという形で，「甘え」理論にも訴求力がありましたが，ひとたび権威が失われると，われわれは協働的な関係のなかで，「心」を語り合わなければならなくなったわけです。

北中 「心を語り合わなければならなくなった」ということは，「語らないほうがよかった」ということですか？

森岡 かつての時代精神からすればそうなりますね。そこにはすでに限界があったともいえるでしょう。教師に権威が付託されていたかつての学校教育のような守られた風土では，「心」は言葉にしなくとも伝わっているという姿勢が通用していました。私もその世代に属するひとりでしょうけれど，それでもやはり

現場に出てみると，まあえらい目に遭う（笑）。

東畑 科研費をとって，沖縄の初期の心理士たちにインタビューをして回ったことがあります。彼らの多くはロジャース派でした。いわゆる傾聴のカルチャーの人たちなわけですが，苦しい経験を語るのは精神科病院勤務の人たち，良い経験をしてきたと話してくれたのは教育領域に勤務していた人たちでした。「心を語り合わない」ロジャース派のカウンセリングは，教育分野で子どもに実施するときには有効で，反対に精神科病院では難しいことも多かったようです。

北中 日本の心理療法史をみていくと，「言葉が傷つける」ということへの感性が強くあったと思います。たとえば森田正馬も，言語によって，理知的に病いを捉えて治さなければならないという「とらわれ」自体が病理だと語ります。神田橋條治が繰り返し指摘し[註11]，中井久夫も「作用と反作用」という概念で示すように[註12]，言葉の「毒」を抜くことに腐心してきたのが日本の心理療法の歴史だったとすると，描画療法など媒介物を使った方法論は，その表れのひとつでしょうか？

森岡 文化になじむセラピー，つまり言葉ではなく身体経験を通して，あるいは具体的な物を介してやりとりすることが治療を促進するという側面は，たしかにあるでしょう。日本ルーツの内観療法をみると，基本的にはセルフヘルプです。対話関係を通して内省・洞察を深めるより，生活ベースで治療者は基本，そばにいるだけでよいとされる。

北中 たとえば神田橋さんも初期は厳格な精神分析の実践家で，今の精神科病院ではありえないほど激しい転移／逆転移を繰り返して治療をしています。そのなかで治療者自身がいかに害になりうるかということに気づき，治療者のカリスマ性や精神分析言語のもつ侵襲性，魔術性をニュートラルにして害をなくし，

クライエントに力を還す方法を模索してきた。臨床に陪席させていただくと，有名な「Oリング」などは患者さんの方が熱心に実践しているほどで，かえって神田橋さん自身は淡々と，クライエントのエンパワメントの一方法と捉えているところがある。また脈をとりながらチューニングするなど，治療の場をつくるために身体性を重視しています[註13]。彼は精神分析へのアンチテーゼをかなり早期から提示しているのですが，マインドフルネスの動きなど，現在の欧米の心理療法の世界はそれを追いかけているようにもみえます。そこでお伺いしたいのですが，精神科医は身体を使えるけれど心理職にはそれができないことを，お二人はどう考えていらっしゃいますか？

東畑 神田橋條治が激しい転移／逆転移の有害性を認識したということなのですが，それはやはり精神科病院での精神分析であったのが問題だったのではないかと思います。精神分析が本来対象にしていたクライエントとは異なる相手にそれを適用した結果の混乱だったのではないかと。ですから，重要なのは，どういう層のクライエントを相手にしているか，ですね。身体的な技法や表現療法のような非言語的方法は内面を直接扱わない分だけセイフティなところがあります。それを必要とするクライエントたちは確かに大勢います。そしておそらく，先に話した子どもがそうですが，日本の臨床心理学はそういう層をまず主要な相手にして発展したのだと思うんです。サイコロジカルトークというのは，大きく見れば都市の，しかも自立を成し遂げた人々のカルチャーなのだと思います。

北中 それは精神医学をみていると感じることでもあります。精神療法的志向性をもった精神科医の多くは精神科病院で臨床をしているため，治療同盟や治療契約といった枠組みで実践することが難しい。それを批判すると，

反精神医学時代の対立が再燃してしまいかねない。そこに新たな風を吹き込んだのが，川村敏明さんや向谷地生良さんの「非援助の援助」を理念化した「べてるの家」で始まり，現在は熊谷晋一郎さんたちが理論化を進めている当事者研究です。熊谷さんは，当事者研究の二つの源流の理念の違いに着目しています。一つは，「青い芝の会」に代表される身体障害者運動。彼らの生きづらさ，障害は見えやすい形で存在します。したがって，彼らは健常者と同じように生活できることを求めて，複数の声を統合して人権運動へと集約し，社会を変えていこうとします。ここでは，自立・自律した近代的自己は目指すべき善とされている。もう一つの運動は，依存症自助グループです。1930年代の米国に誕生したAA（アルコホーリクス・アノニマス）の創始者，証券アナリストのビルと外科医のボブは，裕福な白人マジョリティの男性であり，近代的自己の「理想像」です。しかし彼らは自律した自己への過信ゆえに他者に依存できずモノ（アルコール）に依存していく，つまり他人に頼ることができず，自己に依存しすぎる「自己依存」という病理を抱えていた。したがって，AAでは一つのところに物語を集約させて，社会を変えるという方向性を採らない。AAの「言いっぱなし聞きっぱなし」では，ナラティヴを統合する障害者運動とは違って，語りはすべて断片化されたまま，ポリフォニーとなり，それは社会変革ではなく，自己の弱さを認めたうえでの，ハイヤーパワーというより大きなものへと向かっていく。

　熊谷さんは，これら2つの救済法からも疎外された人たちがいたといいます。それは，障害が容易に可視化できず，そもそも自分の障害が何なのか，生きづらさがどこから発生しているのかがわからない人たちです。具体的には精神障害を経験した人や，女性の薬物依

存症者です。彼／彼女らはしばしば貧困層で，シングルマザーだったり，虐待を受けていた経験があったりで，社会にも変わってもらわないと生きづらい。しかし自分の生きづらさの理由がわからず，極端に相手を責めたり，逆に過剰に自分を責めたりしてしまう。だから当事者研究では，自分の生きづらさを言語化できなかった人たちが，仲間との対話を通じて自分を発見して過程で，責任の仕分けができるようになる。何が変えられず，何を変えていけるのかを，自分で考えていける――熊谷さんの説明を聞いて，なるほどと思いました。ですから専門家は，クライエントの置かれた社会的状況や，ポジショナリティ（立ち位置）を考えたエンパワメントの方法を模索しなくてはならないと，あらためて思います。

東畑 ご指摘に全く同意します。臨床心理学の歴史上，たとえば認知行動療法家と精神分析家が互いの治療文化を批判し合うということが続いてきました。たとえばアイゼンクなんかはそうですが，それがクリエイティブに作用したことはもちろんあります。だけど，少なくとも日本のこの10年で，他学派批判によってクリエイティブな果実があったかというとかなり心許ない。学派間対話も同様です。それは一見，寛容さに開かれているようですが，多くの議論が「ここが同じで，ここが違う」という確認にとどまっています。交流を温めるにとどまって，その後，小宇宙は開かれるというよりも，凝集性を高める方に作用したように思うんです。要は同じ土俵に立っての生産的な議論が難しい。僕はその背景には，それぞれの学派がメインでターゲットとしているクライエントの社会階層や環境の違いが無視されていたことがあると考えています。何が有害で，何が有益かは，社会的条件によって異なるはずで，ここに社会科学と臨床心理学の学際領域があると思うんですね。

もうひとつ，北中さんの話で重要だと思ったのは，セルフコントロールの問題ですね。森真一『自己コントロールの檻』[註14]は，心理学がセルフコントロールを促進する装置になっていることを指摘しています。面白いのは，それが社会による管理の問題とつながっていることです。つまり，心理療法は「人を自由にする」を根本命題としていますが，その自由が実は巧妙な権力による統治になっているという批判です。このような認識から自己批判を行って，社会運動に向かったのが，かつての日本臨床心理学会メンバーです。「個人が問題か，社会が問題か」というのは，臨床心理学の根底にあるトラウマ的な問いですね。この点で，媒介物を用いたり身体を用いたりする臨床心理学初期の試みはセルフコントロールに対して微妙なポジションです。そこではセルフコントロールや自己責任は徹底されません。それに対して「サイコロジカルトーク」はセルフコントロールに強くコミットしている。僕自身，セルフコントロールに完全に批判的ではありません。それが悪しきことをもたらす局面もあれば，良きことをもたらす局面もあります。それはクライエントの病態や社会環境によってケースバイケースです。そういう意味で，「サイコロジカルトーク」が必要なクライエントたちもいるという評価をしています。一方の当事者研究はどうかというと，セルフコントロールを重視するところもあれば，みんなでコミュニティをつくって他者に委ねるところもある，という感じになりますかね。このスペクトラムのなかで，私たちが自分の臨床をどう位置付けるかが大事だと思います。

物語が生まれるとき
——専門性と素人性

森岡 東畑さんのおっしゃる「サイコロジカルトーク」は臨床心理学の専門性と大いに関わりますが，その位置づけはたしかに複雑です。当事者研究では，自分の病気を自分の言葉で語ってみることを試みます。ある症状を「幻聴さん」と名づけることで，外在化し，専門家によるラベリングとは異なるトークを生み出していきます。このような感情や症状の微細な揺れ動きを言語化することは，それ自体が治癒的に作用するでしょう。自らの未だ耕されていない文化（culture uncultured）を掘り起こすことでもあります。では「サイコロジカルトーク」は，当事者のナラティヴをサポートする位置にあるのか，それともアサーションなどを用いて，セルフコントロールを強化するマネジメントのスキルとなるのか。「サイコロジカルトーク」は，患者が自己診断してみずから治療薬を処方する自主服薬（self-medication）を推し進めるようなもので，ともすればレディメイドの言葉に自らを落とし込んで，病理化を固定するリスクもあります。それどころか，個人のライフサイクル自体が精神医療化に向けて加速していくというリスクが，「サイコロジカルトーク」の暗部としてあるでしょう。

北中 それは精神医学界でも世界的に議論が巻き起こっている，とても深刻な問題です。1980年にDSM-IIIを作成して以降，精神医学界ではカテゴリカルに疾患を分類しようとしたものの果たせず，脳神経科学的探究が続くなかで，精神医学の知見は限定的で，「症候群（syndrome）」にすぎないものを「疾患（disease）」に仕立て上げてきたとの反省から（科学的にはより正しい）「症候群」に回帰しようとする方向性が生まれてきています。例え

ばうつ病の最新の教科書のタイトルも『気分症群』です[註15]。ところがメディアを通じて，「○○うつ」（今ならコロナうつ）や認知症など本来は疾患名ではないカテゴリーが一人歩きをし，専門知と一般知のあいだには認識のタイムラグが生じている。そのような時流のなかで，治療名が個人のアイデンティティになること，つまり「世俗化した精神医学知」が自己の知を貧困化していくという，「自己の医療化」をめぐるさらなる問題が生まれつつある。この暴力性を押しとどめることには，精神医学のみならず臨床心理学も貢献できるはずです。たとえば中井久夫は，うつ病の疲れには，気疲れ，体の疲れ，頭の疲れという3つがあると述べ，また「心の産毛」[註16]という言葉で精神障害を経験した人々の繊細で傷つきやすい心に注意を喚起するなど，臨床の言葉を豊かにすることが，いかに自己の知を耕すことにつながるかを示してくれています。それは自己を振り返り，労わるための，まさしく「サイコロジカルトーク」がもつ可能性でもあるはずです。ところが現在，心理療法の流派が分化することで，治癒の言葉が貧困化しつつあるということなのですね？

森岡 たしかに，ワークブック的知性とでもいえるものが耳目を集めています。ワークブックを埋めて自分を理解し，わかりやすく瞬時に消化できる「心の見取図」を手にして，世俗化された臨床心理学の知によって生きながらえていくのも，ひとつの方法でしょう。実際それが商品にもなっているのですから。しかし一方で，自己知を耕す専門性が風前の灯になっている現状をどう考えたらいいのか……

北中 かつて90年代に，私が夢中で臨床心理学の本を読んだときに経験した自己の知が耕されていく感覚は，今は失われてしまったのでしょうか？ 安易にレディメイドの物語に落とし込まず，物語が自然に生まれてくるまで

東畑開人

待つ力が，当時の臨床論にはあったと思うのですが……

森岡 「物語が自然に生まれてくるまで待つ力」は，臨床のなかで時に出会う手応えのひとつですが，いつもそのような出会いがあるわけではなく，身に生じた出来事には深い意味があったということが，後になってわかったりもする。物語が自発的に生じるかどうかは時間と偶然に左右されるわけですね。ところが，問題解決のステップを明確にし，そして迅速に結果を求める時代的要請は切迫しています。制度化された知の体系に，われわれの実践が埋め込まれようとしている。

東畑 ただ，先ほどから話題になっている「余白に生まれる自己を耕す物語」は，心理職に限られない対人援助職全般の臨床技法でもありますよね。専門知に支配されず，世俗的・日常的な感覚へどのように橋渡しをしていくのかという課題は，医師であっても看護師であっても共通しています。ですから，僕はそこを心理職の専門性にはしたくないんですね。「素足の心理療法」では，あまりに実存に頼り過ぎだと思うわけです。ならば，改めて心理職の独自性とは何か。僕は心理アセスメ

ントだと思っています。心理学理論をバックグラウンドにして，目の前の現象をフォーミュレートすること。これが学派を超えた共通点だと思います。すると，心理職の特性は，2つの部分からできているということになります。ひとつは専門スキルを駆使する専門性であり，もうひとつがクライエントの個別の物語にコミットする素人性ですね。前者はこの仕事の科学性，後者は文学性と言えるかもしれません。この2つは緊張関係にあるのですが，緊張させたままにその2つを生き抜くことが臨床という営みだと思うんですね。

北中 専門性を担保するうえでアセスメントはもちろん重要ですが，アセスメントの渦中や事後に流れている物語を含めた治療の時間，物語が流れ動く仕組みの「種明かし」を，もっと語ってほしいですね。当事者研究では，医療者が診断治療に至った思考経路を（第三者を介して）クライエントと共有するだけで，「こんなにも私のことを考えてくれたのか」と驚く，そしてそのこと自体が極めて治療的に働くといった知見も出されています。

心理臨床の織りなす物語に関して，森岡さんがこんな事例を紹介しています。ある地方にある名家の次男の方で，来訪時は無職ですが，世間で知られた流行歌のいくつかは自分が作曲したものだという。どうも盗作されているらしく，そのきっかけの出来事があった。あるとき知らない男から「阿久悠企画」と書かれた名刺を差し出されたと語ります。ここでは妄想と，統合失調症のリスクが疑われると思うのですが，森岡さんは医師に相談し，リスクを意識しつつも，そこに焦点化するのではなく，待つ。数カ月後，ふたたびクリニックに現れたこの男性は父親の会社を手伝うことになったと嬉しそうに報告し，新しい名刺を渡してくれます。2枚の名刺に象徴されるのは，病理化されるのとは異なる物語，「待

つ」ことで可能となる，自己の成熟の物語です[註17]。

　また，精神障害を経験された方が通うデイケアのスタッフが講演されたとき，彼が，「私たちの日常はサザエさんみたいなんです。毎日同じことの繰り返しだし，劇的な変化も時間が進んでいくこともないのだけど，でもその日常を安心して過ごせる居場所を創ることを目指しているんです」と語っていらして，胸を打たれました。だけど，どこかで聞いた話のような気もすると思っていたら，これは東畑さんの本に登場する言葉なのですよね[註18]。ケアの専門家が，研究者の言葉を，まさにこれだ，自分のことをわかってくれたと感じ，自分の一部として語りだせる，そのことが素晴らしいと思いました。このように，時間軸を，そして自分を少しずらしてみる言葉を得ることで，誇りをもって自分の人生を生きられる。心理職の方々には，ぜひこういった豊かな言葉を紡いで，もっともっと届けてほしいなあと感じました。

森岡　われわれはアセスメントに専門性を見出すと同時に，クライエントの物語の多層性を受け止めながら付き合っていく。するとあるとき，自分たちの実践の「根拠」や「成果」を問われることが生じます。外に証明できる専門家のアイデンティティが切り崩される瞬間を経験することが，物語を生むきっかけにもなります。相手の世界に入ることは，私が変容するということに他なりません。

東畑　ここまでの議論をこんなふうに整理することはできないでしょうか。臨床心理学の歴史をみていくと，「専門性 対 素人性」という葛藤を繰り返してきたことがわかります。初期のロジャース派は「素人性」に賭け，河合隼雄は「専門性」に賭けました。だけど，それは「あれかこれか」ではないんですね。人と人とが関係を結ぶことを捨象できない仕事

ですから，どんなに高度に専門化しても，素人性は通奏低音として鳴り響き続けます。近年は，エビデンスを踏まえ，アセスメントを高度化させていく，「専門性」への賭けが優勢です。これは認知行動療法に限らず，精神分析でもそうですし，あらゆる学派がそうなっています。小宇宙化とはそういうことです。訓練は高度になり，実践は洗練されます。だけど，その結果，何が起こったのかというと，臨床心理学の言葉が社会に流通しなくなりました。もちろん，「発達障害」や「うつ」などはメディアで流通していますが，現在流通しているのはむしろ当事者たちの言説ですね。僕らがコミュニティで饒舌に語っている専門用語は，社会どころか，同じ臨床心理学でも小宇宙の外に出ると全く通用しません。これは専門家ならば当たり前と言われるかもしれませんが，河合隼雄の頃は違いましたよね。アニマとかグレートマザーとか，そういう言葉が人文学やメディアでも流通していました。その言葉は人々の心に届いていたんですよね。だから，素人性の部分はこの学問にとっては余技ではなく，本質です。それは先の言葉を使えば，この仕事の文学性の部分です。人々の生を語る文学的な試みが失われると，僕らの学問は専門性にベットするしかなくなり，システムに奉仕することに汲々とすることになりかねません。

森岡　「素人性と専門性の葛藤」で裁いていく歴史観，実に切れ味の鋭いご指摘です。

北中　私が過ごした90年代，北米においても心理職の専門性が失われつつあると語られていました。精神科医は研究論文を執筆するために参考にするくらいだったDSMを，かえって心理職のほうがバイブルにしはじめ，DSMが心理臨床家の文化を根絶やしにするのではないかと危惧されていました。精神科診療では「疾患の自然史」に着目して，病理を本人

とは異質なものとして切り離し，それを除去することで，健康な状態を回復させることに，まずは注力するのですが，心理療法家は，病いも健康な部分も全部ひっくるめてその人の物語として読み解き，疾患を運ぶ「乗り物（vehicle）」ではないクライエントの物語を立ち上げることができる──この文化資本が失われるのではないかという危機感が，90年代の北米に蔓延していました。

東畑 おっしゃる通りですね。本来，僕たち心理職はクライエントの物語を相手にしているはずなのに，「専門性」に則って語りはじめた途端，「うつ病を搭載した人間」「病んだ心を運ぶ人間」という見方を取り込んでいく。心理学が文学性を失うというのはそういうことです。僕らの学問が文化を語らなくなったのは，この流れと関係しているように思います。

森岡 70年代から80年代にかけて，『昔話の深層』[註19]や『昔話と日本人の心』[註20]など，河合隼雄による昔話論が多く刊行され，心理職にも大いに支持されていました。ただ，それはあくまで専門家の余技であり，現場の援助職として学ぶべき技法や知識は他にあるという見方も，一方には根強くありました。本来これらは人生に必要な「余白」を学べる資料であり，クライエントを理解する枠にもなりえたはずですが，現実は必ずしもそうはならなかったということですね。

心理学はいかなる人間を形作るか
──時熟と治癒

東畑 「素人性と専門性の葛藤」という軸は，「心理学的想像力」というテーマにも接続されます。心理学って，基本的に自分のなかに複数のプレイヤーがいて，それが押したり引いたりを繰り返していると考えるものだと思います。心理学とは本質的には心に補助線を引くものだと思うのですね。先ほど北中さんがおっしゃったように，心理職に補助線を引いてもらって自分を語れるようになると，「だから自分はいつも苦しんでいたのか」とセルフコントロールの手綱を取り戻せる。これは言い換えれば，自分の内部に問題があるというモデルです。しかし，このこと自体が，現代社会においては暴力性をはらむという問題もあります。貧困などの経済問題が顕在化しているにもかかわらず，社会という外部にある問題を指弾せず，自分の内面だけを問題にするという発想になるからですね。心理学的想像力は新自由主義的で，自己責任論的になりやすい。すると，病んだ社会システムを保守しているという批判がなされます。これがかつての日本臨床心理学会の問いでした。その後の臨床心理学は，この問いに答えずに来ていますが，まさに現代の当事者ムーブメントや社会的処方などのアイデアはここを問題にしているように思います。

北中 それと同時に，障害の人類学や社会学では，すでに社会構成主義批判への反省があって，社会的に創られていることだけを語っても救いにはならないという認識は共有されているように思います。生来の神経科学的特性を前提とした，自閉症のニューロ・ダイバーシティ運動[註21]のように，バイオロジカルな違いを認めたうえでの社会との相互作用を考えようという動きになっている。ただし，バイオロジーをどう考えるかは難しく，精神医学でも，90年代にはヒトゲノム計画や脳神経科学の急速な発展があり，バイオロジーで一見社会的な問題（貧困や差別）まで乗り越えられるかのような楽観論がありました。しかしゲノムでも神経科学でも精神障害の解明はやはり難しく，近年，向精神薬の開発からメジャーな製薬会社が撤退しはじめています。グローバル・メンタルヘルス運動をみても，

うつ病治療の第一選択は抗うつ薬と言われていたのですが，そのエビデンスが疑わしくなるなか，心理社会的な介入があらためて重視されつつある。診断治療においても，疾病（disease）ではなく症候群（syndrome）への原点回帰という精神医学のダイナミズムが生まれるなかで，今あらためて臨床心理学のスタンスを考えるべき時代なのかもしれません。

森岡 シンドローム化が進めばクライエントを個別にみていくしかなくなりますが，個人は多様です。必然的に心理職はその多様性に見合った複数の治療技法のレパートリーをもたなくてはならないでしょう。今後は，クライエントの個別の物語に対応していくスタンスが際立っていくことになるでしょうね。

東畑 ここまでの議論に補足するなら，精神医学のトレンドはバイオロジーからソーシャルへと移っているようにもみえます。社会のなかに共助のシステムをつくろうとするACT（Assertive Community Treatment／包括型地域生活支援プログラム）や，社会的ネットワークを増やしていく社会的処方やオープンダイアローグがその好例です。共通しているのは，クライエントを変えるのではなく，クライエントを包み込む環境を変えようとする点です。ただ，これらの動きと心理職の専門性は少し異なっていると，僕はみています。もちろんこれらのアプローチに関わる心理職もいますから，両立する部分はあります。しかし，バイオロジーからソーシャルへの移行という図式に収まらないところ，つまり，個人の内面にふれるという側面にこそ心理職の独自性があったはずです。

北中 今のお話を，臨床心理学的アプローチは時間軸が異なるという形で語ることはできないでしょうか。たとえば現在も進行しているコロナウィルス感染拡大の急性期は，フィジカルなケアが優先されますよね。そして災害支援一般における「心のケア」は，急性期ではなく後になってから求められる。被爆50年後に初めて行われた大規模な長崎のメンタルヘルス疫学調査によって，半世紀経っても被爆者はさまざまな精神科的苦しみを抱えていることが示され，「心のケア」の必要性が明らかになりました。臨床心理学に固有のアプローチには時熟が必要で，他のアプローチとの時間軸の差異があるのかもしれません。

森岡 急性期にはファーストエイドが第一優先ですが，過去の出来事を徐々に振り返っていくには時間が必要で，そこに心理職が力を発揮する余地があるということですね。たとえばオープンダイアローグの創始者ヤーコ・セイックラも，もとは病院勤務の心理職で，効果測定を徹底的におさえながら一方で，対話こそが重要だという。ここには大きなギャップがあるようにもみえるけれど，彼の実践のなかではおそらく一貫している。彼は個別対応を重視し「セラピーは愛の具現」とまで論じ，ミハイル・バフチンのポリフォニー概念を導入したりと，臨床心理学の文学性をいかんなく発揮して実践に取り込んでいるようにもみえます [註22]。来たるべき心理職のひとつのモデルが体現されているともいえますね。

北中 ベテランの心理職の方々の話を聞いていると，病院経営が苦しくなった今，昔はできていたことができなくなり，心理検査を施行するテスターに逆戻りしつつあると言います。統合失調症の長期入院患者を受け入れる病院に勤務する心理職から，日々SSTを実践するくらいしかできず，自分の職に何の意味があるのか深く悩んでいたけれど，慢性の統合失調症で長年入院されている方が，ぽつりとその時の経験を語ってくれたことがあって，自分のやっていることの意味を確認できたのだと聞きました。心理職は最終的にどこに意味を見出していくのか，そのライフサイクル論

はもっと知りたいところです。

東畑 現在，デイケアでのグループケア，被虐待児の施設臨床，精神科病棟でのSSTといった集団心理療法のニーズは拡大していますが，個人心理療法のパイは縮小化の一途をたどっているといわれます。はじめは多くの人が個人療法をイメージして心理職を志すのですが，いざ現場に出ると集団心理療法のオーダーが中心で，アセスメントスキルを駆使してグループをマネジメントする仕事も多いです。『居るのはつらいよ』にも書いた通り，これはこれでやりがいのある仕事で，そのあたりでキャリアをどうしていくか考えることになりますね。僕はそれは創造的なことだと思っています。個人心理療法の外には肥沃な土壌が広がっていて，そこで実践を重ね，知を作り出していくことは，学問的にも社会的にもとても価値のあることです。

　それから，心理職が最終的に価値を見出すのって，やはりクライエントの心の変化なんじゃないかなって思いますね。これはこの仕事の醍醐味です。たとえば被虐待児で，当初は攻撃的だった子どもが他の子どもにアメをあげることができた，こういったかすかな変化に喜びを覚えるのが，僕らのエートスですね。そういうものに支えられて，職業人としてサバイブしているように思います。これはやりがい搾取にもなってしまうので，危険でもありますが。

北中 たしかに私の友人も「ずっと大変だった人が，この間，ちょっと今までと違う，こんなことを言ってくれたんだよね」としみじみ語ってくれて，じーんとしたのですが，「その方をどのくらいみてるの？」と聞いたら，「10年だよ」と（笑）。彼女は自分とまったく異なる生物じゃないかというくらい別の時間軸を生きている。そんなに気長に他人を待って，ささやかな変化にこれほどの喜びを見出

すのって，どうしたら可能なんだろう，いったい何をエネルギー源にしているんだろうって，不思議だったのですが，今のご指摘で少しだけわかった気がします。

森岡 かつて河合隼雄は村上春樹との対談のなかで，互いの「アンダーグラウンド」を共鳴させ，殊に二人の対談で語られた「心の井戸を掘る」というフレーズは多くの心理職を魅了しました[註23]。心理職を心理職たらしめる心性をとらえた，卓越した表現だったのかもしれません。

東畑 ただ一方で，現在，「心の深層」にかつてほどの商品価値はなくなってはいないでしょうか。これも河合隼雄の時代から現代への大きな社会の変化です。「心の深層を覗き込めば本当のあなたが眠っている」というメッセージ，いわゆる自己実現言説は，かつての魅力や効力を失っています。それは河合隼雄が生きた豊かな日本社会からの変化です。貧しくなったんですね，僕らの社会は。僕の運営しているオフィスでのクライエントに限っていえば，自己実現を求めてカウンセリングに訪れる人はほぼいません。代わって価値が置かれているのが「関係性の深層」です。家族や友人や同僚など，他者との深く親密な関係がどうしたら可能になるのかというニーズですね。たとえある程度経済的に恵まれた人であっても，結婚生活，子どもとの関係，親密な関係などの悩みを抱え，彼／彼女たちは孤独に生きている。嫌なこともあるけれど深い関係を求める彼／彼女たちの心理は，精神分析の転移概念が最も生きるところです。自己から関係へと深層の場所は移動している。

北中 親密な関係の希求というテーマは興味深いです。大学で学生指導をしていると，おそらくは発達障害傾向があって，深い対人関係を求めていて，カウンセリングを必要としている学生に出会います。しかし神経症モデル

によるテイラーメイドのカウンセリングには
マッチしにくく，かといって高機能の学生だ
とSSTはニーズとは異なるので，オートク
チュールのカウンセリング・リソースがあれ
ばいいのに……と思うことがよくあります。
ある学生は「自分自身を見つめることは太陽
を見つめるようなものだ」と語ってくれまし
た。きっと自分語りをしたいのではなく，媒
介物を挟んで自分を探求したいと考えている
んですよね。

東畑　素晴らしい表現ですね。個別のクライエ
ントニーズに対して，既成のモデルによる規定
路線ではなく，いかにオートクチュールで対
応できるか……この個別性こそが，河合隼雄
の頃から変わらない臨床心理学のエートスで
すね。というのも，個別性こそがまさに「心」
だからです。それは極めて近代的なコンセプ
トですね。

空白を解読する
──微視的文化とローカリティ

森岡　ふたたび話題を「文化」に戻してみましょ
う。西洋と東洋といったマクロな文化以上に，
家族や友人との日々の生活，組織における仕
事を通じて，わたしたちは同質性と差異性の
揺れを自覚します。これを「微視的文化」と
呼んでみたいと思います。新型コロナウィル
ス感染拡大とともに前景化した不確実性は，
人を不安に陥れ，差別や排除を作り出します。
しかし一方，この事態はひょっとすると以前
から進行しつつあった生態系の変容の顕在化，
その予兆ともとれる。ここで改めて共同体メ
ンバーがコモンセンス（共通感覚）を維持する
装置が文化ではないかと，さしあたり私はそ
う考えています。わたしたちが今直面する事
態は，共通感覚を底支えする文化の危機でも
ある。微視的文化は，ローカリティという源

泉にも接続しています。たとえば病院経営の
傍ら音楽療法を実践している武蔵野中央病院
の牧野英一郎によれば，アメリカ由来の音楽
療法は日本文化にはどうも合わない。リズム
やハーモニーを統一し音響を構築するよりも，
単旋律の音色重視というのが日本人の感性だ
からです。生活になじみのもの，親和性のあ
るもの，それはアートに表現されやすい文化
的特徴かもしれません。牧野の共同研究者で
もある光平有希は，松沢病院の明治期の資料
をもとにした調査研究を成書にまとめていま
す[註24]。音楽療法発祥の地アメリカ文化から
すれば，日本の実践は解釈もなければ，問題
解決もない，ただ盆踊りをしているだけのよ
うにもみえる。さぞ奇妙に映るのでしょうけ
れど，ここにローカリティを宿した治療文化
が息づいているともいえます。

北中　森岡さんがおっしゃったように，たしか
に文化とは，芸術療法を可能とするようなコ
ンテクストを生み出す，ローカルに醸成され
る共通感覚として捉えられそうです。ある音
を聞くと，その土地の匂い，懐かしさ，温も
りを感じるという効果は，治療において重要
なファクターになる。また，ストレスの解釈
の際にも，この共通感覚が生きてきます。私

森岡正芳

の指導教授でもあったマーガレット・ロックによる日本とカナダの1980年代の更年期研究では，カナダ人女性より日本人女性のほうが厳しい社会状況に置かれていたにもかかわらず，抑うつや更年期障害の度合いは低いことがわかりました。これは日本女性たちが，戦争を生き抜いてきた母親世代に比べれば自分の状況は恵まれていると考えていたことが一因でした。つまり，ストレスフルな出来事があればすぐにうつになるわけではなく，そのストレスを個人や集団がどう理解するのか，という「意味」のレベルでの共通感覚・文化的解釈が重要になる。この研究は普遍的な身体を超えた，よりローカルな差異への着目を生み出し，「ローカル・バイオロジー（もしくは「状況化された生物学（situated biologies）」）」研究はこのあと医学・社会科学で一気に広がりました[註25]。また，欧米の医学においては未だに根強い，西洋中心主義・自民族中心主義への批判としても働きました。日本人女性は，心理化するだけの成熟した自己がないから，身体化してしまい不定愁訴になるわけではなく，逆に過剰な心理化をしないことで，うつから守られているのかもしれない，という新しい視点を生み出したからです。

　他方で，文化概念の功罪を考えることも必要に思います。特に医療人類学者として懸念しているのは，一昔前の文化心理学的研究に見られたような，単純化された文化概念です。日米の大学生のサンプルに実験を実施して，アメリカ人は個人主義的で日本人は集団主義的であるという結論を導くような論文が大量生産されました。このような論は，文化人類学では20世紀前半に登場したものの，その後散々批判を受けて衰退しています。文化比較が人間理解を深めるならいいのですが，研究者のあまりにもステレオタイプ的な文化観が再生産されることで，文化的差異に対する

一種の思考停止が生じるのではないかと危惧します。

　特に臨床では，一枚岩的な文化理解は，かえって害となります。私はカナダで多文化間精神医学部門のリエゾンコンサルテーションチームにいましたが，そこで問題となったのが，臨床に潜む微細な「文化のポリティックス」でした。例えばインド出身の患者とその医療通訳者のカーストや階級が違う場合，通訳自身が（カナダ人からのインド人に対するまなざしを気にするあまり），インドの「迷信」と取られかねない患者の言動を正しく伝えなかったりする。また「インド文化」にセンシティブであろうとしすぎるがために，いつもならば思慮深いカナダ人医師が，患者一人一人の違いにかえって鈍感になり，洞察力のある臨床ができなくなる。そこで，人類学者も交えた多職種間で，ステレオタイプや文化差の意味を解きほぐしていく場だったのですが，日本の多文化間精神医学会でもこのような試みが始まっています。臨床現場でどのような「文化」の語り方が個人理解を深めていけるのかを，考えなくてはと思っています。

森岡　ご指摘は，今までの心理学には欠けている視点ですね。

東畑　僕が臨床のなかで文化のことを強く意識するのは，たとえばLGBTのクライエントと会っているときですね。そこではもちろん，彼らのカルチャーのことを考えることもあるのだけど，それ以上に自分の臨床文化に対して反省を迫られます。たとえば，レオ・ベルサーニ[註26]が書いているように，乱交的な性愛は，古典的な精神分析理論では「逸脱」とされてしまうかもしれませんが，それはゲイ・カルチャーのひとつです。ですから，クライエントにそのような性愛が可能になることは，カルチャーに適応したことを意味しているかもしれない。あるいは，現代のスタートアッ

プ起業家たちには，サラリーマンとは異なるカルチャーがあり，そこにはそこの健康があります。それを心理学が外から断罪することは権利上もできないし，臨床的にも意味がありません。考えるべきは，自らの健康概念の限界のことです。ですから，健康概念を相対化しなければならないときに，文化的思考が要請される。それが臨床において文化を考える効用の最たるものだと思います。自己を相対化することですね。それから，もうひとつ，ローカルなリソースをいかに調達するか，いかなるローカリティを治療に活用するのかを考えるときにも，文化概念は欠かせません。ローカルな共同体に深く関わるシャーマニズムはわかりやすい例のひとつですが，さまざまな文化的装置がセルフケアやピアサポートに活用されるわけです。その感度を上げるうえでも，文化論は役に立ちます。

治癒のミクロコスモス
──自閉するギルドあるいは説明モデル

北中 たしかに，一般的には文化は治療されるクライエント側にあるものと想定されていると思いますが，臨床家もまたある価値観や暗黙の前提のもとで思考・行動しているわけですよね。東畑さんがご指摘くださったように，臨床家自身の「健康」観や治療文化に，より自省的になれないかと思うのですが，難しいのでしょうか？　文化は，クライエントと臨床側の双方に（複数）あり，その相互作用で生まれるものを考え，むしろ治療者自身の文化により注意を払うほうが，文化概念のダイナミズムが生きると思うのですが？

東畑 臨床家に固有の文化という点については，僕が監訳したジェイムス・デイビス『心理療法家の人類学』[註27] で「専門職的社会化」という概念が紹介されています。訓練生はトレー

ニングを通じて自己を固有の形へと鋳直していきます。それは基本的には専門家コミュニティに肯定するような自己のありかたです。デイビスが面白いのは，専門家コミュニティを否定するような訓練生は，「逸脱」とか「病理」として処理されてしまうと指摘していることです。いわゆる，「疑惑のマネジメント」という概念です。中世の教会にたてついた人が「悪魔が憑いた」と言われたのと同じで，心理学的コスモロジーに反抗すると，心理学的にネガティブな捉えられ方をして処理されるということです。これが重要なのは，そのような「疑惑のマネジメント」を行っていると，コミュニティのなかに自己批判を健全に行う回路がなくなってしまうからです。これが今回の座談会の冒頭から述べている小宇宙化の一番大きな弊害ですね。自己をメタに見ることが難しくなってしまう。すると，文化的想像力が失われます。

北中 脅威にさらされた集団の自己保存行動みたいな……？（笑）

東畑 なんとも言えません（笑）。ただ，僕はこういう小宇宙の自閉性に対して，完全に否定的ではありません。というのも，そのようにして培われる凝集力や強い価値観が，臨床的には有効であることも多いからです。それが学派へのコミットというやつですね。でもそれは小宇宙の外との対話を閉じるという負の側面もあります。ここが難しいところです。

北中 なるほど……私が大学生の頃は，臨床心理学も社会心理学も互いに互いのパラダイムを良い意味で壊し合いながら議論する風土があったと記憶していますが，そういった対話も失われてしまったのでしょうか？

森岡 私なんかは「逸脱者」ですから，かえって見える部分もあって，少なくとも学派間で活発な対話が自発することは稀でしょうね。たとえば精神分析は独自の認識論であると同

時に治療実践でもあるという両側面を備えていて，閉ざされていることによって固有のパラダイムと治療効果が担保されているともいえます。もちろん，精神分析という独自の方法によってしか開かれない心の領域があることは認めます。いずれにしても，輸入された学知が土着化するプロセスのなかで「作法」として磨かれ，やがて「道」として究められていくのは，日本固有の治療文化なのかもしれませんね。

東畑 臨床心理学は「道」が好きですよね。「臨床道」なんていう言葉を大学院の頃に聞いた記憶があります。これも今回書いた「平成のありふれた心理療法」でいくなら，「気」の治療文化ですね。サイコセラピーのローカライズです。だから，それはそれでコミュニティを作り，治療者を育てるわけです。そうやって，僕らの文化は社会的に発展してきました。悪いことばかりではありません。だけど，繰り返しになりますが，問題は批判的な視点をもった仕事が周縁に追いやられていくことです。ドナルド・スペンスは著書のなかで，Narrative Truth と Historical Truth を対比して，自分たちの文化の「種明かし」を披露しているのですが，それは心理療法の世界で正典（canon）になることはなかった[註28]。ここには正統性の問題がありますね。みずからが学び育てられたコミュニティのコスモロジーを俯瞰しないことで「ギルド化」というミクロな文化圏が形成され，それがひとつの専門知を形成している。このコスモロジーにはもちろん功罪があって，コミュニティの視野狭窄を招くこともあるし，そこで醸成された「説明モデル」[註29]がそれにマッチしたクライエントに対して治癒的に働く可能性も大いにあるわけですね。

北中 すると「ギルド」には一定の意味があるのかもしれませんね。

森岡 このテーマに関しては，私と東畑さんが人類学者の北中さんにすっかりフィールドワークされてしまいましたね（笑）。アーサー・クラインマンは，治療者には，患者の語りを遮らずに耳を傾けながら，患者の語りを診断・治療に向けて還元するという「適正なバランス」が求められると言います[註30]。学派に忠誠を誓う「信仰告白」のようなものとは異なるケースカンファレンスがあることも事実ですし，閉じられた治療者コミュニティが保存する「説明モデル」が，あるクラスターのクライエントにとって必要になることもある。いずれにしても最優先事項は，少なくともクライエントの不利益を生まないことであり，心理職にはたゆまぬ自己点検が科せられるということでしょう。

治療は文化である
──死を忘るなかれ (memento mori)

東畑 最後にもうひとつ，文化の問いと切り離せないグリーフケアについても議論できないでしょうか。この特集号にも寄稿しているグリーフケアの第一人者である島薗進さんは，これまで日本がさまざまな文化的装置を用いてグリーフケアを行ってきたことを解き明かしています[註31]。臨床宗教師がその実践を一手に担っているのですが，死の床に臨む実践や彼らの死生観を知って，僕は衝撃を受けました。というのも，死の床に臨むことや死生観に関わると自称していたのは，かつて臨床心理学だったからです。臨床宗教師が重視する「傾聴」は，臨床心理学が広めてきたことなのに，ある時期を境に，臨床心理学では死の問題が外へと移譲されたように思います。それはもしかすると，臨床心理学において文化が語られなくなった時期と同期していたのかもしれません。死というものは文化によっ

て担われ，弔いに向き合うことは文化の第一線でもあると思うのですが，現在あらためて，臨床心理学は「死」に対してどのような距離感をもつ営みなのかという問いがあります。

北中　東畑さんの問いに対して，人類学者としては，心理職の方にはぜひ老いゆく人々，死の床に臨む人たちに向き合ってほしいと思います。医療人類学者の波平恵美子さんは，何十年にもわたってある村のフィールドワークをしていらっしゃるのですが，その初期の調査報告をみると，村民の大半が生前から自分がどのように死ぬのか，どのように祖先とつながり，自分自身もどう子孫に祈ってもらえるような「祖先」になれるのかを気にかけていることがわかります。波平さんはそれを「死にがい」という言葉で表現しています。当時の村では，植物の種が落ちて根を張り，芽吹いた後に枯れてふたたび種を放つような円環的時間がまだ息づいていたようです。自分の死後を見据えてから死んでいくことが，その人にとっての「生きる意味」を形作ってきた。にもかかわらず，そのようなエートスがわずか数十年で急速に失われたと，波平さんは論じています[註32]。つい最近まで共同体のメンバーをホールドしていた価値観が失われ，死の意味が不確かになるなかで，臨床心理学には一人一人にとっての「死にがい」を回復する役割が担えるのではと思います。

　さらに心理職の方には，自分を振り返ることの豊かさを示していただけるのではないでしょうか。神田橋條治さんの著作を読んでいても，精神分析的概念装置が最も有効なのは，治療者としての自己分析なのかもしれないと感じます。相手に害をなさないために，そして相手の生きる力を引き出すために，自己を振り返るという苦しい作業を常に自らに課す。そのような自己点検を職業倫理として求められている心理職が，その実践知を分け与える

ことができれば，人々にとって生きるヒントになるのではと感じています。

森岡　実践性が倫理性とつながる，そしてもうひとつ美的感性が加わる。このような観点はまさに最前線の課題ですね。ナラティヴ・アプローチを実践していくなかでも痛感することです。

北中　今後，たとえば当事者研究が発展すれば，もう臨床心理学も医療人類学も必要ではなくなるのではないか，と考えたりします。製薬会社が，当事者同士で病と自己を語る場を創っています。それは治療的にも働きうるでしょうが，自分をコントロールし，自分らしく生きるために，薬を欲望していくような主体が創られてしまう危険性も指摘されています。森岡さんがおっしゃっていた「自己服薬」の複雑さですね。そうだとすると，やはりそのような社会に要請される主体構築のありかたや，語りを相対化する視点も必要だと思うし，そう容易に自らのことを語れない，語らない人々の存在も忘れてはならない。心理職はそういった人々に伴走しつつ，自らを語ることのプロとして，あるいは少しだけ先を行く先達として，アドバイスを送ることも重要になっていくのではないでしょうか。

森岡　心理職にとっては非常に勇気づけられるご提案ですね。

東畑　共同作業の重要性ということでいえば，医療人類学と臨床心理学の共同作業が，心理療法にもたらしうるものは何でしょうか？

北中　精神科医の方々からはよく，医療人類学の視点によって外から自分たちの実践を描写し，相対化してほしい，あるいは自覚はしているけれど自分からは言えない本音を代わりに語ってほしい，といったことをおっしゃっていただきます。それがさらなる議論を生み出すきっかけになるからだと。臨床心理学についても，実は調査を考えたことがあったので

すが，フィールドワークは難しいという印象を当時もちました。守秘義務の問題もありますし，病院など所属機関における権威勾配も影響していたと思います。ただ，臨床のなかに埋め込まれたさまざまな文化や職種の違いはあるので，いつか，心理職自身の生きづらさや問題を構造的に捉え，いっしょに解決策を考えていく研究がしてみたいですね。あと，治療者とクライエント双方にインタビューができたら，それも面白そうです。精神科で調査した際は，治療のターニングポイントについては双方のギャップもあり，医師が言葉をつくしたときよりも，さらりと伝えた「大丈夫ですよ」という一言がクライエントの救いになっていたりと，いろいろな発見がありました。私が日本の精神医学のエスノグラフィを発表したとき，海外の研究者から，日本の精神科にはこれほど独自の歴史があって，医師たちは，日々こんなに繊細に考えているのか，と臨床文化の豊饒さに驚かれました[註33]。ですから心理職へのインタビューでも，多層

的な理解を示すことで，心理職にとって自分の仕事をポジティブに振り返る契機にもなると期待しています。

森岡 北中さんにはぜひいつか臨床心理学もフィールドワークをしてほしいですね。治癒と臨床と文化をめぐって，問題を「解決」するのではなく「抽出」することから出発してきたこの座談会は，予想もしない議論が次々に展開していきました。議論のなかで提出された仮説の数々は，文化論を失ったかに見えた臨床心理学の世界に，ふたたび文化を花開かせてくれることでしょう。

2020年6月13日｜金剛出版

森岡正芳
（立命館大学）

北中淳子
（慶應義塾大学）

東畑開人
（十文字学園女子大学／白金高輪カウンセリングルーム）

▶註

1 中井久夫 (1983/2001) 治療文化論——精神医学的再構築の試み. 岩波書店 [岩波現代文庫].

2 河合隼雄 (1982/1999) 中空構造日本の深層. 中央公論新社 [中公文庫].

3 土居健郎 (1976/2007) 「甘え」の構造. 弘文堂.

4 北山修 (1993/2017) 定版 見るなの禁止——日本語臨床の深層. 岩崎学術出版社.

5 江口重幸 (2020) 病いは文化である——文化精神医学という問い. 金剛出版.

6 オープンダイアローグ・ネットワーク・ジャパン主催シンポジウム「対話の現象学と人類学」. 2019年12月1日・東京大学本郷キャンパス鉄門記念講堂にて開催され, 北中淳子, 東畑開人, 村上靖彦, 斎藤環が登壇.

7 阿闍世コンプレックスは, 古澤平作が創唱して小此木啓吾が流布させた精神分析概念. サンスクリット語の「アジャータシャトル」にあたる阿闍世とは未生怨, すなわち出生以前に母親に抱く怨みを意味する.

8 フィリップ・リーフ [宮武昭, 薗田美和子 訳] (1999) フロイト——モラリストの精神. 誠信書房.

9 Porter R et al. (1997) Rewriting the Self : Histories from the Renaissance to the Present. London, New York : Routledge.

10 ニコラス・ローズ [堀内進之介, 神代健彦 訳] (2016) 魂を統治する——私的な自己の形成. 以文社.

11 「治療者である自分自身が何らかの変化を体験することで, 乗り越えへのきっかけが生じ, 患者の変化が生じます」(神田橋條治 (2016) 治療のための精神分析ノート. 創元社, p.3), 「文字言語同士が対峙し論争し「論破」なる現象が起こっても, 「勝った・負けた」の雰囲気が双方に影響を与えるだけであり, やりとりされたコトバの内容は両方ともそのままに残りその作用と成り行きは各人の内側での運用にゆだねられる」(同上, p.39)「自由連想法では, 治療者に向けて, あるいは一人で, コトバに置き換えることで, コトバというデジタルによる呪縛と対決する手続きを手立てとする点で「公案禅」に似ている」(同上, p.41)

12 「このように考えていくと, そもそも症状というのは病気を推進しているだけなのか, 結果的にそうなっているのか, 生体の回復の側にも属しているのではないかと考え直したくなります. そんなにはっきり線引きできるのかどうか, こういう疑問を私は持つようになりました. しかし, あまりそういうことを考えると私自身が混乱します. どちらかといえば回復推進的 (抗病的) あるいは疾病推進的 (起病的) というところで止めています. どちらかが副作用とみなされるわけです. かなり経ってから気づいたのは,

作用にはそれと逆方向の (回復を打ち消す) 反作用が伴うことがしばしばあるということです. グラフにはっきり出ることもあります. しかし, 物理学の場合と同じく, 作用点と反作用点が違うから, 作用と反作用の法則があっても, ものは動くわけです. 面接による治療, アートセラピーその他のハイフンセラピー (これは英語でハイフンをつける治療法で園芸療法, 音楽療法, その他です) も反作用点が作用点から離れているという見地から見直してはどうでしょう. 妄想を論理的に反駁しても無効なのは, ひょっとすると作用点と反作用点が近いからかもしれません. また, 自己免疫を考えると, 抗病力あるいは回復力にそういう疾病推進的な面もあると考えてみる必要もあるでしょう」(中井久夫 (2013) 統合失調症の有為転変. みすず書房, pp.64-65)

13 北中淳子 (2018) 「東洋的」精神療法の医療人類学——神田橋臨床のエスノグラフィー試論. こころと文化 17-2 ; 107-115.

14 森真一 (2000) 自己コントロールの檻. 講談社 [講談社選書メチエ].

15 神庭重信 編集主幹・担当編集, 松下正明 監修 (2020) 講座 精神疾患の臨床——気分症群. 中山書店.

16 「長期的にみれば, 病気をとおりぬけた人が世に棲む上で大事なのは, その人間的魅力を摩耗させないように配慮しつつ治療することであるように思う. 「人好きのするように治す」(近藤廉治). 私はかつて「心の産毛」という, きわめた漠然とした表現を用いた. 以後, それ以上, 表現を彫琢できなかったが, この表現は, 臨床にたずさわる者同士ではどうもよく通じることばのようである」(中井久夫 (1980) 世に棲む患者. In：分裂病の精神病理9. 東京大学出版会 (再録：中井久夫 (2017) 中井久夫集1 働く患者. みすず書房, pp.223-224))

17 森岡正芳 (2009) ナラティヴ・アプローチからみた心理療法. 広島大学大学院心理臨床教育研究センター紀要 8 (https://ir.lib.hiroshima-u.ac.jp/files/public/2/29705/20141016172627756369/shinririnsho_8_3.pdf) ／森岡正芳 (2009) うつし 臨床の詩学. みすず書房.

18 「サザエさんみたいですね. 日曜日の六時半になると, 毎回同じような日常が放送されています. そこでは小さな事件はいろいろと起こるのだけど, 決して磯野家は非常事態には突入しません. カツオが思春期になることもないし, 波平が不治の病に侵されることもない. サザエが磯野家に疑問を抱いて旅に出立し, 人格的な成熟を成し遂げるなんてことは絶対にない. サザエさんは円環的な時間を生きています」(東畑開人 (2019) 居るのはつらいよ——ケアと

セラピーについての覚書．医学書院, p.127）

19 河合隼雄（1977）昔話の深層．福音館書店．

20 河合隼雄（1982）昔話と日本人の心．岩波書店．

21 ニューロ・ダイバーシティ（neurodiversity）は，1990年代後半，本質的に病的なものであるとする通説に対抗する言説として登場し，神経学的差異は，ジェンダー，民族性，性的指向や障害と同様，社会的カテゴリーとして認識・尊重されるべきだと主張する。ニューロ・ダイバーシティ運動は国際的な市民権運動であり，メンバーのセルフ・アドボカシーを推進する自閉権利運動を含んでいる。さらに，社会規範やスティグマを強要されず自分たちの人生を生きるための支援体制（合理的配慮，コミュニケーションや補助のテクノロジー，職業訓練，自立支援など）を求める運動を指す。

22 「ミーティングにおいて感情プロセスが出現したら，それはモノローグからダイアローグへの移行を示すサインである，ということです。つまりそのミーティングは，きっと生産的で役に立つものになるだろうというサインなのです。／そのとき参加者の言葉やしぐさは，強い感情の表現へと変わっていきます。それは，当たり前の言葉で言うなら，愛の体験というほかはない感情です」（Seikkula J & Tribble D（2005）Healing elements of therapeutic conversation : Dialogue as an embodiment of love. Family Process 44-4 ; 461-475.（斎藤環 著＋訳（2015）オープンダイアローグとは何か．医学書院, pp.149-178））

23 河合隼雄, 村上春樹（1998）村上春樹, 河合隼雄に会いにいく．新潮社［新潮文庫］．

24 光平有希（2018）「いやし」としての音楽——江戸期・明治期の日本音楽療法思想史．臨川書店．

25 マーガレット・ロック［江口重幸, 北中淳子, 山村宜子 訳］（2005）更年期——日本女性が語るローカル・バイオロジー．みすず書房．

26 レオ・ベルサーニ, アダム・フィリップス［桧垣立哉, 宮澤由歌 訳］（2012）親密性．洛北出版．

27 「私が「専門職的社会化」と呼んでいる専門家養成の訓練についての研究がある。これらの研究は，訓練生を専門家集団において社会化していくという目的のもとに，個人の習慣性がいかにして専門的訓練のなかでかたち作られ，変形していくかという問題に取り組んでいる。さらには，そのような専門的訓練によって生み出された「変容した人間」が，いかにして専門家集団の既存の制度を支え，永続させようとするのかを，それらの研究は扱っている」（ジェイムス・デイビス［東畑開人 監訳］（2018）心理療法家の人類学——こころの専門家はいかにして作られるか．誠信書房, p.3）

28 Spence DP（1984）Narrative Truth and Historical Truth : Meaning and Interpretation in Psychoanalysis. W.W. Norton.

29 アーサー・クラインマン［江口重幸, 上野豪志, 五木田紳 訳］（1996）病いの語り——慢性の病いをめぐる臨床人類学．誠信書房．

30 アーサー・クラインマン［江口重幸ほか訳］（2012）精神医学を再考する——疾患カテゴリーから個人的経験へ．みすず書房．

31 島薗進（2019）ともに悲嘆を生きる——グリーフケアの歴史と文化．朝日新聞出版［朝日選書］．

32 波平恵美子（2000）継承のイデオロギー．In：宮田登, 新谷尚紀 編：往生考——日本人の生・老・死．小学館, pp.264-275（以下も参照——波平恵美子（2004）日本人の死のかたち——伝統儀礼から靖国まで．朝日新聞出版［朝日選書］）．

33 北中淳子（2014）うつの医療人類学．日本評論社．

好評既刊

Ψ金剛出版　〒112-0005　東京都文京区水道1-5-16　Tel. 03-3815-6661　Fax. 03-3818-6848
e-mail eigyo@kongoshuppan.co.jp　URL https://www.kongoshuppan.co.jp/

アディクション臨床入門
家族支援は終わらない
［著］信田さよ子

アディクション臨床における「当事者」とは誰か？　「抵抗とともに転がる」とは何を意味するのか？　「家族の変化の起動点」はどこにあるのか？　カウンセラーとクライエントの「共謀」とは何か？──DVや児童虐待をも視野に収める逆転の発想でアディクション臨床における心理職の役割を確立し，アダルトチルドレン，治療的共同体，被害者臨床を補完する加害者臨床などのコンセプトと実践を取り込む機動力でアディクション臨床とともに走りつづける臨床家の思想遍歴と臨床美学を一挙公開。藤岡淳子との初対談を収録したアディクション・アプローチの聖典！　　　　　　本体2,800円＋税

実践アディクションアプローチ
［編著］信田さよ子

1970年代からの依存症臨床は，当事者と専門家の開かれた対話を展開しながら脱医療モデルを志向し，マージナルな「異端の実践」ゆえに独自に進化してきた。アディクションからの回復における自助と共助の可能性の探索が今，専門家と当事者の交差域で新たな実践知を起動する。回復の遺産を継承してきた自助グループカルチャー，専門家・当事者の関係を転換する当事者研究，社会変動と新潮流をとらえようとする理論的考察，そして多彩な臨床現場から創発された援助実践──パラダイムシフトの熱量に突き動かされた専門家と当事者が織り成す「アディクションアプローチ」を総展望する。
　　　　　　本体3,200円＋税

生き延びるためのアディクション
嵐の後を生きる「彼女たち」へのソーシャルワーク
［著］大嶋栄子

男性依存症者を中心に組み立てられてきたアディクション治療プログラムから排除されてきた女性たちが抱える「問題」は，決してアディクションだけではなかった。この難題を解決すべく研究と実践を繰り返すプロセスのなかで到達した脱医療的実践としての支援論は，女性依存症者に共通する四つの嗜癖行動パターンと三つの回復過程モデルを導き出す。あまりに複雑な回復をたどる「彼女たち」，想像を絶する不自由を生きる「彼女たち」，ずっと救われてこなかった「彼女たち」……身体と生活を奪還する「彼女たち」と共に生き延びるためのソーシャルワーク実践論。
　　　　　　本体3,600円＋税

精神の危機——わたしたちはどのような時代を生きているのか？

感情の消費
感情資本主義社会における自己の真正性

追手門学院大学
山田陽子

　イスラエル＝フランスの社会学者エヴァ・イルーズは，近代社会における合理性と感情，親密性と愛，コミュニケーションをテーマにしている。これまでに，資本主義の進展とセラピー文化の勃興，感情商品——エモディティ（emodity：emotional commodity）——の消費，ポジティブ心理学や自己啓発と経済・労働，愛の自由と不確実性，web空間とリアルが錯綜する中での人々の出会いと関係の破綻などについて議論してきた（Illouz, 2007, 2008, 2012, 2018, 2019；Cabanas & Illouz, 2018）。本稿ではその中で，「感情商品＝エモディティ」について取り上げ，現代社会における感情の消費と自己の真正性に関する新たな分析視角を提示する。

感情資本主義

　E・イルーズは，1961年にフェズ（モロッコ）で生まれ，10歳の時にフランスに移住し，パリ第10大学ならびにヘブライ大学で修士号を取得したのち，アメリカのペンシルバニア大学で博士号を取得，社会学の教員としてヘブライ大学に赴任した。2015年にはパリのEHESS（社会科学高等研究院）で要職に就き，2016年にチューリッヒ大学にて客員教授，2019年にはビーレフェルト大学のN・ルーマン記念講座にて「資本主義と感情のパラドクス」も開講している。2018年現在で10冊の著書と80余りの論考を出版して

おり，著書は15の言語に翻訳されている。フンボルト財団アンネリーゼ・マイヤー研究賞やアメリカ社会学会のブック・アワードなど，これまでの受賞歴も華やかである。

　活動も著作も国境を越えているが，最近のインタビューで彼女は自らを「プロの移民」であり，その人生は「ストレンジャー」（G・ジンメル）そのものであったと語っている。社会の正式な構成員とみなされない「よそ者」であり続けることは，個人的には苦痛をもたらす場面も多いが，社会学者としては当該社会の慣習や価値観，感情や人間関係のあり方を観察するにまたとない利点であったという（Engdahl, 2020）。

　ストレンジャーとしての彼女の視線は，社会学の理論構成にも向けられる。伝統的な社会学は合理化，分業，個人主義と道徳，貨幣と信頼などの観点から近代について考察してきたが，イルーズはこれらのメジャーな記述に含まれてはいたがあまり表立っては議論されてこなかった「感情」という要素に注目する。それはいわば，感情というマイナー・キーによる伝統的社会学理論の変奏もしくは再記述である。

　一般に，合理化は非・感情的な（a-emotional）世界を作り出すとされる。公私は分離され，政治経済や法といった公的な領域は合理性や効率性，公正性が中心的な原理となる一方，家庭などの私的な領域には愛や親密性や感情が割り振られ，これらは計算や利己心，公正性とは対置

されてきた。これに対してイルーズは，公的領域は通常考えられているよりもエモーショナルな要素を含み，一方で家庭や親密な領域はセラピー的言語とフェミニズムの言語によって合理化され民主化されてきたとする。感情資本主義（emotional capitalism）においては，感情的言説と経済的言説が互いに互いを形作る。現在の職場では「コミュニケーション」と感情管理が労働倫理であるかのようになっているが，イルーズによれば，こうした傾向は1920年代に遡る。また，20世紀を通して，家庭での家事育児の合理化や効率化と家族関係のフラット化が進行した。経済的行為において感情が本質的な要素となる一方，特にミドルクラスの私的な感情生活が経済や交換の論理に従うようになる（Illouz, 2007, 2008）。感情資本論の論点は多岐にわたるが，本稿ではひとまず感情の消費について検討する。

感情という商品

感情の生産と消費

　現代社会において，消費されるのはモノだけではない。イルーズによれば，人間の感情も消費される。では，それは一体どのようにしてか。この点について考えるにあたり，まずは比較対象としてA・R・ホックシールドの感情労働論について見ておきたい。消費社会化の進行や第三次産業の増大とともに，「感情労働（emotion labor）」（Hochschild, 1983）に従事する者が増加するが，広義のサービス業や対人相談援助職等の感情労働に携わる人々は，自らの感情をマネジメントし，その場にふさわしい感情——優しさ，親しみやすさ，楽しさ，明るさ，親身であること，つかず離れずの距離感など——を顧客に提供することで賃金を得ている。うわべの取り繕い（「表層演技」）や感情自体の変更（「深層演技」）を巧みに使い分けながら，彼ら・彼女らは自らの感情を成型加工し，顧客の前に商品として差し出す。

　自らの感情に働きかけ，それを製造物として差し出すことは，感情労働従事者に特有の疲弊をもたらす。一体，この感情は誰のものか？　私が本当に感じている感情なのか，それとも組織の命令によって感じること・演じることを余儀なくされたものなのか？

　これらは感情という商品の生産と疎外，「管理される心」とその真正性というテーマである。ホックシールドの感情労働論の力点は，感情の生産にあった。ただ，思えば当然のことながら，それが生産されるということは，裏返せば，それを消費する人々がいるということである。だが，ホックシールドの感情労働論は感情の消費について多くを語っていない。現代人は，適切にマネジメントされ，商品として差し出された感情を，どのように消費しているのだろうか。人間同士の関係性が商品化される時，そこに立ち上る関係性は，金銭を介したもの・職務上のものであっても，幾ばくかの真実らしさを含むのだろうか。

　イルーズは，感情労働論とは異なる立場から，消費社会における感情の消費についてアプローチしている。それは消費者の感情を巻き込む形で成立する「感情商品＝エモディティ（emodity：emotional commodity）」の消費である。ホックシールド的な感情労働論が労働者による感情の生産に力点を置いていたとすれば，イルーズは，消費者の感情をその一部分として包摂するような商品が現代社会に多く見られ，市場は理想的自己や感情に関する文化的テンプレートを経済的営為へ変質させるという。

感情の消費——エモディティ

　イルーズらは，エモディティに関する国際的な共同研究（米，独，スペイン，イスラエル）を進め，リゾート産業，映画，音楽，グリーティ

ング・カード，リラクゼーション産業，サイコセラピー，ポジティブ心理学などについて検討している（Illouz, 2019）。

エモディティは，①自己や感情の解放，②贈与，親密性，③メンタルヘルスと自己啓発，エモーショナルなセルフ・モニタリングと自己変革，という三類型の文化的テンプレに沿って展開される。重要なのは，商品のパッケージ化過程で，感情がその商品の構成要素として取り込まれるという点であり，消費する側の感情が，消費する当の商品の一部として抱え込まれるということである（ibid.［p.17］）。

たとえば，リゾート産業。日本でも近年は「モノ消費からコト消費・体験の消費」に移行していると言われるが，イルーズによれば多国籍リゾート産業は観光をエモーショナルな経験へと変質させた。購入されるのは，整えられた非日常的な時間と空間での経験であり，それは人生の一場面や一生の思い出としてカプセル化される。経験の前・間・後には，ワクワクする気持ちやくつろぎ，多幸感，友情，戯れ，ノスタルジアなど多様な感情が創り出されるが，それは商品の一部として組み込まれている。エモディティにおいては，消費者自身の感情が商品と分かちがたく結びつき，消費される（ibid.［p.17］）。

あるいは，音楽の聴かれ方。「リラクゼーション」「ヨガ」「メランコリー」などをテーマにして編纂されたデジタル・ファイルやコンピレーション・アルバム。これらは一遍の流れの中でテンポ変化が少なく，文化的／芸術的な価値を主張するものではない。特定のアーティストの作品や個性に魅かれて聴くスタイルとは異なり，消費者はその時の自分が求めている情緒的効能や活動・場面の目的に合わせて音を選び，それを流している間，予期した感情が自らのうちに湧き上がるのを経験する。好きなアーティストの曲を聴いて心が揺さぶられるという聴き方ではないため，演奏する側の強烈な個性はクセの

強さとしてかえって邪魔にすらなる。リスナーはアーティストの作品や個性を消費しているというよりも，楽曲とそれがもたらす自分の感情を消費している（ibid.［p.18］）。

さらに，グリーティング・カード。リゾートや音楽が「自己の解放」に貢献するエモディティだとすれば，グリーティング・カードは贈与と自己アイデンティティに関わるそれである。これまでに，主に人類学によって非近代社会や非西洋社会の贈与と紐帯に関する考察がなされてきた。また，哲学・思想は金銭や社会的価値から切断された「純粋贈与」という概念も発展させてきた。しかしながら，贈与の実践が消費者としての実践かつエモーショナルな実践として同時に制度化されるという点は看過されてきたとイルーズは述べる。

例えば，アメリカでは1850年代にバレンタインデーが，1910年代に母の日がポピュラーなものになったが，これらは消費でもあり愛の儀礼でもある。この日，人々は贈与を通して，市場のメンバーであること，そしてそれと共にケアリング・ユニットの一員であることを相互に肯定し合う。ホールマークは世界に知られたカード会社であるが，感謝，謝罪，尊敬，ロマンティック・ラブ，友情，上司－部下，親子など，細分化されたシチュエーションと関係性，感情の種類に見合う多様なカードを流通に乗せ，人々はそれらによって提示された感情や関係性を選び，感情を込めて贈り合うことで社会的紐帯や情緒的な関係性を維持し，更新している（ibid.［pp.19-20］）。

エモディティの第三形態は，メンタルヘルスと自己啓発，エモーショナルなセルフ・モニタリングに関わるものである。これには「Psy産業（psy-industries——すべての流派のサイコセラピー，ワークショップ，セルフヘルプ・ブック，コーチング）」と，「サイコ・メディカル産業（psycho-medical industries——精神医学，GP（総合診療医）サービ

ス，製薬産業）」の2種類がある（ibid.［p.20］）。20世紀の大きな特徴のひとつは，人間とその感情が，メンタルヘルスや自己実現，ウェルビーイングをうたう産業のターゲットになったことである。ストレス軽減，怒りの抑制，自己効力感や自尊心の増強，無価値感や無力感の克服，夫婦間の親密性の増幅など，感情を変化させる知識，すなわち「心の科学（"psy" science）」は人々に病院やクリニックの壁を越えて，ワークショップやセミナー，メディアやソーシャル・メディアを通して普及している（ibid.［pp.20-21］；Cabanas & Illouz, 2018；Shachak, 2019）。

このように，消費行動とエモーショナル・ライフは不可分に結びついており，お互いを規定し合っている。商品は感情を表現することや経験することを促し，促された感情は商品の一部となる。イルーズはこの過程を「感情と商品の相互産出」とみなし，感情と消費行動が一体化したものを「感情商品，あるいはエモディティ（the emotional commodity or emodity）」（ibid.［p.11］）と概念化している。そして，消費文化が体系的に人々の感情を商品の一部として組み込むがゆえ，消費が現代人の自己アイデンティにとって本質的な要素となると指摘する。言いかえれば，感情や自己の"真正性（authenticity）"として想定されるものは，心理学的－文化的に動機づけられた消費の構造と，消費のパフォーマンスそれ自体へと変質している（ibid.［p.7］）。

さらに，消費者は消費主義的なモードや意味において自らの感情や個性，人格性を経験するが，それらの経験は感覚的刺激の操作を通して構造化されている。たとえば，よい雰囲気のレストランの「よい雰囲気」は，モノを媒介として消費者が特定の感情状態を創り出すことで生み出されている。照明やキャンドル，BGM，シルバーウェア，洗練された食事とワインといったレストランのセットアップと，そのセットアップに刺激された消費者が感じる居心地の良さ。モノと人のネットワークの所産が「よい雰囲気のレストラン」であり，それは自己・主体と消費財・客体が出会い，結びつく場である（ibid.［p.15］）。

言いかえれば，私たちの内的生活は，社会的・言語的な行為や，組織やモノ，M・フーコーが「装置（dispositif）」としたもの，すなわち，ディスコース，制度，実践，建築的セッティングなどのアンサンブルによって編成されている。イルーズは，記号による差異化を強調する消費社会論を超えて，感情は実際に存在するもの，経験的なものであり，組織やモノ，イメージ，ディスコースのネットワークの中にあるものとして捉える見方を提案する。感情は単に消費の動機ではないし，モノに搭載された意味でもない。感情はそれ自体で「実在の商品」である。商品は感情をつくり出すためにデザインされており，そういうものとして消費される。感情は市場化され，商品化されるだけでなく，特定の消費行動において形づくられる。感情は，行為者が他者やモノと関係し，他者やモノを自己の中に取り入れる際の媒介項であり手段であり結果である（ibid.［p.15］）[註1]。

1970年代以降，認知資本主義（cognitive capitalism）や美的資本主義（aesthetic capitalism）など，資本主義は非物質主義的な用語によって定義づけられるようになり，それは90年代に決定的になった。しかしながらこれまでに，経済的な合理性——拡大しつづける人間の商品化——と，感情的なライフ・プロジェクト——市場や消費文化によって促され，達成される——が，同時に強化されるような資本主義の文化的ダイナミズムは十分に分析されていない（ibid.［p.11］）。

マルクスの資本論では，商品は私たちの外部にある客体，明確な境界線をもって存在する物質的なモノとして捉えられている。この枠組みでは，生産者と消費者は明確に分離した存在である。商品は，主観的な意味と価値（使用価値），

もしくは金銭的な意味と価値（交換価値）の双方を与えられた客体・モノであり，その生産には労働と時間の投入を必要とする。また，文化主義的な消費の分析は商品の記号論的な意味を強調する。T・B・ヴェブレンの有閑階級による「誇示的消費」，J・ボードリヤールの記号的消費による差異化についての議論では，人々は商品の実質的な効用や機能ばかりではなく，それらが意味し，語りかけてくることのために人々は商品を買い求める。この枠組みでは，自己アイデンティティは商品の記号的意味が折り合わさったものとして捉えられることになる（ibid.［pp.11-13］）。

　イルーズは，消費を誘惑や差異化と見るパラダイムは理解しやすい一方，消費が常に詐欺的なものであるわけではないことを十分に説明しないと指摘する。エモディティの観点からすれば，消費財はそれらが約束する感情的な効果をもたらし，真の感情を創り出す。現代の消費者にとって消費は真正であると感じられる理由はここにある。消費を動機づける感情は商品の意味の一部であり，感情は購入された商品の構成要素である。私たちが購入するものはもはや「私たちの外部」ではなく，規格化されたモノでもない。それぞれの消費者はそれぞれの経験と感情を購入し，エモディティの共同制作者になる（ibid.［p.13］）。

　このような後期近代の商品とその価値の生産は，工場のゲート前では終わらず，むしろ消費者との相互行為による消費によってのみ完遂される。このことはまた，労働時間と商品の新しい関係性を含意する。刺激的な休暇を消費する時のように，時間は商品の生産に投入されるというよりも，むしろ進行形のエモディティの生産に随伴するものとなる（ibid.［p.20］）。

エモディティと自己の真正性

感情労働者としてのセラピスト，エモディティとしてのセラピー

　ここまでの議論を踏まえ，感情の生産と消費という観点からセラピーや相談援助について考える。まず，感情労働の観点から相談援助職について見た場合，非常に高度で繊細な感情労働を遂行する存在とみなすことができる。たとえば，クライエントの感情転移について慎重に扱いつつ自らの逆転移にも自覚的にセラピーを進めていくことや，個人的な価値観や考えはひとまず横に置き，虚心坦懐にクライエントの話に耳を傾けて共感的に理解すること，自分の発話がクライエントのその後の行動をどのように方向付けるのかを吟味しながら語りかけること，スーパービジョンを通して自分の中の囚われや偏りについて点検し，ケースへの対応を含めて何かしらの「気付き」を得ること，面接の時間と場所を区切ることでクライエントとの関係性に一定の線を引くこと，室内のインテリアや机や椅子の配置に気を配り，話を引き出しやすい雰囲気を演出すること等々，セラピストは自己コントロールとセラピーを行う環境に関する数々の作業を丁寧に積み重ねることで，専門職としての「専門性」を担保し，クライエントとのラポールの形成や良い援助を実現しようとしている。

　そもそも，深刻な相談やトラウマティックな出来事を連日のように聴きながら，正気を保ち，平穏な日常が続いていくと信じることは，そう容易いことではない。世の中や人間の暗部に遭遇することの多いセラピストにとって，クライエントに共感的でありながら決して巻き込まれないという態度の保持は，専門職として適切な援助を提供するための基本事項であると共に自分を守る術でもある。

　このような感情労働を通して提供されるセラピーの場を，クライエントはどのように「消費」

するのだろうか。もちろん，日本の健康保険制度のもとに医療行為として診療報酬が支払われる精神療法に限って言えば，それは商品とは言えず，むしろ社会主義的な提供のされ方をしている。とはいえ，提供されるセラピーはセラピストの労働によって提供される生産物であることに変わりはない。セラピストの感情労働とそれによって提供されるセラピーという装置，そしてそれを「消費」するクライエントの感情は，どのようにネットワーク化され，エモディティ化するのだろうか。また，その時，感情や自己の真正性とは何を意味するのだろうか。イルーズによれば，「合理的かつエモーショナルな行為者」は，人間関係の数量化や効果測定，その関係性からどの程度の心理的報酬や成果を得られるのかという計算に長ける一方で，それと同程度に感情的な経験をも志向している（ibid.［p.5］）。それはセラピーでの専門家－クライエント関係においても再現される特徴であろう。エモディティという観点は，医療社会学における「人間の条件の医療化」論（Conrad, 2007）とあわせて，今後のセラピーに関する経験的な研究の展開と現代人の感情や自己の真正性に関する考察を深める際の参照点として示唆に富む。

▶註

1 エモディティと，ブルーノ・ラトゥールのアクターネットワーク論との接点については稿を改める。

◉文献

Cabanas E & Illouz E (2018) Happycratie : Comment l'industrie du bonheur a pris le contrôle. Paris : Premier Parallèle.

Conrad P (2007) The Medicalization of Society : On the Transformation of Human Conditions into Treatable Disorders. Boltimore : The Johns Hopkins University Press.

Engdahl E (2020) Capitalist society as an analysand : An interview with Eva Illouz, Emotions and Society 2-1 ; 1-8.

Hochschild AR (1983) The Managed Heart : Commercialization of Human Feeling. Berkeley : University of California Press. (石川准，室伏亜希 訳 (2000) 管理される心──感情が商品になるとき．世界思想社)

Illouz E (2007) Cold Intimacies : The Making of Emotional Capitalism. Cambridge : Polity.

Illouz E (2008) Saving the Modern Soul : Therapy, Emotions and the Culture of Self-help. Berkeley : University of California Press.

Illouz E (2012) Why Love Hurts : A Sociological Explanation. Cambridge : Polity.

Illouz E (2018) Warum Liebe endet : Eine Soziologie negativer Beziehungen. Berlin : Suhrkamp.

Illouz E (2019) Emodities or the making of emotional commodities. In : E Illouz (Ed) Emotions as Commodities : Capitalism, Consumption and Authenticity. New York : Routledge, pp.1-29.

Shachak M (2019) (Ex) chaging feelings : On the commodification of emotion in psychotherapy. In : E Ellouz (Ed) Emotions as Commodities : Capitalism, Consumption and Authenticity. New York : Routledge, pp.147-172.

狂気こそ正常

成仁病院
春日武彦

はじめに

　医療や福祉の世界では，狂気という言葉が用いられることはない。なぜなら「狂気」であると発せられたときそこには，ある種の価値判断が生じてしまうからである。一般的に狂気が周囲に「快」や「安心」「有用」をもたらすとは考えられていないから，どうしても忌避や差別の対象になりかねない。恐れや困惑の発信源と見なされたり，無視や非難や切り捨ての口実とされるかもしれない。

　だがそのいっぽう，マイナスの価値を与えられがちな「狂気」に，あえて積極的な意味を見出そうとする人たちもいる。おしなべて自分の立ち位置が世間において少数派に属していると自覚している者は，そのような息苦しさや肩身の狭さを，マイナスの価値を持っているとされるものに託すことによって「屈折した自己肯定」を図りたがる傾向がある。そのひとつとして，狂気にどこか斜に構えたシンパシーを抱くことは決して珍しくない。

　本稿では，「狂気こそ正常」といった逆説的な言説に深い思い入れや意義を認めたがる心性について考察を試みる。そのことによって思考の多様性を再認識できれば，たとえば共感とか受容という文脈において，援助者の営みにも柔軟性や奥行きが出てくるかもしれないと期待するからである。

狂気に意味を見出す

　狂気こそ正常である，このいささかひねくれた主張は常に世の中の片隅で延々と繰り返されてきた。ことに臨床心理や精神科医療の現場を知ることなく生活を送っている人々によって。

　狂気に強く肩入れする——そのような姿勢には，ややもすると社会への苛立ちや自己の人生における不全感が裏打ちされているようである。どこか居直りに近い気分があるのかもしれないし，あたかも先入観に囚われていない自分自身を誇っているようにも映る。

　それはそれとして，「狂気こそ正常」といった主張にはいったいどのようなロジックが盛り込まれているのだろうか。およそ3種類程度に分けられるのではないかと筆者は考える。すなわち——

①こんな腐った社会では，狂ってしまう者のほうがはるかに健全な精神の持ち主だ！
②異常と正常とは，所詮は相対的な関係でしかない。だから狂気こそが実はまともで自然な精神のありようかもしれないではないか。
③従来の常識や発想を揺るがすような事象は，往々にして最初は異常なものと見なされてきた。だから狂気は，実は未来における正常の前触れなのかもしれない。

いずれも，正気であるとされるのは単に多数派に属することでしかないといった発想に根差しているように思われる。さらに言うなら，衆愚によって正気は担保されている，と。

対抗同一性のこと

　数多くの司法精神鑑定を行ってきた福島章が，1970年代半ば頃に「対抗同一性」という用語を提唱し，1979年にはそれをそのままタイトルとした『対抗同一性』（福島，1979）なる小冊子を上梓している。昨今ではなぜかほとんど使われなくなってしまった言葉であるが，意味するところをいささか乱暴に言ってしまうなら「選ばれし者ゆえの恍惚と不安」といったところであろうか。時代的に，1969年のウッドストックを中心とした世界的なカウンターカルチャー（対抗文化）の流れを受けてもいる概念なのだろう。同書から説明を引用してみたい。

　　対抗同一性とは，社会的・文化的・政治的・経済的・人種的・思想的に，少数者（minority），辺縁性（marginality）にある人々が，その独自の生き方に積極的な価値を認め，多数者（majority）や体制・体系に対して，彼らの独自な価値を主張する際に形成される同一性である。
　　したがって，彼らの同一化の基礎は，多数者にとっては反価値的ないしは無価値的な人々（弱者・被抑圧者・被疎外者），特異な思想（反文明・反秩序・反体制），あるいは「祀られざる神」などである。（中略）
　　当然，彼らは多数者の既成社会と内的・外的に強い緊張関係を生ずることになる。しかも，このような緊張状態（高いカセクシス・レベル）こそが，彼らの対抗同一性を支えるエネルギーの源泉であると思われる。かくて彼らは，一定の行動や集団に全

身的に関与（comittment）することにおいて自己を形成してゆく。

　さらに同書において福島は，「また，多くの人々にとって青年期に，一時的に——多くは自我同一性拡散に対する防衛として——採用される仮の同一性（pseudo-identity）であり，通過してゆく者の過渡的同一性（transitional identity）であるが，その個人に与えられた生の状況によっては，生涯の同一性であることもあり得る」としている。

　世間には「中二病」と呼ばれる心性があり，それは思春期ことに中学二年生頃に生じがちな自意識過剰や自己愛的な空想によってもたらされる（他者から見れば痛々しくも滑稽な）言動を総称したものとされる。1999年に，タレントの伊集院光がラジオの深夜放送で使い始め，その絶妙なネーミングゆえに広く知られ（ただし，まだ『広辞苑』には収録されていない）使われている。中二病が過渡的であるなら，対抗同一性も過渡的なものであり（ときおり，こじらせるケースがあるのも同様），しかし後者が忘れられてしまったのはその名称が一般には馴染みにくかったからかもしれない。

　いずれにせよ，対抗同一性なる言葉は再び注目されるべきではないかと筆者は考えるが，時代の要請といった点では少々難しいのかもしれない。前掲書の「あとがき」においても福島は，「私の筆が遅々として進まないうちに，若者たちは「対抗的」であるよりはむしろ「しらけ」の世界に入ってしまった。対抗同一性が社会全体の主要な問題であったのは，60年代から70年代の前半においてであったかもしれない」と慨嘆している。それから約40年，現代は「しらけ」どころか無気力と表面的な優しさに覆われた世界となってしまったが，そのいっぽう対抗同一性といった精神状態が消滅してしまったわけではないし，今なお「狂気こそ正常」といった発

想が出てくる以上は必要な用語ではないかと思われるのである。

「狂気こそ正常」の諸相

ここで，前節で挙げた3種類のロジックについてそれぞれ具体的に眺めてみたい。まずは①の「こんな腐った社会では，狂ってしまう者のほうがはるかに健全な精神の持ち主だ！」という発想である。

たとえば無差別殺人といった事件が起きたとき，犯人に与する意見が少数ながら出てくる。「なるほど犯人の行為は常識や理性から逸脱しているが，では犯人を指弾できるほど今の社会はまっとうで正しいのか。彼らの振る舞いは，このろくでもない世界に覚醒をうながす必要悪ではないのか」といった類の論調である（被害者の家族がそのような意見を述べたら刮目に値するだろうが，そんな験しは決してない）。

世界的に大ヒットしたトッド・フィリップス監督の映画『ジョーカー』はどうか。悪のヒーローであり，狂気という形容の似合う振る舞いを重ねてきたジョーカーが誕生するに至るプロセスが描かれているが，そこではまさに残酷で異常な社会に押し潰され，その挙げ句に「毒を以て毒を制す」的必然性で生じたキャラクターとされる。だから観客はジョーカーにシンパシーを寄せ，彼の犯行にカタルシスを覚える。

炭鉱のカナリア，という言い回しがある。実際に英国では1980年代まで，鉱夫は炭鉱に入る際にカナリアを入れた籠を携えていた。有毒ガスが生じると，いち早くカナリアはそれに反応して囀(さえず)りをやめる。つまり鋭敏な有毒ガス探知機として用いられていた。同様に狂人は，世間の異常性やバランスの喪失を早期に嗅ぎ取ったゆえに社会に違和感をもたらす言動を示す存在である。そのように捉える人もいる。

②の「異常と正常とは，所詮は相対的な関係

でしかない。だから狂気こそが実はまともで自然な精神のありようかもしれないではないか」はどうか。基本的に集団は多数決原理に支配されている。イジメの対象とされる者は組織内の「ふつう」から逸脱した者で，ではその「ふつう」にいかなる根拠があるかといえば付和雷同と大差がない。あるいは，「ふつう」とは空気を読むことと同義であったりもする。もちろん和を重んじるのは大切だろうが，和をなすべき「多数」が誤った思考に陥っている可能性はいくらでもある。『嫌われる勇気』というタイトルの本がベストセラーとなった理由には，そうした疑念に通底する要素があったようにも思われる。

ブラック企業において理不尽な労働環境からうつ病となった場合，わたしたちから見ればそのうつ病患者は犠牲者だろう。が，企業論理によれば，うつになるのは根性が脆弱だからであり，その証拠に他の社員は倒れていない，などと自己責任論に落とし込んでしまう。ブラック企業という狂気が「精神を病むほうが異常」と宣言しているわけで，似た事例はいくらでもあろう。

国家全体が戦争参加へと熱狂的に傾きつつあるとき，反戦を口にする者は裏切り者か狂人とされる。集団ヒステリーにおいて，その興奮から距離を置く者は異常と見なされよう。相対的な関係性には，狂気の萌芽が稀ならず見え隠れする。

③の「従来の常識や発想を揺るがすような事象は，往々にして最初は異常なものと見なされてきた。だから狂気は，実は未来における正常の前触れなのかもしれない」はどうか。これは，いわゆるトリックスター的なものを想定しているのかもしれない。境界性パーソナリティー障害的な精神構造の人たちはしばしば③に近い考え方に基づいて，世間と折り合えない自分を肯定しようとしてきたように見える。天才とされている偉人たちの奇行に特別な価値を見出した

がる傾向にも，類似した発想があると捉えることもできそうだ。

　以上のようなさまざまな意見や考え方には，的を射ているものもあれば，贔屓（ひいき）の引き倒しや暴論もあろう。ただしいずれにせよ，どこか狂気に対するロマンチシズムや憧憬を筆者はうっすらと感じ取らずにはいられない。そしてそのような精神は「対抗同一性」といった姿勢と決して無縁ではないだろう。

救いとしての「心の病」

　心の病には，流行がある。かつては神経衰弱，ノイローゼ，ヒポコンデリーなどが「ありがちな心の病」とされてきた。AC（アダルト・チルドレン）やトラウマ，PTSDが盛んに取り沙汰された時期があったし，解離がクローズアップされた時期もある。毒親とか共依存がキーワードとして「あまりにも安易に」用いられているように思えた時期もあった。昨今では新型うつ病や発達障害が，ときには病名というより「私は労られるべき存在だ」というスローガンそのもののように響く場合もある。

　もちろんそうした病名に相応しい患者が数多く輩出したからこそ，人口に膾炙したに違いない。だが同時に，自分の生きづらさや世間との齟齬を「流行している病名」に事寄せて納得しようとする人たちも少なくなかった（そこには精神科領域における素人診断の罠があった）。揶揄として「なんちゃってうつ病」とか「うつ貴族」といった言葉が生じたのは，「流行している病名」に救いを求めたのみならず病者＝弱者とし

ての権利を過剰に要求した人が少なからずいたからである。そうした事態はむしろ人間の弱さを反映しているのであり，必ずしも姑息とか卑怯といった文脈で解釈されるべきではないかもしれないが，周囲の健常者には釈然としない者もいるだろう。

　心の不調においては，何らかの病名，むしろネーミングによって「ああそうだったのか」「自分だけではなかったのだ」と救いを感ずる場合が珍しくない。最近では「繊細さん」が該当しようか。それはそれで悪いことではなかろうが，ときにはそこに「狂気こそ正常」に近い心性が重なったり，対抗同一性的な姿勢が付与される場合も散見され，そのため複雑化したケースが臨床の現場にはあるように思われる。

おわりに

　本稿では「狂気こそ正常」という言説，すなわち証券用語でいうところの「逆張り」に近い意見の意味するところについて，対抗同一性についても触れつつ解説を試みた。その延長として記した「救いとしての「心の病」」の内容については，異論があったり不快感を覚える読者もいるかもしれない。そのようにデリケートな内容ではあるものの，あくまでも臨床の現場における実感のひとつとして受け止めていただければ幸いである。

◉文献
福島章（1979）対抗同一性．金剛出版［精神医学文庫］．

被害について考える
癒しを出発点として

原宿カウンセリングセンター
信田さよ子

はじめに

筆者はこれまで「癒し」という言葉を使わないよう心掛けてきた。時には生理的な嫌悪感すら抱いたこともある。1995年以来，この言葉をめぐる状況は興味深い変遷をたどっている。

アダルト・チルドレン（以下，AC）の自助グループをはじめとするアディクションカルチャー（依存症の自助グループ，ワークショップ，ラウンドアップ，セミナー等を通して形成されている）において，2000年代に入ると癒しという言葉は急速に使用される頻度が減り，別の言葉が用いられるようになった。またトラウマと被害という2つの言葉をめぐってもその使われ方は特に問題とされてきたわけではない。近年家族の暴力（虐待やDV）に関して当たり前のように被害者という言葉が使用されており，そこに至る歴史性を考慮しなければ，硬直化した「被害者」像が流布するのではないかという危惧も抱く。

AC，ドメスティック・バイオレンス（以下，DV）など筆者の臨床的経験にもとづき，本稿では癒しをヒントとして「被害」をめぐる25年間の変化を考えてみたい。

やまいだれと医療化

「癒し」への忌避感の個人的な背景として，1995年に私設（開業）心理相談機関（以下，センター）を11人のスタッフとともに開設したことを挙げたい。筆者はセンターを公的機関の無料相談と廉価な保険診療とのニッチ（谷間）な存在であると自己規定してきた。双方から押し潰されそうな状況下で経営的に生き残るためには，精神科医療機関（クリニック）との差異化を図ることが急務であった。言い換えれば「医療モデル」（保険診療）の限界を示し，「非医療モデル」（カウンセリング）こそが対人関係や家族問題援助には有効であることを説明し根拠を示す必要があった。それが依存症臨床から導きだされたアディクションアプローチ（信田，1999）であり，家族問題で苦しむ人たちに対する「非医療モデルの援助論」として世に問うたのである。

当時は精神科クリニックや精神科医があたかも仮想敵であるかのように思われ，気を緩めるとセンターのクライエントは精神科クリニック外来に吸収され医療化されてしまうという恐怖を抱いていた。「妄想」はどのように出現するかが実によくわかる経験だった。

医療化されないためには，まず言葉を精査・選択しなければならない。その結果，治療・病理・療法といった「やまいだれ」のつく言葉の使用を禁じた。患者やカルテなどもってのほか

だった。

　精神科医たちがさまざまな心理療法を身につけ研鑽を積まれていることはよく知っているが，処方権を有し投薬の微調整によって治療効果が図れることは筆者のような心理職との決定的相違である。処方権を持たないわれわれが使えるツールは突き詰めれば言葉だけである。つまり言語の遂行性（パフォーマティビティ）を常に意識していなければ，容易に医療化に加担することになるという危機感は，センター開設から25年を経た今でも変わらない。冒頭で述べた癒しへの忌避感の理由はそのやまいだれにあったのである。しかしそれだけではない。

ACの定義
──現在の自分の生きづらさが親との関係に起因すると認めたひと

　1996年のACブームはセンターにとっても追い風となった。一見わかりにくい定義に見えるが，そこには医療化を防ぎ，心理学化（個人化）を避け，因果論的解釈に陥らないための仕掛けがいくつもこめられている。今では当たり前に人口に膾炙している「生きづらさ」という言葉を用いたのも，カウンセリングで出会った数多くのACと自認するひとたちの言葉にヒントを得つつ，そのような条件を満たす数少ない言葉だったからである。

　メディアや専門家から散々，ACの病理は何か，ACの特徴は何か，ACの％はどれくらいか，といった質問を投げかけられてうんざりするたびに，「認めたひと」であることを強調した。一種のトートロジーだと誤解されたこともあるが，ACに客観性はなくあくまで自認が重要だというのが根拠である。今でいう「当事者性」そのものだ。自己定義こそがACの柱なのであり，診断や人格水準の査定といった他者（専門家）による定義を排するための表現である。結果的に

既成の臨床心理学の対象として包摂されなかったことは幸いだったと考えている。

アディクションルーツ

　そもそもACはアメリカにおいて70年代末に誕生した言葉で，「アルコール依存症の親のもとで育ったひとたち（Adult Children of Alcoholics）」の略でしかない。共依存と並ぶいわばアディクションルーツ（アディクションの世界に起源をもつ）の言葉だが，科学性と客観性よりも，今生じている具体的問題行動に苦しむひとたちに歓迎され，大衆心理学のワードとしてジャンル分けされたのだ。80年代のアメリカは，勝利をおさめることなく1975年に終結したベトナム戦争の影響抜きには考えられない。膨大な数の帰還兵たちはアルコールや薬物依存症などアディクション問題を引き起こし，家族への暴力も増大した。彼らのトラウマも深刻で，1980年のDSM-III に PTSD が診断名として加えられたのは帰還兵を救済するためだったというのが定説（ハーマン，1996）である。

被害者元年とAC

　戦争と震災の違いはあるが，20世紀末にアメリカ同様日本でも物理的被害だけでなく「心も傷を負う」という被害が共有されたことになる。1995年の阪神淡路大震災はPTSDやトラウマという言葉が，専門家のみならずメディアを通して一般のひとたちにも広く流布する契機になったからだ。ジャーナリストの森達也は，2005年，筆者も登壇したシンポジウム[註1]において「1995年は被害者元年である」と語った。同年にいじめ自殺事件をきっかけにスクールカウンセラー制度が発足し，地下鉄サリン事件が起き，日本にDVという言葉がもたらされ，翌年ACブームが起きたことを考えると，森氏の発言は納得で

きるが，それは9年という時間を経たから可能だったと思う。

ACの定義に「被害」という言葉はない。「親との関係に起因する」という遠回しな表現を用いているのは，単純な因果論を避けるためだった。医療化への危機感もあり，トラウマや傷という客観的実在を想起させるメタファーを避けたかった。21世紀に脳科学が発展するにしたがって「脳が傷つく」ことは証明されつつあるが，当時筆者が参照したのは，評論家・芹沢俊介の主張する「子どものイノセンス」論（芹沢,1997）だった。そこで展開される子どもには責任がないという免責性を傷やトラウマより重要視したのである。

ACという言葉も，当初は「居場所のなさ」感覚，「生きづらさ」といった言葉が共感を呼び，一般化しつつあったインターネット上で匿名の自分語りが可能になったことが追い風となったのであって，「あなたが悪いわけではない」「あなたに責任はない」というイノセンス（免責性）が，トラウマや被害より前面に出ていた。さらに死に至っても不思議でない過酷な状況を「生き延びて」きたという選択不能性が打ち出されることによって，結果としての肯定性にたどりついたことも大きい。それが被害者化に通じることは，1995年当時まだ意識されていなかったのである。

方法論としての癒し

「ではどうすればいいのか？」というビジネス書にありがちな方法論提示への強迫は，アメリカでよく見られるプラグマティズムそのものだろう。21世紀の日本でもビジネス書をはじめとする自己啓発本はこのハウツーを前面に出すようになっている。1980年代のアメリカでは，ACや虐待によるトラウマは「傷を癒す作業」＝ヒーリングとセットにされた。問題の背後に親

の虐待によるトラウマを発見し，その傷を癒せば解決することを掲げる「セラピスト」が活躍したのである。日本でもACと癒しを結びつける動きが見られ，2000年代初めまでは癒しのワークといった催しが数多く実施された。

筆者も研修に参加したことがあるワークでは，今の自分を象徴するものを拾ってくる（会場周辺から），その理由を述べ過去の虐待の傷つき体験を想起し語る，その時ほんとうは自分がどうしてほしかったかを語り，親や友人役を選びロールプレイを実施し，「ああこうしてほしかったんです」と言って泣く。今でもトラウマワークと呼ばれるものはほぼ同じプロセスで実施されるが，そこには「泣く」ことが癒された証しであるという黙契があり，実際それはリトリートやリチュアル（宗教的）と呼ばれてもいた。このスピリチュアル的で感情表出的な転帰は方法論として仕組まれたものであり，これを癒しと呼ぶならばその自己完結的な世界こそ筆者のもうひとつの忌避感をもたらす。

ちなみに，1995年のセンター開設以来現在に至るまで筆者はACのグループカウンセリングを継続しているが，定義にある「親との関係に起因する」にこだわり続けることが基本である。つまり自分を癒す（グループで癒される）という自己完結性ではなく，被害を与えた親（＝加害者）を研究し続けることで被害から脱する。そして関心を，親・家族・ジェンダー・家族制度・国家・歴史といった外部に向け続けるソーシャルな方向性を柱としている。方法として定式化されることを避け，アルコール依存症の自助グループ（AA）の「言いっぱなし聞きっぱなし」を取り入れた運営を行っている。詳細は拙著（信田，2014）を参照されたい。

トラウマ研究の進展

　癒しという言葉は，ACブームが去ると同時に表舞台から姿を消したかに見え，現在も各地で実施されているACの自助グループの案内やパンフレットにも癒しという言葉は使用されていない。理由のひとつはトラウマ研究の進展だろう。脳のCTやMRIなどの開発がトラウマによる脳の記憶中枢への影響を実証したことも大きい。心の傷というメタファーではなく，脳の傷（記憶の機序）の問題であることが共有されつつある。特に子ども虐待においては，被害児の脳の研究が進み，親のDV目撃の影響を示すために子どもの脳のCT画像が示された（友田，2018）。それに伴ってトラウマ治療の方法も多様になっている。EMDR[註2]がF・シャピロによって創出されたのが1990年であり，現在では日本各地にEMDRの専門家が存在する。また持続エクスポージャー療法（Prolonged Exposure Therapy）も現在は保険適用が可能となっている。このようにトラウマ研究および治療法の発展は，世界各国のエビデンスによる効果検証の蓄積に伴って実施されることになった。21世紀のエビデンス重視の傾向が強まることで，癒しという言葉の使用が減ってきたのである。

自己肯定感と癒し

　もうひとつ癒しに取って代わって広がったのが「自己肯定感」である。1994年に教育学者の高垣忠一郎によって提唱されたこの概念は，当初は子どもの学校教育で用いられることを目指していた。ところが21世紀になってから自己啓発的なビジネス書で用いられるようになって様相が変化した（牧野，2012）。一種のセルフテクノロジーとして，自己肯定感が高いことが望ましい，自己肯定感が低いことはよくない，自己肯定感を高めるためにどうするか，といった問題の立て方が一般化し，自分を愛する・自分を好きになることが最重要課題であるかのような様相を呈している。虐待の専門家のなかに，被虐待児の特徴は自己肯定感が低いことと語るひともいるほどだ。

　筆者の癒しという言葉への忌避感がその自己完結性にあることはすでに述べたが，自己肯定感を高めるという表現はその最たるものだろう。自分で自分を愛する・好きになることが目的という定式は，アディクションの自助グループにも蔓延していることに驚く。しばしば自助グループのメンバーから「どうすれば自分を好きになれるでしょう」「親に愛されなかった私がどうやって自分を愛せるのでしょう」といった質問を受けるからである。癒しは自己完結的ではあるが，グループに参加することで「癒される」こともある。しかし自己肯定感を高めるのはあくまで自分でしかない，日常にまで侵入した究極的自己完結・自己責任の世界である。90年代後半から始まるネオリベラリズム的潮流と絡めて論じることは難しくないが，どのようにあがいても最後は自分の責任に返されるという自己肯定感の罠に気づくと，癒しのほうがまだ出口があったのではないかと思わされる。

国家と家族の共謀性

　70年代末のアメリカでDSM-IIIに複雑性PTSD[註3]を加えるべきと主張したのがフェミニストである精神科医J・L・ハーマンたちだったことはよく知られている。DVや虐待，性暴力被害女性たちを医療化によって救済しようという試みは，国家の暴力被害と私的領域である家族における暴力被害が，同時並行的にせり上がったことを示している。

　国家と家族の共謀性に関しては女性学においてすでに指摘されている[註4]。「法は家庭に入らず」という近代法の精神は今でも日本の民法や

刑法を縛っている（上野，2002）が，家族のなかでは何をしてもいいという「家族の無法地帯化」が，父や兄などの暴力を不可視にし結果的に容認することで，国家の暴力を支えるという上野の視点は示唆に富んでいる。言うなれば，家族という私的領域において「被害」を訴えることは，家族と共謀した国家を揺るがすことになるのだ。DV防止法制定から約20年経った今でも，DV加害者対策がほぼなされないままであることがそれをよく表している。家族の暴力というとらえ方そのものが，法が家庭に入ることを前提とするため，共謀性を維持すべきという家族観を持つひとたちからは歓迎されないのだろう。

今となってみれば，ACブームを根幹から駆動したのは「自らの被害，それも親からの被害を初めて認める言葉」の歓迎だったと思う。拙著の多くの読者からほぼ毎日封書が届き，「ACという言葉によってはじめて親からの行為が虐待だとわかりました。そう言っていいと思えました」といった内容が綴られていたのである。被害者元年によってもたらされたのは，無謬とされた親の愛への異議申し立てであり，それを承認する視点が「被害」という言葉だったのである。

ACを癒しという言葉で自己完結させれば（涙とともに），加害者は責任を取らずに済むだろう。しかし，ここで強調したいのは，被害と加害はセットになっており，正義（ジャスティス）を基盤とした司法的判断の言葉であるということだ。同じ年に日本に導入されたDVも，家族における暴力の加害・被害という司法的パラダイムをもたらしたことは偶然だろうか。これまで自分が悪いと考え，耐えて自分を責めてきた人たちを初めて解放させてくれた言葉が「被害」だったのである。

2020年，多くの日本企業はハラスメント防止対策を迫られている。そこでは癒しではなく，被害者ケアと加害者教育・加害者対応が求めら

れている。セクハラはあらゆるコミュニティにおいて，外部からの視線が遮断されれば繁茂することが共有されつつある。被害者＝正義という大前提ゆえに，多くのひとたちは「加害者にならないために」自らの行為を点検しなければならなくなっている。加害・被害という正義の判断を伴う言葉が社会のあらゆるところで蔓延し，組織全体がリスク回避の空気に満ち溢れるようになっている。その結果，加害者化を回避するための，過剰な忖度も生まれるだろう。

ネット上に溢れているのは，被害者の位置取りをすることへの羨望と憤りと批判ではないか。他者を傷つけたくないひとたちが，匿名のネット社会ではヘイトを繰り返していることも珍しくない。

25年前に新鮮な驚きとともに迎えられた「初めて許された被害者の位置取り」がACだったとすれば，4半世紀を経た今，こんどは被害者性を公言することへのバッシングが顕著になっている。SNSによるジェンダー的視点へのバッシングは目に余るものもある。

一部の女性たちは，このような被害者化への嫌悪を内面化し，「加害・被害のパラダイム」を脱しようとする。被害を訴えることを軽蔑し，それを乗り越えて別の世界を生きようと試みているのかもしれない（鈴木・上野，2020）。

おわりに

癒しという言葉はもともと被害を内包していたが，やまいだれと自己完結性ゆえに忌避の対象であった。一方でACという言葉は，家族における被害者的位置取りの嚆矢であった。司法的パラダイムの言葉である被害は，時には加害者糾弾につながり，時には癒しと重なりながらケアにもつながる言葉だ。正義とケア，この双方を視野に入れなければ，イノセンス＝正義が権力化し，自己責任社会からは逆にバッシング

される危険性も生じる。心理臨床の専門家はこのような理由から，ともすれば被害を扱うことに慎重になりがちだが，潜在的な被害を抱えた多くの人たちのニーズに応えるために，本稿が何らかの参考になれば幸いである。

▶註

1　映画「LIFERS ライファーズ 終身刑を超えて」（坂上香 監督）完成記念シンポジウム（於京都文教大学，2005）。

2　EMDR（Eye Movement Desensitization and Reprocessing：イーエムディーアール）は，眼球運動による脱感作および再処理法。

3　複雑性PTSDはC-PTSDとして2019年にICD-11において診断名に加えられた。

4　性犯罪に関する刑法は2017年，110年ぶりに改正され，2020年には見直しが予定されている。

◉文献

ジュディス・L・ハーマン［中井久夫 訳］(1996) 心的外傷と回復．みすず書房．

牧野智和 (2012) 自己啓発の時代──「自己」の文化社会学的探究．勁草書房．

信田さよ子 (1999) アディクションアプローチ──もう一つの家族援助論．医学書院．

信田さよ子 (2014) 依存症臨床論．青土社．

芹沢俊介 (1997) 現代「子ども」暴力論．春秋社．

鈴木涼美，上野千鶴子 (2020) 往復書簡 限界から始まる．小説幻冬7月号；92-119.

友田明美 (2018) 虐待が脳を変える──脳科学者からのメッセージ．新曜社．

上野千鶴子 (2002) 差異の政治学．岩波書店（再版：上野千鶴子 (2015) 差異の政治学 新版．岩波書店）．

自己啓発と「加速／減速」

大妻女子大学
牧野智和

自己啓発と「心の専門家」

　筆者に与えられたテーマは「自己啓発」なのだが，本誌に少し寄せたかたちでその系譜に触れるところから始めよう。1990年代初頭は，「心」がかつてなく注目された時期だったといえる。社会学者がやや後に「心理主義化」「心理学化」という問題設定を立てることになるが，社会問題が個人の「心」の問題に還元される向きが強まり，またその解釈を行う専門分野と目された（おそらく雑駁なイメージとしての）心理学の人気が高まった時期であった。具体的には河合隼雄『こころの処方箋』（1992）がベストセラーとなり，大学の心理学部・心理学科が高倍率化するといった動向に留まらず，より砕けた展開として日本テレビ系列で放映された『それいけ！ ココロジー』（1991〜1992）から生まれた「心理ゲーム」を掲載する単行本が総計400万部を超えるベストセラーとなり，当時（以来）の音楽シーンにおけるトップランナーといってよいMr. Childrenによるジークムント・フロイトの精神分析用語を用いた「es」がミリオンセラーとなり，ドラマには「多重人格者」や犯罪者の「プロファイリング」を行う人物が当たり前のように登場するようになっていた。

　1990年代後半以降，400万部以上を売り上げたとされる春山茂雄『脳内革命』（1995）に端を発し，スティーブン・コヴィー『7つの習慣』（Covey 1989/1996）など海外発のものを含む自己啓発書が毎年のようにベストセラーに登場することになる。こうした自己啓発書の台頭は，その前に起きていた「心」への注目の延長線上で可能になったことだが，単純な延長ではなく，ある点における変化を伴っていたと考えられる。90年代前半の「心理ゲーム」は，その監修者に由来するところも大きいが，精神分析学の知見にもとづくものが多く，そのためにゲームの目的が「本当の自分」を明らかにするところに置かれる傾向が強かった。同時期の就職活動本や女性向けライフスタイル誌などに掲載されていた，より砕けたチャート式やスコア式の心理テストはその専門的出自が定かでないものが含まれるが，それらもやはり「○○タイプ」のような，自分がどのような性質をもつ人物なのかを主眼とするものが多かったはずである。90年代後半以降の自己啓発書もまた，自分自身を明らかにすることを重要視してはいるのだが，これらの（そして以後今日に至るまでの）自己啓発書はそこで話が終わらない。読んで字のごとくだが，自己発見の後に自己の啓発，より具体的にいえば自己の強化や変革が連接されるためである。大学生向けの就職情報誌やマニュアル本では，この時期から「自己分析」が大事だというのみに留まらず，自己を掘り下げ，「自分の強み」を際立たせて就職活動を勝ち抜く術を提供するようになっていた。後述する『an・an』な

どのライフスタイル誌においても，心理テストや自分について書き出す作業などから自らを明らかにしたうえで，嫌なところも含めて自らを認め，好きになることや，具体的な目標を定めて自らを変えようとすることなど，自己発見がそれに留まらず自己の受容・変革へと連接されるようになっていた（牧野，2012）。

　自己発見から自己啓発へと，「自己」をめぐるまなざしの焦点がこうして移っていくとき，必要とされる専門家——ここには学術的に信頼できる者からそうでない者までが入り混じっているので，小沢牧子（2002）が述べた「心の専門家」という表現を用いるのがよいだろう——の肩書きの傾向，専門知識・技術のあり方もまた変わっていくことになる。端的に表現すれば，読者の「隠された」「本当の」「意外な」姿を明らかにし，解釈を専門的に占有する精神分析家や心理学者から，自らのコンプレックスを受け入れ，自らをポジティブに保ち続けるための日常的スキルを提供するカウンセラーやメンタルトレーナーへの移行である。もちろんこのような括りは総体的な傾向にすぎないもので，メディアに出張ってアドバイスを行うごく一部の者が各職業を代表する人物とは限らない（大抵，そうではない）。だがそのような事態の正確な理解とは関係なく，各種メディアではそのような肩書きの人々が登場し，「心の専門家」の一般的なイメージを日々発信し続けている。

「心の専門家」をめぐる両義性

　ただ，こうした「心の専門家」の権威は必ずしも強いものとは言いきれない。やや古いデータで恐縮だが，筆者は以前，女性の生き方や悩みについて「心の専門家」がアドバイザーとしてしばしば登場する女性向けライフスタイル誌『an・an』の1981年から2007年の記事（恋愛，あるべき女性の姿，仕事，占い，悩み，対人関係，

性といった「生き方」を扱う419の巻頭特集記事）を素材として，「心の専門家」を含む各種専門家の登場パターンを分析したことがある（牧野，2009）。

　419回の「生き方」特集に登場した人物は述べ17,239人にのぼるが，記事登場者の登場形式はおおむね3つのパターンが基本になっていると考えられた。まず，表紙を飾ることができるようなカリスマをもった人物が，単独インタビューのかたちで自らの生き方や考え方を語る「①個人集中インタビュー型」。次に，恋愛成就などの特定の目的の成就，あるいは望ましい心理状態への到達などを目指して，その法則とハウツーが提示される「②定義・法則・ハウツー型」。そして，恋愛や生き方，心理状態について，悩み相談や「ダメ出し」のかたちで解決法を提示する「③トラブルシューティング型」である。①は表紙を飾ることができるレベルの俳優やミュージシャン，あるいは林真理子，秋元康，江原啓之といった同誌における位置づけの高い人物のみにほぼ占有されるパターンで，「心の専門家」が登場するのは②が最も多く，次いで③となる。こうした登場形式のなかで「心の専門家」の権威は相対化されることになる。つまり，「生き方」をめぐる特集記事の構成は概して①，②，③の順序になっており，①カリスマによるあるべき姿の提示がまずあったうえで，その文脈のなかで，②「心の専門家」などの各種専門家——「性のプロフェッショナル」「恋のプロ」「恋愛オーソリティ」「行動学アドバイザー」などとさまざまに表現される——による指南がなされ，③読者を代替する存在としての芸人やタレントが失敗談を語り，それに専門家がアドバイスをして，読者目線に話題を落とすという流れがとられる。こうした記事のなかで，せいぜい最大で4ページほどしか紙幅が与えられない「心の専門家」が，特集全体にわたってその権威を発揮することはできず，また②や③

でアドバイスをする役割も作家，放送作家，霊能力者などと容易に互換されるものであるため，その意味でもその権威は相対的なものにすぎない。「心の専門家」に一定の専門的職能が期待されていることは間違いないのだが，その職能は雑誌言説のなかに埋め込まれたものにすぎないのである。

　雑誌メディアではなく，単行本レベルではもう少し垂直的な権威を発揮できると考えられるかもしれない。しかし，2010年代におけるミリオンセラー，つまり10年代初頭のピーター・ドラッカーのブーム，中盤におけるアルフレッド・アドラーのブーム，後半における吉野源三郎『君たちはどう生きるか』のリバイバルといった端的な動向だけを見ても，人々が他でもなく「心の専門家」の指南を求めているわけではないことはわかるだろう。求められているのはおそらく，安心して頼ることのできる「強い権威」でしかない。もちろんその権威の一角に「心の専門家」がなりうる点は重要なことだが，かつて指摘されたような「心理学化」といった表現では事態を捉え損ねてしまう可能性がある。自己啓発への注目のなかで「心理学化」はある程度進むが，その権威を相対化するような動きも同時に起こっており，事態は両義的なのである。

自己啓発は「加速」しているのか

　ところで，本稿の依頼を受けた際にいただいたテーマは「加速する自己啓発」だったのだが，近年の自己啓発への注目をそのように捉えることはできるのだろうか。国内の自己啓発書の展開を包括的にみるかぎり，その最も重視すべき価値観は半世紀近く変わっていないように思われる。具体的に言えば，男性向け自己啓発書の場合，どのような些細な場面やふるまいでも仕事上のスキルアップにつなげていこうとする志向が，女性向け自己啓発書の場合，仕事から対

人関係，恋愛，ファッション，美容などに至るまで，あらゆることを「自分らしさ」の問題に引きつけていこうとする志向が，それぞれ変わらず保持されている（牧野，2015）。

　視点をもう少しダウンサイズすれば，新しいビジネスフレームワークの導入や，これまで論じられていなかったことがらがスキルアップや「自分らしさ」につなげられるようになるといった新しい動向はみることができる。たとえば2000年代には「手帳」で夢が叶えられるようになる，10年代には「片づけ」で人生が変えられるといった自己啓発言説の拡張が進み，10年代中盤以降は子育てやエクササイズの領域にもさらに拡がりつつある。だが，これらにおいても新しいフレームワークや社会・組織・技術的状況の変化にキャッチアップするべく自分を変えること（男性），逆にそのような他律的な状況に振り回されないような「自分らしさ」への専心（女性）がそれぞれ促されるという，その二元的なスタンスが各啓発書の基本ストーリーとなっている点に大きな変化はみられない。ライトノベル風，マンガ化，犬や猫に語らせる，レイアウト上の工夫など，見せ方のレベルでは進化がみられたとしても，内容のレベルで近年目覚ましい革新がみられるわけではないように思われる。実際，自己啓発書を扱う書籍編集者へのインタビューのなかでは，勝間和代，本田直之といった「スター」が登場した00年代後半を自己啓発書のピークとみなす語りをしばしば聞くことができた。

　筆者の専門である，「自己」についての社会学の知見からもう少し考えてみよう。アンソニー・エリオットとエリック・シューはその名も「加速したアイデンティティ──自己についての5つのテーゼ」（Elliott & Hsu, 2016）という論考のなかで，デジタルテクノロジーの発展のなかでコミュニケーションの流動性と速度が高まる「社会的加速」（Rosa, 2013）状況における

自己のあり方を，5つの観点から指摘している。その5つとは「取り外し」「再帰的」「再発明」「固定」「減速」である。このうち最初の3つの観点については，コミュニケーションの流動性と速度が高まることで人々は自分自身をつねに変化させていくことが常態だと考えるようになり（取り外された自己（detached self）），自分自身で自らの人生の軌道を決定していかねばならなくなり（再帰的自己（reflexive self）），そうしたなかで自己を変容させ，再組織化するさまざまな実験が行われるようになっている（再発明される自己（reinventive self）），というように現代における自己のあり方としてこれまでも言及されてきたことだと言える（Giddens, 1991/2005 ; Bauman, 2000/2001など）。

エリオットらは再帰的自己についての議論のなかで，見境なくものごとを再帰的吟味の対象としていく後期近代社会（≒社会的加速状況）においては，自己の再帰的な決定は全くコントロールできないものではないが，すべてを規制できるものでもないという自律性と無力感の間で営まれるものだとしていた。エリオットらはこのような両義的状況が，積極的には自己の再発明のような反応を促進するが，それと同時に一見矛盾する反応を生み出すとも述べている。それが「固定される自己（stationary self）」「減速する自己（decelerating self）」についての指摘である。前者は，状況の流転が激しくなることによって，自らが状況に対して意味のある変化をもたらすことがもはやできないと感じ，またそれゆえに過去・現在・未来を貫く時間的展望を失い，出来事に対する無力感や諦観を抱いてしまうような反応を指す。後者は，スローフードをとること，よく睡眠すること，ヨガ教室に通うことなどが事例として挙げられ，目まぐるしく移り変わる社会のなかで自分自身のペースを落とし，自分自身に対してよりよく配慮するような反応を指している。だがこのような減速は，一見社会的加速に抵抗する反応であるようにみえるが，必ずしもそうとは限らないという。つまり，ゆったり食事をとり，よく睡眠をとり，ヨガなどによって心身をリフレッシュすることが，ますます加速を続ける労働環境，対人関係，社会生活に再び舞い戻り，そのような状況を乗り切っていく活力になりうるためである。こうした「意図せざる結果」を，エリオットらは「加速的減速（accelerative slowdown）」と呼んでいた。

エリオットらの指摘は，今日の自己啓発にもあてはまるところが少なくないように思われる。自己啓発書はまさに自らを変えよと読者を鼓舞し（取り外し），自らの人生航路を自ら納得して決めることを促し（再帰的），自己変容のさまざまなバリエーションを読者に対して提示している（再発明）。だが，「自己啓発は「加速」しているのか」の節で述べたように，それは「何でもあり」の啓発ではない。男性であれば仕事中心の，女性であれば「自分らしさ」に志向した，つまり社会の通念に沿ったかたちで──いわば制限速度つきで──自己の加速を促すものである。また，まさに読者をスローダウンさせるような自己啓発書もあるが，そうでない場合も，加速する社会状況を乗り切るために，状況をハンドリングするための心構えやハウツーをそれらは概して提供するものである。この意味でも，今日の自己啓発は両義的である。それは人々を，ある程度のところまで加速させつつも一定の枠組のなかに押しとどめる。また，加速する状況に挑むよう直接駆り立てるにしても，リフレッシュさせて活力を与えるにしても，加速状況を何らかのかたちでハンドリング可能だと思わせるような資源を与えている。このように，「加速する自己啓発」というテーマについては，人々にとってそれは加速的でもあり，減速的でもあると答えるのが妥当であるように思われる。

◉文献

Bauman Z (2000) Liquid Modernity. Cambridge : Polity Press. (森田典正 訳 (2001) リキッド・モダニティ——液状化する社会. 大月書店)

Covey SR (1989) The 7 Habits of Highly Effective People : Restoring the Character Ethic. New York : Simon & Schuster. (川西茂 訳 (1996) 7つの習慣——成功には原則があった！. キング・ベアー出版)

Elliott A & Hsu EL (2016) Accelerated identity : Five theses on the self. In : A Elliott : Identity Troubles : An Introduction. New York : Routledge.

Giddens A (1991) Modernity and Self-Identity : Self and Society in the Late Modern Age. Stanford, CA : Stanford University Press. (秋吉美都, 安藤太郎, 筒井淳也 訳 (2005) モダニティと自己アイデンティティ——後期近代における自己と社会. ハーベスト社)

春山茂雄 (1995) 脳内革命——脳から出るホルモンが生き方を変える. サンマーク出版.

河合隼雄 (1992) こころの処方箋. 新潮社.

牧野智和 (2009) セラピー文化の媒介者とその形式——ライフスタイル誌『an・an』における記事登場者の分析から. ソシオロジカル・ペーパーズ 18 ; 1-15.

牧野智和 (2012) 自己啓発の時代——「自己」の文化社会学的探究. 勁草書房.

牧野智和 (2015) 日常に侵入する自己啓発——生き方・手帳術・片づけ. 勁草書房.

小沢牧子 (2002)「心の専門家」はいらない. 洋泉社.

Rosa H (2013) Social Acceleration : A New Theory of Modernity. New York : Columbia University Press.

地霊と治癒——辺境（エッジ）と局在（ローカル）にケアを求めて

言葉の根源，意味の母胎へ

多摩美術大学
安藤礼二

折口信夫から

後に民俗学と国文学を「古代学」として創造的に総合する折口信夫（1887～1953）が國學院大学に提出した卒業論文は『言語情調論』と題されていた。この卒業論文で折口は，言語のもつ二面性に注目する。折口の分類概念に従えば，言語のもつ間接性と直接性である。

言語は人と人との間にコミュニケーションを可能にする。その際，言語は間接的なコミュニケーションの道具，意味の伝達を可能にする道具である。しかし，人間はまた意味を間接的に伝達するばかりでなく，意味を直接的に表現しようとする。おそらくは人類に言語能力が授けられて以来，人類は言葉を用いて意味そのものを，意味が発生してくる根源的な場自体を表現しようとしてきた。言語表現の発生と芸術表現の発生は直結する。ただそのことだけを折口は「古代学」として探究していくことになる。折口が「釈迢空」という特異な筆名を用い，特異な短歌を詠みはじめるのも卒業論文を大学に提出した直後からである。『言語情調論』は，「釈迢空」の起源でもあった。

折口が若書きの卒業論文で論じようとした言語の間接性と直接性という区分は，伝達のための言語と表現のための言語という区分と等しい。伝達に特化された間接性の言語は一義的な意味を「差別的」にあらわす。表現に特化された直接性の言語は多義的な意味を「包括的」にあらわす。『言語情調論』のなかで，折口は「包括的」な言語，直接性の言語のもつ性質を次のような一連の過程として捉えている。すなわち——

　　包括が一歩進めば仮絶対の境に入る。仮絶対のものはその外延が発達したゝめに，その内包が勢ひ融通性を持つた漠然たるものになる。こゝに曖昧といふ境地が開かれる。俳諧師惟然坊の句に，「梅の花あかいはあかいはあかいはな」といふのがある。この句の内容を検査して見ると，その心的状態の説明に困難である（曖昧）。吾人はこの文の判断の中心を捉へることにやゝ困難である（無意義に近づく）。而してその中に暗示を認めて，殆ど無意義に近い句の内容から一道の感情傾向を認めることが出来る（暗示）。こゝに至るにはこの文の音覚情調が与つて力あることを認めなければならぬ。

折口が例として取り上げるのは，ほとんどナンセンス詩である。明確な意味をもたないことで逆に無限の意味を包括し，無限の解釈可能性をもつもの。それが，直接性の言語の真の在り方なのだ。無であるとともに無限の意味を「包括」し，それゆえ「絶対」へと限りなく近づいた——折口言うところの「仮絶対」の——表現とは，必然に「曖昧」であり，「無意義」であ

り，「暗示的」である。折口は，そのような性質を併せもった表現言語を「象徴」と名づける。

外的世界と内的世界を「照応」（コレスポンダンス）させ，ミクロコスモスとマクロコスモスを「類似」（アナロジー）で結ぶフランスの詩人シャルル・ボードレールが用いている意味での「象徴」である。『言語情調論』のなかで，折口自身がボードレールの詩，諸感覚の混交と融合を「象徴」という概念のもとで歌い上げた「照応」を引いている。しかも，折口は，そうした「象徴」としての言語，直接性の言語の発生を，心理学的かつ社会学的に探究しようとする。『言語情調論』のなかで折口はボードレールの「照応」の詩学を参照するだけでなく，アメリカの哲学者ウィリアム・ジェイムズの「潜在意識」の心理学をも参照している。「象徴」としての言語（意味）の発生を探るべきは，論理的な意識の表層（「外延」）ではなく，感覚的（感情的）な意識の深層（「内包」）なのだ。

言語には，外側に向かう伝達と内側に向かう表現，外的な論理と内的な感覚，「差別的」な一義性と「包括的」な多義性という二つの極，二つの側面が存在している。あるいは，そうした二つの極，二つの側面が踵を接する境界に人間の言語が形づくられている。『言語情調論』で言語のもつ二面性を論じた折口は，柳田國男との出逢いを経て，伝達の言語を成り立たせている意味の「差別性」を破壊し，表現の言語を成り立たせている意味の「包括性」を露呈させる技術にして芸術を「憑依」という現象に見出していく。「憑依」は人間と神と獣，人間と森羅万象の区分を無化してしまう。そこに純粋な時間にして純粋な空間，始まりの時間にして始まりの空間，すなわち純粋な表現言語にして始まりの表現言語が立ち現れてくる。

井筒俊彦へ

折口信夫の営為を引き続き，その言語論をより論理的に，より普遍的に磨き上げていった者こそ，井筒俊彦（1914〜1993）であろう。井筒は，破格の日本語を用いて，ギリシア哲学の発生にディオニュソスの憑依を見出し（1949年に刊行された『神秘哲学』），純粋一神教イスラームの発生に神の憑依を見出し（1952年に刊行された『マホメット』），ロシア文学の発生に神にしてディオニュソスの憑依を見出した（1953年に刊行された『ロシア的人間』）。井筒にとって哲学，宗教，文学は「憑依」によって可能になるものだった。その根底には「憑依」によって可能になった「呪術」としての言語が存在していた。

1956年，井筒ははじめての英文著作，『言語と呪術』を刊行する。1949年から慶應義塾大学文学部ではじめられた「言語学概論」の成果にもとづくものだった。折口の『言語情調論』が，その後に展開された折口の「古代学」の基盤となったように，井筒の『言語と呪術』は，その後，イランのイスラーム，すなわち哲学化された神秘主義者たち（スーフィーたち）の体験を軸として東洋哲学全体にまで及ぶ，共時論的構造化という未曾有の試みにまで展開された井筒の「哲学的意味論」の基盤となった。

慶應義塾大学で，井筒は詩人の西脇順三郎に師事するともに，西脇からの指示によって折口信夫の講義にも参加していた。井筒の言語論は，西脇の詩学と折口の「古代学」を一つに総合するものでもあった。詩の発生にして社会の発生には「憑依」が必要であり，そこにはなによりも「論理」（ロジック）としての言語ではなく，「呪術」（マジック）としての言語が位置づけられる。井筒が『言語と呪術』で抽出した言語における「論理」と「呪術」の対立と相克という構造は，折口が『言語情調論』で抽出した言語における「間接性」と「直接性」の対立と相克

という構造と完全に一致する。当然のことながら，対立する二項のうち，折口も井筒も，「論理」ではなく「呪術」を，伝達の「間接性」ではなく表現の「直接性」をより重視している。

　それでは，井筒の言う，「呪術」としての言語は一体どのような性質と構造をもつものだったのか。井筒は，『言語と呪術』で一貫して「論理」に対する「呪術」の優位を説いていく。人間の言語は，人間が人間となった瞬間から，人間の精神と身体の双方を規定する「呪術」から生まれたものだった。超現実の「聖」なる世界と現実の「俗」なる世界の中間で，二つの世界の性質をともに帯びた，身体的であるとともに精神的でもある身ぶりによって何かを指し示すこと。そこから原初の言語，「呪術」としての言語が生まれた。「意味」とは「呪術」そのもののことなのだ。

　『言語と呪術』は，全11章からなる。全体の総論である第1章で，言語における「論理」と「呪術」の相克，さらには「呪術」の優位が説かれた後，第2章から第4章までが「呪術」として可能となった「意味」への導入編，第5章から第8章までが理論編，第9章から第11章までが実践編という構成をもっている。第5章から第8章までの理論編において，言語における「論理」と「呪術」の対立と相克は，より言語学的に，意味における「外延」（デノテーション）と「内包」（コノテーション）の対立と相克と読み換えられていく。「外延」は意味の論理的な指示であり，「内包」は意味の感情的（すなわち呪術的）な喚起である。「外延」は意味を一義的に指示し，「内包」は意味を多義的に包括する。「外延」が意味の表層的な意識であるとしたなら，「内包」は意味の深層的な無意識である。

　無意識の深層に蠢く「内包」に触れ得た者だけが，世界を新たに意味づけ，世界を新たに秩序づけることができる。「内包」としての言葉は不可視の霊的な力であり，いまだ「呪術」が生

活のすべてを律している未開の社会，野生の社会においては最大の武器，人々に直接影響を与え，社会に変革をもたらすものであった。未開の社会，野生の社会において，呪術師は社会の秩序を解体し再構築できる力をもつ者であった。詩人にして王であった。折口の「古代学」を成り立たせている基本構造そのものである。

　井筒は『言語と呪術』の導入編，第2章から第4章にかけて，古代から現代に至るまで「呪術」としての言語がその力を失うことなく生き延びていることを示す。古代の社会において人々は，日常の言葉とは異なった非日常の言葉，呪術的な力に満ちた聖なる言葉によって世界が創造されたと信じていた。世界だけでなく森羅万象あらゆるものが，そこから無限の意味を発生させる「聖なる気息」（聖なる息吹）によって可能になると信じていた。そのようなヴィジョンは現代においては意識的な詩人たちによって担われ，絶対の言葉によって書かれた絶対の作品という理念にまで高められている。情的な詩の裏面には知的な法が秘められている。

　『言語と呪術』では，井筒がこの直後から自身の意味論を展開していくイスラームについてはほとんど論じられていない。だが，詩と法をともに可能にする聖なる言葉とは，イスラームを成り立たせる基本構造そのものであり，第3章のタイトルともなった「聖なる気息」（聖なる息吹）とはイスラームの内部に生まれた特異な解釈学が最終的にたどり着いた極限，イランの「存在一性論」に言うところの「慈愛の息吹」によって森羅万象あらゆるものを絶えず産出していく無にして無限の神の姿を先取りしている。

　同じこの章で井筒は老荘から儒まで中国思想全体を貫く「気」を取り上げ，こう記してもいる。「気」とは，「人を含む全自然のなか，そしてそれを貫いて働く半物質的で半精神的な生命の力，いわば「エラン・ヴィタール」と思ってよい」と。「エラン・ヴィタール」（élan vital）と

は，フランスの哲学者アンリ・ベルクソン（1859〜1941）が『創造的進化』のなかで論じた森羅万象あらゆるものを産出していく「生命の躍動」，生命がもつ原初的な意志（意識）のことである。精神と物質を二つの極とし，そのなかからあらゆる意味（同時に形態）を生み出す原初の意識，それこそが「神」なのだ。ベルクソン自身がそう表明している。意味の根源には，森羅万象あらゆるものを産出する「神」が存在している。そうした「神」が同時に大乗仏教にいう「仏」そのものなのだ。そう同定し得たとき，井筒の東洋哲学は完成を迎える。

　井筒俊彦の意味論とベルクソンの生命論の接近が必然であったとすれば，そこに折口信夫の言語論はどのように関連しているのか。ベルクソンが『創造的進化』を発表した1907年，一人の日本人が，井筒と同様やはり英語を用いて一冊の書物を書き上げる。鈴木大拙（1870〜1966）の『大乗仏教概論』である。ベルクソンと大拙の交点に，折口信夫の『言語情調論』と井筒俊彦の『言語と呪術』の起源が秘められていた。

生命と霊性

　1907年にフランス語と英語で刊行された2冊の書物，『創造的進化』と『大乗仏教概論』のなかで，ベルクソンは「生命」の哲学を，大拙は「霊性」の宗教を説いた。ベルクソンの「生命」は超越的な創造と内在的な進化を一つに統合することが目指され，大拙の「霊性」は無限の精神と有限の身体を一つに統合することが目指されていた。ベルクソンと大拙の両者はほぼ同一のヴィジョンを見ていた。それを主観と客観，記憶と物質の二項対立を乗り越えることと言い換えることも可能である。

　「霊性」と「生命」は表裏一体の関係にあった。ベルクソンも大拙も，宗教と科学が相克するなかで，有神論（キリスト教）の基盤となる「神」

をあらためて定義し直そうとし，無神論（仏教）の基盤となる「仏」──大拙の場合は「大乗仏教の神性」として位置づけられた究極にして最高の存在たる「法身」──をあらためて定義し直そうとしていた。その際，ベルクソンも大拙もおそらくは同じ書物とそれが体現する同じ思想を参照していた。アメリカの古生物学者，エドワード・ドリンカー・コープ（1840〜1897）が最後に残した大著『有機的な進化の主要因』（1896年）で展開していった「精神」へと上昇（上向）していく「アナゲネシス」（有機的で前進的な進化＝発生のエネルギー）と「物質」へと下降（下向）していく「カタゲネシス」（非有機的で後進的な進化＝発生のエネルギー）である。

　2000年代に入り完全に刷新されたPUF版ベルクソン著作集には，それまでまったく付されていなかった膨大な注釈が加えられるようになった。『創造的進化』の注釈を担当したフレデリック・ボルムスは，ベルクソンが作中で「われわれの時代の最も注目すべき博物学者のうちの一人」と賞賛するコープの著作からベルクソンが一体何を読み取ったのか詳細に跡づけている。『創造的進化』のなかにはコープがはじめて用いた「アナゲネシス」および「カタゲネシス」という言葉がそのまま使われている（第1章）。ボルムスは，コープの著書，なかでも特に第9章「進化のエネルギー」がいかに『創造的進化』全体に大きな影響を及ぼしているのか論証してくれている。ボルムスはさらに，この著書に先立つ数年前（1893年），「アナゲネシス」と「カタゲネシス」の関係を論じたコープの論考が掲載されたアメリカの「新ヘーゲル主義の雑誌」である『モニスト』（一元論者）をベルクソンがすでに読み込んでいたとさえ記している。ボルムスがタイトルを明らかにしていないその論考は「有神論の基盤」と題されていた。

　ベルクソン以前に，コープこそが伝統的な有神論が説く超越的な「創造」と現代的な生物学

が説く内在的な「進化」を一つに総合しようとしていたのだ。「有神論の基盤」のなかでコープは言う。精神（Mind）と物質（Matter），主観と客観——その二項対立を井筒流に読み換えれば「言語」（知性＝論理）と「呪術」（本能＝感情）となる——を一つに総合するものが進化論なのだ。進化を推進していくものこそ，細胞の原形質流動および新陳代謝に見出されるような「意識」の芽生えに他ならない。この原初の「意識」が「アナゲネシス」を推し進めていく。「アナゲネシス」こそが生のプロセス（精神の生成）であり，「カタゲネシス」は「アナゲネシス」の結果として残される物理的で化学的な死のプロセス（物質の生成）に過ぎない。

　「有神論の基盤」において，コープは「神」をあらためて定義し直す。「この大宇宙において，最も原初の意識活動としてなんらかの広がりをもつもの」，それを「神」と名づけると。ベルクソンもまた，『創造的進化』においてこう宣言する（第3章）。「生命の起源にあるもの，それは意識である」。原初の意識から解き放たれた生命の「躍動」（エラン），進化のエネルギーこそがさまざまな物質をその後に残して進展していくのである。だからこそ「神」とはその「躍動」の源泉であり，絶え間ないエネルギーの湧出として定義されるのだ。

　ベルクソンの『創造的進化』の源泉となったコープの『有機的な進化の主要因』も，「有神論の基盤」が発表された雑誌『モニスト』も，同じ出版社オープン・コートから刊行された。20代後半でアメリカに渡った大拙が10年以上勤務することになる出版社である。『モニスト』を編集していたポール・ケーラス（1852〜1919）は自らが実現を望む精神と物質を同一の地平から思考する一元論哲学の科学的な裏付けになるものを「意識」の進化論に，宗教的な裏付けになるものを「東洋」（大乗仏教）の教理に求めた。

　アメリカ時代の思索の総決算である『大乗仏教概論』のなかで大拙は，森羅万象あらゆるものはこの大宇宙を統べる「法身」の顕現であるという。その「法身」は「心」と別のものではない。森羅万象あらゆるものは自らの「心」のなかに如来（法身）となる種子をあたかも胎児のように孕んでいる。種子のなかにはあらゆる変化の可能性，変身の可能性が秘められている。無限の存在である「法身」と有限の存在であるわれわれは「心」を通じて一つにむすばれ合っている。その在り方を「如来蔵」という。

　大拙が，『大乗仏教概論』に先んじて漢語から英語に翻訳し（1900年），井筒が遺著（1993年）として取り上げた『大乗起信論』に説かれた理論である。また折口が，國學院大学に入学する際，生活を共にすることを決断した一人の僧侶，折口自身が「新仏教徒」と記す藤無染が理想とする境地でもあった。無染はケーラスと大拙の営為に大きな関心を抱いていた。折口は無染の指導のもと，『言語情調論』の思想的基盤になったと推定される『モニスト』経由の心理学的かつ生物学的，さらには社会学的な一元論哲学の詳細を学んでいたはずである。

　折口信夫の起源と井筒俊彦の帰結は一つに重なり合う。仏教的な「如来蔵」と神道的な「妣が国」——第二次世界大戦後の折口が神道の新たな理念とした，森羅万象あらゆるものに生命を賦与する霊魂の根源，「産霊」と呼ばれた神即自然であるような存在が支配する世界——も一つに重なり合う。

　「法身」は，「産霊」は，自らの意識あるいは意志，すなわちその存在，その精神が孕みもつエネルギー（spiritual energy）によって森羅万象あらゆるものを産出していく。「生命」とは「霊性」であり，「霊性」とは「生命」である。そして，それがそのまま「意味」の母胎となる。そのような世界を自らの内にあることを体感すること。それが言葉による癒やしであり，言葉による表現のはじまりである。

仏教はいかに心の平安を与えたか

健康科学大学
井上ウィマラ

本稿では，仏典に述べられた幸せに関する教えやそれに関連した瞑想技法などを概観しながら，ブッダがどのように心の平安への道のりを示し，苦しみからの解放を求める人たちを指導したのかを紹介してみたい。

最高の幸せを求めて

経典の最古層に属しブッダの息遣いを最もよく伝えるとみなされている『スッタ・ニパータ』に収められたMangala-sutta（吉祥経：「こよなき幸せ」[註1]）によると，「幸せとは何か？」を問うてきた神に対して，ブッダは次のような38の幸せを10のグループに分けて説いたと伝えられている。

仏十号に「天人師」という言葉があるように，ブッダは人々と神々を巧みに教え導く師であった。注釈書によると，神々がブッダを訪問するのは夜も更けて人間が寝静まった頃，あたりの暗闇をしっとりと照らしてブッダに近づき，対話をしたようである。電気の明かりに慣れ親しんでしまった現代人には想像しがたいかもしれないが，テレビの代わりに星空を眺めながら星座の物語を編んだ先祖たちのことを想像しながら聞いてみてほしい。

導入部には，神々から「何が最高の幸せか？」について長い間議論してきたが結論が出ないので教えてほしいという懇願があることから，神々

の間でも，今の人間世界でいうウェル・ビーイングに関する比較研究の話題が盛り上がっていたようである。この神の問いに対して，ブッダが答えた「幸せ」は以下の通りである（筆者訳）。

第1段階：1．愚者に親しまない，2．賢者に親しむ，3．供養すべきものを供養する。

第2段階：4．適切な場所に住む，5．功徳を積んでいる，6．自ら正しい誓願を立てている。

第3段階：7．幅広い見聞を備える，8．技術を身につける，9．よく躾けられている，10．良き言葉を話す。

第4段階：11．両親の世話をする，12．妻子を養い守る，13．秩序よく仕事をする。

第5段階：14．布施をする，15．法にかなった行いをする，16．親族を養い守る，17．行為を非難されることがない。

第6段階：18．悪を楽しまない，19．悪から離れる，20．酔わせるものを慎む，21．法の実践を怠らない。

第7段階：22．尊敬，23．謙遜，24．知足・満足，25．恩を知る，26．時に説法を聞く。

第8段階：27．忍耐，28．忠告を素直に受ける，29．修行者に会う，30．適時に法について話し合う。

第9段階：31．修行する，32．清らかな行

いを実践する，33．聖なる真理を観る，34．苦しみの消えた涅槃を実体験して確認する。

第10段階：35．世間の浮き沈みに触れても心が動揺しない，36．憂うことがない，37．穢れない，38．安穏である。

これら38のすべてが「最高の幸せである」と呼ばれているところから，ブッダは全体的な発達の視点と同時に，体験している当事者のそのときの心境を大切にする対話的・関係性的なナラティヴの視点を持ち合わせていたようである。この10グループによるまとめ方は，後の華厳経における十地思想や空海の『十住心論』などのような，悟りや心の発達に関する実践的思想の流れに受け継がれてゆく原点になっている。

第1段階
——賢愚の見分け方について

第1段階では愚者と賢者について触れられている。愚者とは人生の苦しみを苦しみとして理解し受けとめることのできない人，賢者とは苦しみを苦しみとして理解し受けとめて生きてゆくことのできる人である。ブッダはダンマパダ186偈で「たとえ貨幣の雨を降らすとも，欲望の満足されることはない。「快楽の味は短くて苦痛である」と知るのが賢者である」[註2]と述べている。

苦しみに関しては，第9段階33で示される四聖諦の第1番目にあたる「苦しみに関する聖なる真理」で詳しく取り組むことになる。仏教では幸せを苦しみのない状態ととらえ，心の平安を得るためには苦しみについてよく知る必要があると考える。同様の視点から「供養すべきものを供養する」とは，何かを恐れて生贄を捧げるような宗教儀礼から離れて，人生の苦しみに対する理にかなった向かい合い方を教えてくれ

る人を敬い学ぶことを大切にする姿勢が，幸せへの第一歩につながることをいうのである。

第2段階
——環境に恵まれてヴィジョンがもてる幸せ

どんな親のもとに生まれてくるかは選べないと思っている人は少なくない。しかし，生まれ変わり（輪廻転生[註3]）があると仮定して，前世での行いが今世どんな環境のもとに生まれてくるかに影響を与えるとしてみると，親子の出会いに偶然はなく，そこにはなにがしかの学びの種がまかれているという意味が生まれ，前世療法が力を発揮するナラティヴの舞台が整う。5でいう「功徳」とは，そうした親・家族・地域・文化・国といった環境との出会いを左右する力，時空を貫いて流れるエネルギーのことである。

今回このような環境のもとに命を授かったことの意味を見出して，人生の方向について正しい願いや祈りをもつことができることも生きるうえでの幸せを構成する大切な要素となる。こうして人生のヴィジョンや見通しをもてることは，健康生成論における把握可能性，処理可能性，有意味感からなる首尾一貫性に通じるものではないだろうか。無我を説く仏教において，幸福に至るための初期段階で，自己を正しく保持する誓願[註4]をもてること，すなわち健全な自我を育てることの大切さが説かれていることに注目すべきである。

第3段階
——よく学べる幸せ

この段階は，知識や技術や躾を身につける学童期の幸せについて述べているとみてよい。そしてこうした学びの総合的な集大成が，「良き言葉を話す」ことのできる幸せとして表現されている。分節化作用をもつ言語は，何をどのよ

うに語るかで，両刃の剣になる。「愛語」の教え[註5]が象徴するように，自己主張して論破するための言葉ではなく，相手を大切に思いやる言葉，相反する主義主張を調整してその場を和ませ相互の学びに導く言葉が幸せをもたらす。

このようにして知識や技術や生き方を含めた言葉の使い方を学べる幸せには，必ず教える環境が必要となる。そうしたよき環境となるためのマインドフルネスとして，ブッダは教えるための3つのマインドフルネスについて次のように語っている[註6]。

①だれも理解できなかったとしても，絶望せずに平静さを保てるマインドフルネス。
②理解できる人とできない人がいても，それぞれに見合った学び方を平等に工夫できるマインドフルネス。
③みんなが理解できたとしても，満足して悦に入ってしまわずに完成に向けて伸ばし方を工夫し続けるマインドフルネス。

成長期の幸せはこうした親や教師や学友などの環境に恵まれる幸せでもあろう。ウィニコットが「赤ちゃんは一人では存在できない。母親と一組になって初めて存在できるのだ」という趣旨の発言をしている[註7]ように，ブッダの説いたマインドフルネスは自他をワンセットにして関係性のプロセス全体を繰り返し見守る観察戦略[註8]になっていた。

第4段階
——他者を世話してよき仕事ができる幸せ

この段階の幸せは，エリクソンのライフサイクル論における成人後期の幸せにあたる。自立して働けるようになることが育ててくれた両親への恩返しや世話につながり，伴侶と出会い家庭を築いて世話していく。その基盤としての仕

事があり，職業や家族の世話をするなかで成長してゆく。ここでは在家者の幸せが説かれているが，他方でブッダは出家者たちの修行として看取りを含めた相互看病の実践を説いている。そこには，看病しにくい人の5条件やよき看護者の5条件なども挙げられている。家を出て出家修行生活に入ったとしても，人間としての相互ケアは死ぬまで不可欠なものである。そして，そのような相互ケアを促進する心の持ち方としてマインドフルネスが説かれていた[註9]。ブッダはそのマインドフルネスを究極的な幸せへの「一路」[註10]であると宣言している。

第5段階
——与えることによる幸福感へ

この段階では，世話する範囲が家庭から親族を経て社会へと広がってゆくなかで，獲得するタイプの幸せから与えること，分かち合うこと，さらには手放すことによる幸せへと幸福感の転換が提示されている。布施の原語であるdānaは，「与えること」を意味し，日本語の檀家や旦那の語源にもなっている。昨今のウェル・ビーイングという言い方を採用すれば，快楽追求型のウェル・ビーイングから持続可能なウェル・ビーイングへの価値観の転換に相当する。15の「法にかなった行いをする」が示すように，こうした価値観の転換が起こったとしても，世間の道徳や倫理に合致した生き方や行為が保たれていることが重要である[註11]。

第6段階
——手放すことによる幸せ

この段階では，「悪しきことをしてはいけない」という超自我的に植え込まれた価値観から脱して，自らの生活習慣を見つめる作業のなかで，それまで無意識的に楽しんでしまっていた

ことが自覚されることによって「楽しめなくなる」という変化が生じはじめる。

21の「法の実践」においては，戒・定・慧の三学と呼ばれる3つの実践ステップが中心となる。戒（sīla）は生活習慣を意味する。生活習慣をふりかえり整えることによって後悔を予防することができる。後悔は瞑想修行に入った修行者の心を攪乱して集中力を妨げるため，戒を整えることが心を落ち着けやすくしてくれる。定（samādhi）は集中した心の力であり，言語や概念の壁を打ち破って真理に貫通する力を与えてくれる。慧（paññā）は洞察力であり，真実に気づくことによってこだわりを手放す回路が開ける。

生き物を傷つけたり，嘘をついたり，人のものを盗んだり，みだらな行為にふけったりすることは自他を傷つける。その痛みに気づき，深く見つめて受けとめることができるようになると，そうした行為が楽しめなくなる。楽しめなくなることによって，他者から命じられなくても，そうした行為から自然に離れてゆく。この「離（virati）」[註12] が仏教の戒律における心理学的な中核になる。

こうして「私」を形成している無意識的衝動に気づけるようになると，無意識的な生活習慣の束のようなものとして「私」を見つめることができるようになる。心を酔わせるものや依存性のあるものに頼りたくなる瞬間の心の癖に気づいてゆくことは，究極的な依存対象である「私」という観念にどう向かい合い，生きるために必要な錯覚としての「私」をどのように使いこなしてゆくのかというテーマに導き，これが法の探求内容となってゆく。こうして自覚的な新たなあり方を探求してゆく目覚めのプロセスが三学の本質である。

第7段階
——敬い足ることを知ることによる幸せ

第6段階から第9段階までは，同一の修行プロセスの異なる側面を強調する形になっている。別のグループとして説かれてはいるが，同じ修行の道のりを歩むときの別な角度から見える風景を描写したようなものである。第6段階では修行が始まるときの景色，第9段階では修行がその頂点に上り詰めるときの景色が取り上げられており，第7・8段階ではその間の修行によって人格が完成されてくる側面が描かれているとみるのがよい。

人を大切にできる幸せ，謙虚になれる落ち着き，足ることを知ることのできる心の安らぎが，人徳の完成として説かれている。これらはマスローの言う自己実現や至高体験にも相通じるものであろう[註13]。恩を知ることによって命のつながりを感謝する念が生まれ，さらに深いレベルでの生死の洞察へと興味を誘われる。現在でいう死生観を培うことによる心の安らぎに相当するかもしれない。

第8段階
——真実に耐えるための準備

こうして人徳の完成とともに真実に向かい合うための観察自我の強さ（新しい生活習慣）が養われてゆく。ブッダは「忍耐は最高の修行である」[註14] とも語っているが，それは単なるやせ我慢ではない。第9段階31に説かれる「修行」としての集中力と洞察力に裏打ちされた耐える行為である。では，何に耐えるのであろうか？

ブッダは，解脱した直後に自分の悟った内容をふりかえって，「欲望にまみれた人たち[註15]には理解できない深遠なものだから，悟ったことを説いたとしても理解されずにお互いの疲労をもたらすだけであろう……」と考え，悟った

法を誰にも説かずに一人で死んでゆくことを考えた。そのとき，経典の伝える物語によれば，ブッダの心を察した梵天が「世の中には理解する準備の整った人もおり，彼らはブッダの教えに出会わなければ救われない。だからどうか解脱の法を説いてください，さもなければ世界が滅んでしまう……」という懇願をした[註16]。修行における忍耐とは，自らの求めるものと世間の価値観の不一致からくる誤解や軋轢に耐えて，周囲からの圧力や攻撃を受容しながら，可能であれば思いやりに変えて，自らの探求を続けたいがゆえの努力なのである。

そうした努力を支えてくれるのが時宜を得た法についての話し合いであり，それを可能にしてくれる場がサンガと呼ばれる修行共同体なのであった。現代流に言えば，災害や病気，あるいは子育てや介護にまつわる苦しみや困難を機縁に，つながりあい支えあう新しいコミュニティにおけるシェアリングや情報共有に通じるものであろう。

自分の盲点になっているところを教えてくれる他者の言葉に耳を傾けて受けとめることができる心の開けも幸せな安らぎであり，修行者とはそうした生き方を具現している人のことであろう。当時の修行者のライフスタイルは，人々の布施によって命をつなぎながら究極的な幸せや安らぎを探求し，体得した幸せや安らぎへの道のり情報を人々に還元しながら遊行してゆくものであった。社会的な余剰に寄生させてもらい，底辺に身を置きながら精神的に最高の生き方を追求し，血液のように社会を回りながらスピリチュアルな成果を還元してゆくためのライフスタイルである。

第9段階
──苦しみの消滅を実体験して
幸せだと思えること

ブッダの説いた修行の道は四聖諦を洞察して解脱することによって頂点に達する。4つの聖なる真理とは，苦しみの聖なる真理，苦しみの起因に関する聖なる真理，苦しみの消滅に関する聖なる真理，苦しみの消滅に至る実践の聖なる真理である。

第1の苦しみの聖なる真理では，苦しみをあまねく理解することの重要性が説かれている。苦しみと戦うのではなく，苦しみを乗り越えるのでもなく，苦しみをありのままに理解すること。苦しみの原語dukkha[註17]は不完全に作られたものという語源的な意味をもち，最近ではunsatisfactoriness（満足できないこと）と英訳されることが多い[註18]。何でも自分の思い通りにしたい万能感を根底にもつ「私」から見ると，常に移り変わり自分の思い通りにならない現実は苦しみ以外の何物でもないように思えてしまうことを洞察し受容するのである。

一般的には生老病死，愛する人と別れること，嫌な人と出会うこと，欲しいものが得られないこと，心と身体の集合体を「私」だと思い込むことを四苦八苦と呼ぶが，マインドフルネスの実践では苦苦[註19]，変壊苦[註20]，作業苦[註21]，という3つの視点から見つめるのがわかりやすい。苦苦とは身体的・心理的な痛みを伴うもので，痛みや苦しみとして最も理解しやすい。医療や心理的な支援を得て緩和することが望ましいものでもある。

変壊苦とは，一時的に快楽や喜びとして体験されるので苦として認識することは難しいが，他者との比較や時間的経過のなかで変化消滅してゆくことによって苦悩をもたらす。これは，グリーフケアなどの支援があると受けとめやすくなる。変壊苦が洞察され，喪失の意味が見出

されると，かつての自分が誰かにやさしくしてもらったように，今度は誰かにやさしくしてあげたいという思いやりの種になってゆく。

作業苦は，善いことをしようと思って頑張ったときに，自らの思い込みや他者の思い込みが複雑に絡まり合って発生する苦悩である。これは深いスピリチュアルペインにつながるものであり，作業苦が洞察されると，思い通りにならない現実を試行錯誤しながら生き抜いてゆく人間の器が育ってゆく。

第2の聖なる真理は，こうした苦しみの起因が3種類の渇愛と呼ばれる衝動であることを洞察し，手放す実践となる。3種類とは，①五感の感覚体験を求める欲愛 [註22]，②理想的な自分の在り方を求める有愛 [註23]，③思い通りにならないものを破壊しようする非有愛 [註24] である。これらはエロスとタナトスを具体的に感じ取る作業になり，五感による感覚体験から自我意識が形成されてゆく過程で「私」という存在へのこだわりを自覚すること [註25] によって，自覚そのものが衝動を緩める道を拓いてゆく実践でもある。

第3の聖なる真理は，苦しみの消滅を直接体験して，それが幸せだと思える体験智である。歯痛などの痛みが消えたときのホッとした感じを，身に染みて自覚することに似ているかもしれない。苦しみの原因を自覚し，それを手放したときに苦しみが消滅することを幸せだと思えれば，もうその苦しみの原因にしがみつくことはなくなる。「わかっちゃいるけど止められない」状態から「よくわかったから，もうやりたいとは思えなくなった」という変化が起こる。

そして第4の聖なる真理は，苦しみの消滅に至る実践を日常生活のなかに定着させてゆく道のりとなる。それは具体的にバランスのとれた正しい，①ものの見方，②心の向け方，③言葉の使い方，④行為，⑤生業，⑥努力，⑦気づき，⑧心の落ち着きからなる八聖道と呼ばれる実践の道である。

第10段階
——日常生活のなかで安らかさを保てる幸せ

世間の風とは，得た・得られなかった，褒められた・褒められなかった，有名になった・無名のままである，そして苦・楽という世間八法と呼ばれる人生の浮き沈みである。聖なる真理を悟り，苦しみから解脱してもそのような人生の浮き沈みがなくなるのではなく，そうした浮き沈みのさなかにあっても心が汚れず平安を保てることが究極の幸せだとされている。そして，この幸せも第1段階での幸せと同じように「最高の幸せ」なのである。

ウィルス騒動の最中での
こころの安らぎとは

この原稿の執筆中に新型コロナウィルス感染症が蔓延して緊急事態宣言が出た。このような状況下で心の安らぎを保つとはどのようなことなのであろうか。これこそがこのテーマに与えられた課題だったのかもしれない。そこで死念 [註26] と呼ばれる瞑想の現代的な意義を考えることによってこの課題に答えてみたい。

死念は，解脱したものが好んで実践するとされる瞑想のひとつであり，いつどのような死に方をするかわからない現実を具体的に想像することによって，今ここをより充実させて生きるための瞑想実践である。胎内での死，高齢で寿命を生き抜いた死，自殺，交通事故死，戦争やテロや殺人事件に巻き込まれての死，地震や台風や津波などの自然災害による死，そして今回のコロナウィルス騒動のような感染症にかかっての死などなど……。

キリスト教のメメント・モリに共通するものだが，きっとブッダの時代には現代にもまして

感染症や戦争などによる死が露わになっていたのだろう。ウィルス騒動のさなかに動的平衡や進化[註27]の視点から科学的にウィルスとの共生[註28]を説明する情報が出てきてはいるが，ウィルスとの共生や動的平衡という表現が実際に意味するものは，病気や死ぬことを抜きにした健康というものはあり得ないということではないだろうか[註29]。

第2次世界大戦直後に作られたWHOの健康の定義に，dynamicとspiritualという2語が加えられようとしているのも，こうした背景があるからだ。すなわち健康とは，一定の状態ではなく，山あり谷ありで揺れ動くものであり，病気になったり死んだりすることが含まれるが，たとえ身体的・心理的・社会的に追い込まれた状態にあったとしても，スピリチュアルに支えてくれる要素があれば，最後まで生き抜いてゆくことのできる状態をいうのである。

では，死念を実践することが具体的にはどのようにして我々に心の安らぎを与えてくれるのだろうか。いかにして新たな健康観を構築する支えとなるのであろうか。

解脱の第1段階に入るための条件のひとつに有身見の超越がある。これは，この身体が自分の所有物であるという思い込みを出て，多様なレベルにおける相互的な交流作用によって一時的に保持されている身体のあり様を洞察し，その有限性を受け入れることである。この呼吸はいつ止まってもおかしくはないし，いつどんな死に方をしても不思議ではない。そういうことがこの呼吸という生命活動を通して洞察されるのである。ひと息一息のなかに，こうした小さな生死と大きな生死を見ることができるようになると，このひと息をありがたく受け取り，精一杯生き抜こうという心が生まれる。

がんや難病の告知を受けると頭が真っ白になるというのは，日常を安心して生きるために心のどこかに「自分だけは死なないだろう……」という思いがあるからである。これは万能幻想の名残で，基本的安心感や信頼感に通じるものである。われわれが日常を安心して生きるために必要としていたこの錯覚が，有身見の超越によって脱錯覚[註30]されるのである。

仏教が与えてくれる心の平安には，このように生命現象から切り離すことのできない死を見通して，それを生の一部として受けとめる視点，いわば一度死んだところから生を見守るという基盤があったのである。それゆえに，病気になることや死んでゆくことを含めた，新たな健康観の構築に役立つのではないかと思われる。

▶註

1　ここでは多くの人に親しみやすいという意味で，中村元 訳『ブッダのことば』（pp.57-59）からの日本語訳を紹介したい。以下38項目の訳出に関しては，ウ・ウェープッラ 訳注『南方仏教基本聖典』も参照して，筆者なりに訳出する。

2　中村（1978［p.36]）。

3　本稿では輪廻転生を前提とせずに論を進めているが，経典では解脱する際の定型句において過去世を思い出す智慧（宿住念智），死と再生のつながりを見通す智慧（死生智），「私」「過去世」という視座を超えて漏れ出る煩悩が尽きる智慧（漏尽智）の3つの智慧が得られるとされている。アビダンマと呼ばれる瞑想心理学のなかでは臨終時の意識プロセスや誕生時（受精時）における意識の発生過程，そしてそれらの関連性についての観察や議論が行われている。ブッダは輪廻を信じることを解脱に必要な条件としていなかったが，輪廻を信じる人たちには過去世や生まれ変わり先について具体的に教えている。科学が人間の死や誕生に関して深く研究できる段階に達したとき，死と再生の関連性に関する仏教瞑想の伝える情報が再評価される時が来るのではないかと期待している。

4　Atta sammā paṇidhi. 誓願を意味するpaṇidhiの語根は，保持することを意味する√ dhāである。

5　「愛語」は，布施，利行，同自とともに「四摂法」のひとつとして説かれている。利行とは相手の利益になることをする利他性。同自とは相手を自分と同じように思いやる心。これらは家族や仲間を守り調和をもたらす相互ケアの精神である。井上（2012［p.66]）を参照のこと。

6　「六処分別経」『中部後分五十経篇II』（片山, 2002）

を参照のこと。

7　ウィニコット（1977 [p.35]）を参照のこと。

8　詳しくは井上（2013 [pp.3-14]）を参照のこと。

9　井上（2015 [pp.100-102]）を参照のこと。

10　ekāyana を，片山（1987 [p.164]）では「一道」と訳している。いくつもの入り口があったとしても，解脱に至るためにはこの一つの道に収束して通過してゆかなければならないという意味での「一路」である。『マインドフルネスの確立に関する教え（Satipaṭṭhāna-sutta／念処経）』はマインドフルネスに関する総合的な根本経典である。

11　法（dhamma）という言葉には，現象，教え，法律などの多様な意味が含まれる。第6段階から第8段階にわたって使われる「法」には，社会の価値観や倫理・道徳に合致した「世間法」から，それを超えた「出世間法」への移行が含意されている。

12　vi が分離を示す接頭辞，rati は「楽しむ」ことを意味する√ram からの名詞。

13　マスロー（1981 [p.87]）を参照のこと。

14　Dhammapada.184。中村（1978 [p.36]）を参照のこと。

15　欲望にまみれているために，「私」という観念の仮想性，有限性，共同幻想性について洞察する余裕がないという意味で理解したい。なおここで「欲望」の意で使われている原語 ālaya は，後の大乗仏教で発生した阿頼耶識という概念の原点と思われる。

16　南伝（3, 8-12）を参照のこと（渡辺，1938）。

17　作ることを意味する√kar に，不完全さを意味する接頭辞の du が付加されている。

18　これまでは，suffering や pain などと訳されることが多かった。

19　Dukkha-dukkha

20　Vipariṇāma-dukkha

21　Saṅkhāra-dukkha

22　Kāma-taṇhā

23　Bhava-taṇhā

24　Vibhava-taṇhā

25　井上（2008 [p.78]）を参照のこと。

26　maraṇa-sati あるいは maraṇa-anussati（死随念）とも

いう。

27　福岡（2020）

28　瀬川（2020）

29　松田（2018 [pp.218-223]）では，健康の定義の崩壊と，レジリエンスという概念を用いた健康観の再構築について述べられている。

30　ウィニコット（1979 [pp.15-19]）における脱錯覚（disillusion）という概念を参照のこと。

◉ 文献

福岡伸一（2020）福岡伸一の動的平衡──ウィルスという存在．朝日新聞 2020.4.3.

井上ウィマラ（2008）五蘊と無我洞察における asmi の位相．高野山大学論叢 43；61-96.

井上ウィマラ（2012）四摂法．In：井上ウィマラ，加藤博己，葛西賢太 編：仏教心理学キーワード事典．春秋社．

井上ウィマラ（2013）Satipaṭṭhāna Sutta における「内・外」について．パーリ学仏教文化学 27；1-19.

井上ウィマラ（2015）マインドフルネスの歴史的背景とその射程．日本仏教学会年報 81；94-122.

片山一良 訳（1987）根本五十経篇 I．大蔵出版．

片山一良 訳（2002）中部後分五十経篇 II．大蔵出版．

アブラハム・H・マスロー［佐藤三郎，佐藤全弘 訳］（1981）創造的人間．誠信書房．

松田純（2018）安楽死・尊厳死の現在．中央公論新社．

中村元（1978）真理のことば 感興のことば．岩波書店．

中村元（1984）ブッダのことば．岩波書店．

瀬川茂子（2020）科学の扉──ウィルス共生の歴史．朝日新聞 2020.4.4.

ウ・ウェーブッラ（1980）南方仏教基本聖典．仏教書林中山書房．

渡辺照宏 訳（1938）南伝大蔵経 3 律蔵 3．大蔵出版．

ドナルド・W・ウィニコット［牛島定信 訳］（1977）情動発達の精神分析理論．岩崎学術出版社．

ドナルド・W・ウィニコット［橋本雅雄 訳］（1979）遊ぶことと現実．岩崎学術出版社．

日本の頂点文化と癒し

筑波大学人文社会科学研究群国際日本研究専攻
津城寛文

特集のテーマである，文化と癒しの関係について，筆者が日本研究のなかで温めてきた「頂点文化」という考え方と，臨床心理学の「退行」ということばを軸に，病むことと癒えること，卓越と共有，上昇と下降などのからみ合いを，外野から遠望してみたい。

深層文化と頂点文化

まず，見慣れない「頂点文化（peak culture）」というタームについて，最低限度の説明をしておくと，これは筆者が2000年代後半に提案した造語であり，多少は知られた「深層文化」とのつながりで考えている。「深層文化」とは，1960年代末，上山春平の提唱に始まる，日本オリジナルのキーワードであり，民族学・民俗学でいう基層文化に，深層心理学，原風景や原体験などを，ゆるやかに束ねた考え方である（津城，1995）。その英訳deep cultureは，筆者が2005年に提案した。頂点文化は，いまだ粗削りながら，深層文化を土台に立ち上がる，洗練された卓越，あるいは切り詰められた達成を思い描いたものであり，日本においては，能，茶道，武士道，和歌などが典型である（津城，2016）。

文化一般はもちろん，深層文化も頂点文化も，日本だけに限定して考えられるものではない。特定の時空間に生まれ育ち，そこを足場として立たざるを得ない人間として，それぞれの文化が，何らかの歴史・地理的な限定をもつこと，それぞれの深みと頂きをもつことは当然である。

筆者の「日本の深層文化」に関する議論を聞いたスペイン語圏の友人が，「深いスペイン（España profunda）」という表現があり，これはスペインの深層文化に相当し，その上に立ち上がる頂点文化にも関連すること，「黒いスペイン（España negra）」という近縁語があること，などを教えてくれた。ウィキペディア日本語版に「深層文化」の項目はないが，「深いスペイン」「黒いスペイン」はスペイン語版の項目に立つほど，一般に流通している。また，スペインの頂点文化として私が連想し，同友人も同意したのは，フラメンコである。頂点文化は，外からの素人目にも，直に訴える魅力をもつので，現地をよく知らない日本人のこの素人感覚は，軽視できない。他方，背景や文脈を知る者には，深層文化とのつながりが辿られ，それに応じて鑑賞がより深まることは言うまでもない。

頂点文化における洗練と縮減

先ほど頂点文化に関して，「洗練された卓越，あるいは切り詰められた達成」と併記したのは，とりわけ日本文化の洗練と卓越が，豪華さや豊穣さだけではなく，それを無化する簡素さや縮減への傾斜を，強くあわせもっているからである。能や茶道や神道における，何も（し）ないことについては，多少とも論じたことがあるの

で（津城，2020），ここでは「弓道」について，ドイツ哲学の訓練を受けた知性による，有名な体験的証言を見直してみよう。

オイゲン・ヘリゲルによれば，弓道を含む日本の諸芸術は，「その内面的形式において，結局ひとつの共通な根源」すなわち禅にさかのぼる。諸芸術は，「あらゆる存在の根底なき根底」を直接に経験しようとする禅の心構えを，それぞれの特性に従って涵養するものであり，「目標自身」ではなくて「目標にいたる道」「飛躍に対する補助」にすぎない，という（Herrigel, 1948/1980）。

日本の頂点文化が，そのジャンルでの卓越を探求するだけではなく，それを「道」として，「あらゆる存在の根底なき根底」の体験を目指すとすれば，この「根底」は，少数者が辿りつく到達点である一方，「あらゆる存在」のためのユニバーサルな出発点でもある。とはいえ，ヘリゲルが目撃したのは，体のどこにも力を入れることなく弓が引き絞られ，その極点で矢が自然と放たれる，師範の達人技だった。弟子が試みると，弓を引くには大きな力が必要で，身心とも，極度の緊張を強いられた。その緊張がゆるむには，長い修練が必要だった。

人為の逆説

芭蕉の『笈の小文』冒頭の有名な一節「造化にしたがひ，造化に帰れ」は，能や茶，和歌や弓など，日本の頂点文化と呼ばれる営みが一致して目指すところを，うまく言い当てている。諸々の道を貫く「一つ」の物は，「造化」（天地自然の摂理）に従って動き，最終的にはそこに帰入せよと教えているのだ，と。この出発点と到達点の一致によって，その間にある有形無形の「人為」は色あせる（Berque, 1986/1992；津城，1995；大橋，1986）。

身心の技や術や芸の習得，といった要素をできるかぎり削ぎ落とした禅では，心身を素材にして，宇宙自然の摂理に従って，最終的にはその源に帰る工夫が，伝えられてきた。存在の高みにして根底，極大にして極小など，さまざまな名前，形容で呼ばれる境位は，どこかを目指す努力，努力する「私」すらがなくなったときに，露わになるとされる。根底の自明さと，そこで熟達する困難さとの関係は，神秘家や達人たちの表現が示す通り，矛盾，逆説，アイロニーに満ちている。その極致は凡人には想像もできないが，高度なレベルではなくても，分断や対立の緊張がゆるむとき，そのつどの「癒し」が起こることは，経験の範囲内にある。

深層文化への退行

「退行」「昇華」には，辞典レベルのフロイト的な防衛機構としての説明のほかに，それぞれの論者による特殊な意味，また教養人によるゆるい意味での使用がある。退行に関しては，幼児期などへの逆戻りという病的状態を指すほかに，その治癒的な側面を「良性の退行」として積極的に強調するグループがある（Balint, 1968/1978）。昇華に関しても，現実社会への適応という表面的な意味を超えて，ユング的な錬金術との接合説や，またエッセイのなかで，浄化，純化，結晶化といった意味で用いられることも，しばしば見られる。

「国籍のない民俗」への退行

昇華に比べて，退行のもたらす癒しは，平均的な臨床レベルでも，劇的である。人はふとしたときに，今ここの生活や仕事，家族や友人関係のリアリティが薄れ，どこか遠い時空に触れる。「ふるさとは待っている」といった，病的ではない軽い退行は，なつかしさが溶け出してくるような，ささやかな癒しにつながる。また自文化のものであれ，他文化のものであれ，ふと耳にした音（楽）が，「今ここ」に隙間からしみ

込んでくる。それは，疎外された者，虐げられた者，貧しき者たちと，静かさ，悲しさを共有する，古今東西に通有する「国籍のない民俗」のなつかしさである（津城，1995）。

世界を股にかけて活躍していた小澤征爾が，空港から帰ってくるとき，タクシーのラジオから流れる歌謡曲に感動したというインタビューや，奇矯な振る舞いで知られるサルバドール・ダリが，ギタリストのそばで椅子に腰かけて，杖に顎をのせて静かな演奏にじっと聴き入っている無防備な映像などを見聞きすると，なつかしさという軽い退行の癒しの力を痛感する。

森岡正芳の語る，なつかしいものの「胸に迫る感覚」，それとの「共感」「交流」によって，固まったものが「溶ける」「ゆるむ」のは退行への一歩，癒しの一歩である。張りめぐらされた社会秩序，「閉ざされた状況」のなかで，何かに対立した状態が「緊張」を強いる。狂気，精神疾患は，そこからはみ出すことだが，それがゆるむことで，くつろいだ「成長と変化」が始まる（森岡，2005）。緊張がゆるむとは，寒気や悪寒が発熱で溶けて，水気が出てくるときの，「峠を越える」感じであろう。

元型という深層への退行

医療人類学が，疾病と文化の関連する文化結合症候群に焦点を当て，比較精神医学が，対人恐怖のような日本的な病，森田療法，内観のような日本的な癒しに関心を寄せるように，「深層」には歴史的，心理的な深さの違いがあり，地域文化ごとの特徴もある。したがって，時空の限られた文化的癒しは，大小の集団や個人の記憶やなつかしい感情につながる。それに対して，それらを超えた，人類史的な元型への退行による癒しがある。

この元型の治癒力に焦点を当てた典型が，ユング派によるインキュベーションの夢の研究である。治療者は，ある女性患者の事例から，「夢が大きな影響力を行使」しうるのは「高い権威が付与されているときのみ」であるとして，「治療としてのインキュベーション」という考え方にたどりついた。その患者の「治療における危機的状況で生じた夢」に，古代ギリシャの「アスクレーピオス」の出身地「エピダウロス」，その劇場，神殿などが出てきた。患者は「ギリシャに旅行したことがある」が，そこで見聞きしたことは，「潜在記憶」にあるだけだった。治療者はその夢に触発されて，インキュベーション，夢，治癒の研究に導かれ，「古代人は夢を引き起こすような条件をつくりだす必要を感じ」て「インキュベーションの儀礼」を作り出した，と考えた。「エピダウロス」の夢のすぐ後で，患者は「錯綜した地下室のなか」に「水が流れている」という夢を見た。「水の流れている迷路」という象徴は，「蛇」と同様，「地霊神としてのアスクレーピオスに属する」もので，この「癒しの泉」は，「インキュベーションの秘儀的性格」をもった「誕生の象徴」であり，それはいわば「夢を通じて加入儀礼」に参入したことなのである（Meier, 1948/1986）。

この夢には，夢見た人の感情や，とくに感傷に触れるものは，何もなく，むしろ，「地下」の「迷路」を流れる「水」などは，日常意識にとっては疎遠で，無気味ですらある。最も深い意識，集合的無意識への「退行」が，自らにも他人にも説明することのできない，因果関係の辿りがたい癒しに，つながるのである。

人類的原風景と個人的原風景

日本オリジナルのキーワードである「原風景」についても，登る朝日，沈む夕日のような人類史的な深層の景観から，幼児期の家庭や学校のような個人史的なものまで，数万年から数十年のスケールの違いがある（津城，1995）。イーフー・トゥアンは，「親密な場所の経験」という言葉で，個人的な原風景を縦横に語りつくし

た（Tuan, 1977/1993）。朝日・夕日ということで思い当たるのは，どこかで読んだ，父親と息子のエピソードである。息子を連れて山に登り，日の出か日没を見せながら，父親は次のように言った。「お前がこれからの人生で，どんなに成功しても，これより美しいものを見ることはできない。またどんなに失敗しても，この美しさを奪われることはない。このことを覚えておきなさい」と。

この朝日・夕日の体験は，その少年にとっては個人的な原風景でもあるが，このような思い出がない人にとっても，人類的な原風景として，大きな感情価をもっている。

頂点文化における上昇と下降

さまざまな度合いの深層への退行が，癒しをもたらすのに対して，頂点文化に近づくことは，何らかの癒しにつながるだろうか。茶の十徳（無病息災，煩悩消滅など），能の効験（寿福増長，退齢延年），和歌の「たけきもののふのこころをもなぐさむる」働き，等々と言われてきたものは，頂点文化がある種の癒しを与えるという証言だろうか。

ワークとしての頂点文化

芸道は洗練された技を探求することで，日常といういわば退屈な「病い」から，身心や環境を高める道を指し示す。「型」といわれる非日常的所作の繰り返し，自動化によって，自覚されていない日常の緊張がゆるみ，成長，成熟，円熟が「自然」に進行する。達人には遠く及ばなくとも，頂点文化の実践に触れることは，一種の芸術療法の効果をもつ。固まりが解けることで癒しが起こるのは，カタルシス・浄化などが示すように，古来よく知られた通則である。カルチャーセンターで学ぶレベルの多くの愛好者にとって，頂点文化はそのようなワークであり

うる。

芸術療法の入門書で，芸術療法を「芸術的媒体を用いた精神療法」と定義する一方，状況が「自然と好ましい方向に向かうということがあるとしても……芸術はそれ自体が本来治療的なものではない」と区別される。あえて限界状況を目指す芸術にとって，「治療」は問題外であり，通常の意味での身心の健康は，作品創造のために，ときとして積極的に害（そこな）われる。芸術療法が「より危険の少ない間接的なアプローチ」と言われるのは，愛好者レベルのワークであることを指している。芸術療法が，他の療法と異なるのは，当人が芸術につながる作業をすることによって，身体的，精神的な疾患，試練を，「豊かさに変化させようとする一つの挑戦」にある。芸術療法士は，他のどの療法にも増して，患者のその「自己治癒」の作業に「寄り添う」ことが求められる（Klein, 1997/2004）。

ワークとしての頂点文化は，社会的にも価値高い文化に触れる者にとって，とりあえずは「昇華」の効果をもつ。そうした「より危険の少ない間接的なアプローチ」を超えて，身心の実践が深みに入っていくと，「昇華」も「退行」も多重化する。その状況を，「下降」「上昇」という一般的な対語に置き換えて，考えてみよう。

上昇と下降

「下降」「上昇」のそれぞれが多層的，反転的であることを，繰り返し論じている一人が，ケン・ウィルバーである。「退行」を論じたなかに，「上昇の道は下降の道」「下降する者たちの優越」といった説明が交錯しているように，ウィルバーはフロイトのエロスとタナトス論，その後の精神分析の退行論と，神秘主義研究とをすり合わせて，ある種の下降のなかにある種の上昇があり，ある種の上昇のなかにある種の下降があることを，多彩に説いている。ところで，ウィルバーを読んでいて気付くのは，「退行」と

タナトスの関係がこのように強調されるのに対して，「昇華」という言葉がほぼ用いられず，ポジティブな意味ではまったく用いられないことである。それは，「昇華」の初出の意味が，快感原則を現実原則に屈服させることによる，平板な「現実」への適応だからである。「現実」は，あらゆるものが水平的に横取りあるいは交換され，変換・翻訳される世界であって，垂直的に変容する契機を欠いている。ウィルバーはそれを，「フラットランド」と呼ぶ（Wilber, 2000）。昇華は，フラットランドでの一種の成功をもたらしはする。富，地位，権力など，何らかの「卓越」に連なること，さらにはそこでの階段を登ることで，不安や不調は抑圧され，潜在化し，当面の間は忘却される。しかし人間心理を知り尽くした達意の臨床家は，それを「癒し」とは呼ばないだろう。

卓越と共有

このような，フラットランドの社会に特化して，そこでの卓越を可視化したのが，ブルデューの「文化資本」論である。文化資本には，わかりやすい物品，学歴，教育資格，免状などの制度や組織のほか，身体化・慣習化した「ハビトゥス」がある。相続された文化資本が，経済資本や社会関係資本とあいまって，社会での区別立て＝卓越を維持する装置となることを，おもにフランス社会を材料に執拗に暴き，皆が思っていたことをうまく言い当てた『ディスタンクシオン』は，大成功をおさめた（Bourdieu, 1979/1990）。

文化資本という既得権益を占有する利益集団は，「卓越」を維持するための有形無形の装置をもっているが，労力が最小化されているとはいえ，その保守管理にはコストがかかる。卓越とは，定義上，人と人を区別するものであり，卓越者はいつか没落する。攻撃から防るべきものがあるうちは，安らぎは，もしあったとしても，束の間のものである。天変地異や紛争，疫病によって崩れるかもしれない世界に，安らぎはない。卓越＝区別立てを超えて，「私（たち）」という殻が破れ，「今ここ」という時空が破れ，万人共有の基盤に降りていくとき，あるいは世界の先端から踏み出すとき，神秘家たちが証言してきたような，ユニバーサルな安らかさに溶け込んでいく。頂点文化の一部は，ウィルバーの言う垂直的な変容をもたらすことで，すべての人に無条件に開かれた，誰も拒まれることない，ユニバーサルな癒しにつながる。

頂点文化は，上昇や卓越，その維持や増幅のポリティックスの資本ともなる一方，卓越の危うさと儚さを暴き出して，驕り高ぶりを解毒する成分を含んでいる。したがって頂点のなかの頂点においては，自ら卓越を踏み出すものでもある。とくに，禅の影響を強く受けた日本の頂点文化において，弓道の体験的反省にみたように，この踏み出しが顕著である。

◉ 文献

Balint M (1968) The Basic Fault : Therapeutic Aspects of Regression. Northwestern University Press. （中井久夫ほか 訳（1978）治療論からみた退行——基底欠損の精神分析. 金剛出版）

Berque A (1986) Le sauvage et l'artifice : Les Japonais devant la nature. Gallimard. （篠田勝英 訳（1992）風土の日本. 筑摩書房［ちくま学芸文庫］）

Bourdieu P (1979) La distinction : Critique sociale du jugement. Minuit. （石井洋二郎 訳（1990）ディスタンクシオン——社会的判断力批判［1・2］. 藤原書店）

Herrigel E (1948) Zen in der Kunst des Bogenschiessens. Weller. （稲富栄次郎, 上田武 訳（1980）弓と禅. 福村出版）

Klein JP (1997) L'art-therapie. PUF. （阿部惠一郎, 高江洲義英 訳（2004）芸術療法入門. 白水社）

Meier CA (1948) Antike Inkubation und moderne Psychotherapie. Rascher. （秋山さと子 訳（1986）夢の治癒力——古代ギリシャの医学と現代の精神分析. 筑摩書房）

森岡正芳（2005）うつし——臨床の詩学. みすず書房.

中野明徳（2016）マイケル・バリントの「一次愛」論——土居健郎の「甘え」理論と比較して. 別府大学大学院紀要 18；21-38.

大橋良介（1986）「切れ」の構造——日本美と現代世界.

中央公論社 [中公叢書].

津城寛文 (1995) 日本の深層文化序説——三つの深層と宗教. 玉川大学出版部.

津城寛文 (2016) 日本オリジナルの人文社会系キーワード. 国際日本研究紀要 8 ; 93-108.

津城寛文 (2020) 日本の頂点文化——ミニマリズムの達成. 国際日本研究紀要 12 ; 91-104.

Tuan Y (1977) Space and Place : The Perspective of Experience. University of Minnesota Press. (山本浩 訳 (1993) 場所と経験——身体から都市へ. 筑摩書房 [ちくま学芸文庫])

Wilber K (2000) Sex, Ecology, Spirituality : The Spirit of Evolution. 2nd Ed. Shambhala.

霊性と治癒
多文化フィールドワークからの考察

北海道大学
煎本 孝

はじめに

　本稿では，人類学的視点から，モンゴルのシャマニズム，ラダックのシャマニズム，チベット仏教の儀軌による治療について，フィールドワークのデータに基づいて分析し，霊性と治癒の関係を考察する。

モンゴルのシャマニズム

　モンゴルでは，父なる天（テンゲル）と母なる地，そしてそのあいだにいる人間という壮大な宇宙論がみられる。シャマンは神々の託宣を人間に告げ，また治療にたずさわる。モンゴルのシャマニズムは，北方の狩猟文化と深くかかわりあいながら，遊牧文化の展開，さらには歴史的経過にともなうその時々の国家との関係，あるいは仏教，キリスト教，道教などさまざまな宗教との接触と受容により変化してきたばかりではなく，西はブリヤートから南は内蒙古に至るそれぞれの地域と民族における変異を含んでいる。モンゴルでは，チンギス・ハーンとともにシャマニズムは現在に至るまで一貫して人々の心のよりどころとなっている。

シャマンの歌と踊りによる治療

　内蒙古，ホルチンにおけるボ（シャマン）の演出は，超自然的世界と自然世界，そして過去と現在とを仲介するシャマンの活動を作動させるためのさまざまな舞台装置から構成されている。その目的のひとつは依頼者を治療することにある。そのため，刀，鞭，ボを守護する「心の鏡」，ボを助ける人形のオンゴット，そしてオンゴットに捧げるための酒が小さな机の上に置かれる。

　また，ボ自身が身体に着ける多くの細長いリボン状の飾り布がついたスカート，冠，9個あるいは11個の青銅の鏡をつるした皮製の帯，柄の付いた単面の太鼓は，シャマンが超自然的世界における霊的活動を行うために必要な象徴的道具である。また，12段のボの歌と舞踊は，さまざまな神々への拝礼と招請，そしてシャマニズムの歴史についての語りから構成されている。招請されたさまざまな霊に守られたシャマンが，彼の崇拝する祖先のシャマンの霊と同一化することにより，超自然的世界を自然的世界に出現させ，霊的治療の実行を可能とするのである。

恋の病の治癒

　「オドガン・ドライ」と名付けられる祈りには，ボのトマンバヤルと女性のボである小弟子のドロマが若者の王貴の恋の病を治すための歌詞がみられる。若者が病気であり，父母が心配していることが歌われるのに続き――

　　ボのトマンバヤルが迎えられ，

歩いたり回ったりひとくぎりし，
病人の顔色を細かく見て，
弟子のドロマは彼の病気を治せるのか。

ボのトマンバヤルがやってきた，
回って回って半日間歌い，
病人の様子を繰り返し見て，
弟子のドロマは彼の病気を治せるのか。

模様の服をドロマは着て，
竈と扉に向かい，
太鼓を持って叩き，
王貴兄の病気は治るはずだ。

……とドロマが病気を治せることが歌われる。さらに，ドロマが病人の霊を呼ぶと，地獄の入口まで行った霊も戻ってくるはずであることが歌われる。さらに，続けて，王貴の病気の原因が次のように歌われる。

雄の山鳥が飛んで行った時に，
杏の樹の下が空いてくる。
愛するドロマがいない時に，
若い王貴の心が空いてくる。

雌の山鳥が飛んで行った時に，
柳の樹の下が空いてくる，
愛するドロマがいない時に，
若い王貴の心が空いてくる。

煎薬を飲んでも治らない病気，
5人のラマが経を呼んでも治らない病気，
思想が迷ったこの病気は，
恋人の姿を見れば治るのだ。

粒の薬を飲んでも治らない病気，
9人のラマが経を呼んでも治らない病気，
夜が眠らないこの病気は，

思いあう声を聞けば治るのだ。

この歌の内容は，ボの源であるホブグタイの伝説に述べられる「アンダイ」を思い起こさせる。

「アンダイ」とシャマニズム

アンダイについては，「ホブグタイの伝説」にミロク仏がホブグタイの父親のナランゴンチグに，ラマが治療できない霊がたたりをした病気の治療方法を教えたと述べられるところで，「特にアンダイ病はボしか治療できないことになった」と語られている。アンダイとは，主としてこの「アンダイ病」である若い女性の精神疾患を治療するために行われる歌と踊りからなるモンゴルの文化的儀礼であり，特に17世紀に発展し，20世紀中頃まで広く行われていたものである。

ここでは，アンダイ歌手が疾患の原因をさまざまな質問からなる歌により明らかにした後，歌によって助言を与え，回復した病人はアンダイ歌手に加わり，治療は娯楽へと移行する。なお，この際，アンダイの場の中央に車軸が立てられ，白いハンカチが結びつけられる。そして車輪の下には麦などの穀物の入った鉢が埋められる。

これらのことから，アンダイは木やオボのまわりを回って踊るモンゴルの父への信仰，さらにそれに続く両親への信仰にもとづく儀礼と軌を一にするものであり，母なる木は車軸にとって代わり，父なる鳥はハンカチにとって代わり，卵は穀物の種にとって代わったとされる。すなわち，アンダイはシャマニズムの宇宙論に基づく治癒のための儀礼なのである。

ラダックのシャマニズム

インド北西部，カシミール地方にあるラダックは，文化的には西チベットとして位置づけられ，南北をインドと中央アジア，東西をチベッ

トとパキスタンに囲まれた国境未確定地域である。そこは，人間が生活することの限界とも思える年間雨量50ミリメートルの極度の乾燥地域，標高3,000メートルから5,000メートルの高標高地域という厳しい環境にある。しかし，ヒマラヤ山脈を越える長距離交易により，かつてはラダック王国が繁栄した。

シャマンの問題解決方法と機能

　ラダックの村々や町には女のラモ（神格ラーの女性名詞），男のラバ（神格ラーの男性名詞）と呼ばれるシャマンがおり，病気をはじめとするさまざまな問題に対処して心理的，文化的療法を行使する。その方法は，彼らが特定の霊を憑依することにより，依頼者の患部から毒を吸い出すという直接的治療を行うと同時に，依頼者に対して各種の託宣を与えることにより解決を試みるものである。

　ここでは，一人のラモの問題解決の過程について30件の事例を直接観察し，依頼内容，問題解決方法という視点から分析を行った。その結果，依頼内容とその件数は，①病気（17件），②子の死亡原因の究明（2件），③悪い年回りへの対処（2件），④子を授かるための対処（4件），⑤失物の発見（3件），⑥将来の予言（2件），⑦将来の判断（2件），⑧不明（1件）の合計33件（重複あり）であった。このうち，病気に関するものは最も多く，全体の51.5%を占める。また，①〜⑤は現在の困難や不幸に関するもので，これらの合計は28件（84.8%）となり，⑥〜⑦は将来への不安であり，これらの合計は4件（12.1%）となる。すなわち，人々の依頼する問題は病気を中心とする現在の困難と，予言，判断という将来への不安が主要な内容となっている。

　さらに，これらの依頼内容に対する解決方法とその件数は，（A）その場でラモが直接解決，またはラモの指示により依頼者自身が後に行い得るもの（24件），（B）僧への依頼を指示（10件），

（C）アムチ（チベット伝統医学の医師）への依頼を指示（5件），（D）ダクタル（西洋医学の医師）への依頼を指示（2件）の合計41件（重複あり）であった。なお，問題が未解決であったものの理由，およびその件数は，（a）虚偽の依頼（失物に関する依頼）のためラモが拒否する（1件），（b）依頼者がムスリムであったためラモが拒否する（1件）の合計2件であった。

　この分析に基づくと，解決，未解決を含めた方法43件中，41件についてなんらかの解決が与えられていることが確認できる。さらに，この41件の内24件（58.5%）がその場での直接解決によるものである。また，41件中10件（24.4%）が僧への依頼を指示し，5件（12.2%）がアムチへの依頼を指示し，2件（4.9%）がダクタルへの依頼を指示している。

　さらに，それぞれの依頼内容と解決方法とを対照させると，以下のことがわかる。すなわち，依頼内容①の病気17件に関しては，ラモが依頼者の患部から毒を吸い出す，読経の指示，あるいは特定の儀礼を行うなどの指示——たとえば，泉の霊であるルーを怒らせたためできものができたので，ルートルというルーの供養をする——を与えるという直接解決方法（A）を17件のすべてについて行った後，これに加えて僧への依頼（B）（5件），アムチへの依頼（C）（5件），ダクタルへの依頼（D）（2件）を指示している。また，依頼内容②の子の死亡原因の究明，③の悪い年回りへの対処，④の子を授かるための対処，⑦の将来の判断に対しては，ラモによる直接解決方法（A）と同時に僧への依頼の指示（B）がなされている。ただし，依頼内容⑤の失物の発見，⑥の将来の予言に関しては，ラモ自身が明確な判断を下すことにより，直接解決を図っている。

　これらのことから，シャマンの治療は，第一に毒を吸い出す，あるいは依頼者自身が行うべきことの指示を与えるという直接的心理療法が

とられる。さらに，第二に，より専門的治療のための僧，チベット伝統医学，西洋医学などの診療分野の見分けと指示が行われている。また，依頼者の将来の不安に対しては，明確な予言を与えることにより，依頼者の精神的安定を図るという心理療法が行われている。

シャマンの憑霊する神格

ラモの治療や託宣はラモに憑霊した神格が行うものと人々は信じている。これらの神格はラバやラモによって異なり，また一人で何種類もの神格を次々と変えながら憑依することもみられる。さらに，ラバやラモは新たな神格を獲得し，自分の憑霊する神格に追加していく。ある村の一人のラモの憑霊する神格の名称と性格の例は以下の通りであった。

①「チベットを守護する12種類のスタンマ」：「偉大な王を守護するノチン・ツァマツァ」であり，「ダライ・ラマを守護する特別なラー」である。
②「5種類のツェリン・チェット」：チベット聖地のツァリ峡谷に居住する女神である。
③「ガンスカル・シャー・メット」：12種類の女神スタンマの内の1女神の名称であり，この村のラー（ユル・ラー）である。
④「ランズィン・ギャルモ」：チョモ・ランズィンマとも呼ばれるエヴェレスト山（チョモランマ）の頂上に居住する女神である。
⑤「ドルジェ・ユドンマ・ギャルモ」：村のラーと説明されるが，実際にはシェー村の旧王宮に居住する高位の守護尊としてのラーである。
⑥「チャクパ・メレン」：チベット仏教ドゥック・カーギュ派の守護尊である。

以上の神格の特徴は，チベット仏教における

ブッダや菩薩に相当するような高位の諸尊ではないが，ラモ自身が述べるようなチュン・ラー（低位の神格）でもない。これらの神格は，12種類の女神スタンマに代表されるように，本来，悪霊であったものが，8世紀にインドからチベットに招聘されたパドマサムバヴァに調伏されて，護法尊としての役割を与えられたものである。これらは，仏法を害する者や悪霊を撃退させるという忿怒尊である。

すなわち，シャマンは仏教教義上の高級な諸尊と，村人が信仰する諸精霊としてのラーとの中間に位置し，さらに悪霊由来の強い力をもつ忿怒尊を憑霊の神格としているのである。したがって，依頼者はラモの憑霊により出現した霊的世界のなかで，そこに現れた神格に疾患の原因となる毒を取り除いてもらうことにより心理的治癒を得るのである。

なお，ここで付け加えておかねばならないことは，シャマンの治療に疑いを抱いている人もいることである。ラダックでは結核があり，シャマンのところに来た病人に適切な治療を行わず毒を吸い出すようなことをするのは，治療ではなく逆に有害な行為であるともいわれる。もっとも，シャマンが専門的治療のための診療分野を指示することは，これを補完することになるかもしれない。

チベット仏教の儀軌による治療

チベット仏教は，人々が畏怖し，従属していた怒れる神々を仏法のもとに置き，逆に人々が彼らの力を自分たちのために使うという新たな関係の形成を可能とした。さらに，チベット仏教においては，輪廻から自由になるという究極の目的のもとに，罪業の浄化，善業の蓄積のための儀軌が実践される。これらの目的も方法も，シャマニズムにはまったくみられないものである。シャマニズムが現実的利益の享受を目的と

しているのに対し，チベット仏教がそれと同時に，ブッダへの道という人々が生きるための目標を明確に示しているという点で，チベット仏教とシャマニズムとは明確に一線を画す。

それにもかかわらず，人々が生来もっている性質により生起するさまざまな問題のすべてに，仏教の哲学だけで対処することは困難である。このため，個別の問題の解決のための方法がそれぞれの専門家により実施される。

生霊のゴンモ

ゴンポとゴンモは男と女の生霊であり，人に取り憑くが，ゴンポが稀であるのに対し，ゴンモは一般的である。これは人の悪霊であるデの内，死者の悪霊であるシンデ（死霊）ではなく，生きている人の悪霊であるソンデ（生霊）と同じものとされている。ソンデは他人の体のなかに入り，その意識を乗っ取り，この人の口を借りてしゃべる。時には，あることをせよ，さもなければ高い所に連れて行ってそこから落とすと脅迫することもあるといわれる。

これが起こる状況としては，一方の女が成功を収め，他の女が強い嫉妬心をもっている時，この嫉妬心をもつ女がゴンモになるといわれている。あるいは，一方の女が自分の娘を他方の女の息子と結婚させたいが，他方の女がこれを拒絶するような時，また，一方の女の夫が他方の女と関係をもった時にも起こる。さらに，2人の女が1人の男をめぐって結婚したいと思っている時に，一方の女のみが結婚すると，他方の女はこれを妬み，ゴンモになるという。

ゴンモはゴンモとなる女がそうしたいと思ってなるのではなく，知らない内に起こる。当人がゴンモになっていることを1年間も知らないこともあるという。また，ゴンモに取り憑かれた女がしゃべっている時に，ゴンモと考えられている女は普通に働いているともいわれる。時に，ゴンモに取り憑かれた女は頭に混乱をきた

し，ただ泣いているだけのこともある。そこで，人々が彼女に，おまえは誰か，好きなものをやる，なぜ来たのかを言えと問い詰める。多くの場合，女はしゃべらないが，時に前述のようなことを言う。

また，女に取り憑いたゴンモが，取り憑かれた女自身をその口を借りて罵ることがある。こうして，人々は，あの女がゴンモだとわかる。しかし，普通，人々はゴンモと考えられる女には，このことを言わない。言うと良くないとされているのである。しかし，数カ月も数年間もこのようなことが続くと，噂がだんだんと広がり，当人にも知られることになる。そうすると，このゴンモとされた女は，「そんなことを言っているのか。もし，私がそうすることができたとして，どうして本当に殺せるのか」と怒るという。

ジンシャック儀軌による治療

ジンシャック儀軌は3〜4人，時には9〜10人の僧によって行われる。祭壇の前に火が焚かれ，その前に僧たちが並んで座る。横に置かれた机の上の大麦粒，小麦粒，米，杏，アブラナの種，油，食物など15〜16種類の供物が次々と1人の僧によって火のなかに投げ込まれる。儀軌にはゴンモなど生霊に対する処法も述べられている。ここにはゴンモ（病気の原因となっている相手の女性の生霊）の髪の毛など身体の一部を使用すると記されている。しかし，普通，ゴンモの写真や名前を記した紙が用いられる。ゴンモの霊を呼び出し，この写真のなかに強制的に招請した後，メラー（火のラー）にこれを食べるよう要請し，火のなかに投じて燃やすのである。また，病気になった依頼者の女はこの場にいなければならない。時に，ゴンモがその場で女に入り，「もう決して来ないから，燃やさないでくれ」とこの女の口を借りて語り，手を合わせて頼むこともあるという。ジンシャック儀軌を行った結果，依頼者は全快することもある。し

かし，数カ月ないし数年後に再びゴンモが来ることもある。この時には，再度，ジンシャック儀軌を繰り返すのみである。これより強い儀軌はないからである。

おわりに

　心理的疾患には，文化や社会の制度と関連しているものがある。同時に，これらを治癒させる方法も文化的，社会的に作り出されてきた。現在，モンゴルのシャマンは市場経済と自由化という新たな状況のなかで，人々の新たな悩みの需要に応え，シャマニズムを復興させている。ラダックにおいても，近年の急激な現代化のなかで，新たなラモやラバが次々と現れ，その数は増加している。

　霊的な力への信仰とは，時代が移り，その対象が変わろうとも，人々が常に必要とするものなのかもしれない。大宗教や科学では扱うことのできない身近な問題を解決するためにシャマンは霊的な力を行使し，チベット仏教の僧は儀軌を執り行い，人々はその力を信じ，社会への回帰を果たすのである。

◉文献

煎本孝（2002）モンゴル・シャマニズムの文化人類学的分析――内モンゴル，ホルチン・ボのシャマニズムにおける歴史意識と宇宙論的秩序．In：煎本孝 編：東北アジア諸民族の文化動態．北海道大学図書刊行会，pp.357-440.

煎本孝（2014）ラダック仏教僧院と祭礼．法蔵館.

煎本孝（2019）こころの人類学．筑摩書房.

Yamada T (1999) An Anthropology of Animism and Shamanism. Budapest : Akadémiai Kiadó.

山田孝子（2009）ラダック――西チベットにおける病いと治療の民族誌．京都大学学術出版会.

Yamada T & Irimoto T (Eds) (1997) Circumpolar Animism and Shamanism. Sapporo : Hokkaido University Press.

日本の文化・感性と音楽療法
西洋音楽の「枠」を超えて

武蔵野中央病院
牧野英一郎

はじめに

音楽療法という語が広まったのは年号が平成になった1990年代からであろう。「○○に効くCD」といった商業主義先行のブームとなったが，臨床実践としては療法家が数十人の対象者を相手に歌ったり楽器を鳴らしたりという活動が増えていった。それとともに「音程が合わないとか，リズムが合わないとかばかり言われる」といった高齢者のぼやき，音楽大学（以下，音大）が新設した音楽療法学科の学生の「歌謡曲や民謡を楽譜通りに伴奏しても合わないんです。皆さんリズム音痴なのでしょうか」といった嘆き，つまり療法を受ける側・行う側双方の違和感の訴えが聞こえてきた。

筆者は精神科医であるが，東京芸術大学楽理科在学時代に，日本の伝統的な音や音楽の文化，世界の民族音楽に浅くではあるが触れたことがある。西洋音楽以外の音や音楽文化の知識を踏まえると，この違和感は，音や音楽に関する日本人の伝統的な感性と西洋人の感性との文化摩擦で説明できると思えた。音楽療法が教育ではなく治療であるならば，対象者が本音で喜び，受け入れなければ始まらない。すでに走り出した音楽療法はほとんどが西洋クラシック音楽（以下，西洋音楽）中心の音大出身の療法家が行っていた。彼らが摩擦を超え，西洋音楽になじまぬ多くの日本人とくに高齢者に受け入れら

れるには，どうしたら良いか。伝統と現場を往還した試行錯誤の末，①自分の内なる西洋音楽の「枠」に気づき相対化していただき，②現場で注意すべき点と，③対象者の伝統的な感性を活かした技法について，療法家に情報提供を試みてきた。本稿が，現代日本での音楽による癒しと文化への一考察となれば幸いである。音楽に関する論述だが文章だけでは理解困難の点もあると思われ，手前味噌ながら一般向けの拙著（牧野，2019）におけるQRコードから音楽場面を視聴できることを付記しておく。

導入その1・音を発する前に
——「音・音楽」

「日本人の伝統的な感性に受け入れられるって琴や三味線を使うということ？」と思われがちなので，療法家たちに話す際は，まずは虫の音を聴かせながら，江戸時代の人々が楽しんだ「虫聞き」の図や，日本庭園に仕掛けられた「水琴窟」の音や図を提示して導入としている。現在音楽とされるもの以外に，自然音を意味づけて聞く「聴き方の文化」も対象であることを示すためである。日本では，自然音と楽器音の間に差別がなかったことを，『源氏物語』の「若菜下」の記述「波・風の声に響きあひて，さる木高き松風に，吹きたてたる笛の音も，ほかにて聞く調べにはかはりて身にしみ，琴にうち合

はせたる拍子も，鼓を離れてととのへとりたる方（以下略）」を例に，笛・鼓・尺拍子という楽器音が松風・波音などの自然音と響き合い，ある情緒を醸しだすことを示す。この文化事象をサウンドスケープ研究家・田中直子氏は「もののね」と呼び，「音・聴覚のみならず他の感覚や人間の心理・人事等もふくめひとつに感じること」としている（田中，1986）。いわば「音を伴う情景」であり，日本では自然音と音楽は差別されない「音・音楽」であることを示す。これに対し西洋では，「自然音」と音楽の「楽音」ははっきり区別される。19世紀の音楽美学者・ハンスリックは「音楽は自然の音とは全く関係ない。音楽に使う「楽音」は，測定し得る一定の振動数を持つものであり，楽音を発する弦を数学的な比率で切って並べた竪琴の上に生ずるものが音楽である。鳥の唄は一定の振動数の音階に当てはまらないので音楽ではない。音楽が感謝すべき動物はウグイスではなく羊である」（ハンスリック，1960）という。羊の腸を細く切って干してガットの弦を作るからである。ここまでくると西洋音楽一辺倒の教育を受けた方々も，自分の感覚として西洋文化との違いを感じる表情となる。西洋音楽の「枠」に感覚的に気づき，「枠」の外にも目を向けるとともに，自分の「音楽」を相対化する一歩である。

導入その2・「歴史」と「言葉」
──知らされていない情報

　感覚の次に知識である。日本にも音楽があったことと，音や音楽を通じて病気を治そうとする行為や考えの歴史を伝える。①まずは神話レベルで，皇室の祖とされる天照大神が天岩戸に籠もり世界が闇となり悪病が蔓延したときに，アメノウズメノミコトという女神が桶を踏む音を伴奏に神憑りして滑稽に踊り神々が笑い天照大神が岩戸から引きだされ，世界は光を取り戻

し疫病も去ったという神話を紹介する。神楽・能・歌舞伎など多くの伝統芸能や民俗宗教がこの「岩戸開き」を出発点としているが，心理的には心を闇から光へ転じるには芸能や音楽が役立つという象徴的意味と解せる。②実話らしい最古の例として，平安期の後白河法皇撰『梁塵秘抄口伝集巻第十』にみる，仏教的あるいは神道的な歌詞の今様を歌い熱病・腫れ物・盲目などが治癒した話を挙げる。③より宗教色が薄く，その時代の医学理論に基づく音楽療法的記述は，貝原益軒『養生訓』の「古人は詠歌舞踏して血脈を養う」のように儒教的医学理論と音楽とを結びつけた江戸期の儒医たちに多い。江戸期の音楽療法思想は明治期の精神科医・呉秀三らによる東京府巣鴨病院や松澤病院での実践まで途切れていなかったと光平有希氏はいう（光平，2018）。音楽療法が第二次大戦後の1950年代に米国から導入されたという情報しか与えられていない療法家がほとんどなので，改まった表情になる方も多い。

　自分の「音楽」を相対化する視点をもっていただくためもうひとつ情報提供するのは，「音楽」という言葉の背負う光と陰である。療法家が「音楽療法をやりましょう」と言っても，「音楽なんてとてもとても」と拒む高齢者は多い。古代中国文献にあるという「音楽」という言葉は，日本では江戸期まで天人や仏神の来迎時など，ありがたいが畏れ多い場面で鳴り響く外来の大規模な音楽，すなわち雅楽の意味であった。明治期の日本人が音を用いる活動の総称であるmusic／Musikの訳語に充て，中国や韓国も逆輸入し現代でも使われている（吉川，1984）。このような経緯で今日の高齢者にすれば音痴と言われ苦手意識を植えつけられた科目名となったことを示し，ありがたいが畏れ多いという語感がなぜか伝承されていることも示す。あえて音楽という語を使わず，「歌の時間」と言っている巧みな療法家の例も紹介する。療法家とくに若

い方が空気のように使っていた「音楽」という語に，思いもよらなかった感じ方がありえることを知らせ，自分の「音楽」をさらに相対化していただく。

文化の違いを1分間で理解する

以上の導入部を終え，いよいよ音楽を奏でる現場に焦点を当てる。冒頭の高齢者と音楽療法学生との文化摩擦について，1分間で「合わなくて当たり前だな」とこれも感覚的に理解できる方法を見出した。

明治中期の街を歩いていると想定し，小唄のお師匠さんの家から聞こえてくる「夕立やさっと」（春日とよの唄と三味線）を聴かせる。ゆるゆるうねるフシと，声と三味線が拍を合わせず合いの手風に動くのに慣れたところに，唱歌「皇国の守り」が，近年建てられた小学校の音楽教師の声とピアノで始まる。唱歌は西洋音楽であり階段状に上下する旋律と，声と伴奏ピアノが拍を合わせて迫ってくるのが，ピシピシと鞭でせかされるようで，当時の日本人の「西洋音楽はなぜギックリシャックリぶった切るのだろう」という思いが感覚として理解できる。反対に，しばらく唱歌を聴いたあとに音を絞り，再び小唄のほうを大きくすると，西洋音楽に慣れた耳には，旋律がポルタメントだらけで音階に合わず，拍もはっきりせず，明治期に来日した西洋人の「日本人は音楽の耳を持たない，和声がない，リズムもしょっちゅう変わる」（モース，1970）という言葉が理解できる。

要素からみた注意

「音楽の三要素」として，「リズム・メロディー・ハーモニー」と学校で習ったのは西洋音楽のことであり，それは振動数一定の楽音を同時に鳴らしたハーモニー（和声）が基本で，旋

律も和声に合う音を並べるのが原則である。これに匹敵する基本原理を日本音楽に求めれば，広義の「音色」（音の表情まで含む）であろう。特徴ある音色・声色を聴かせつつ和声に縛られぬ楽器や声が自由に動いて揺れたりコブシを聴かせたり……音色（声色）第一という原理が旋律までも支配する。声と楽器（三味線など）それぞれの音色を楽しめるようにリズムは拍を合わせず別々に動き，互い違いに，合いの手風に，伸び縮みしたりする。メトロノームのような等拍は，「雨垂れ拍子」として嫌われ，八木節のように有拍もあれば，追分節のように無拍，フリーリズムでじっくり声色を聴かすものもある。リズムだけをみてもほぼ有拍ばかりの西洋音楽に対し，有拍，無拍，等拍を嫌い伸び縮み……と日本音楽のほうが多様で柔軟である。旋律も和声に縛られないので自由である。このように日本音楽は子どものような人類原初の音楽性を残しているともいえ，そのような文化に育ったからこそ西洋音楽の「枠」——振動数一定の楽音が階段状に上下する旋律と，拍を一致させたリズムなので5本の横線と等間隔の縦線による五線譜で表わせる「枠」——に素早く入って適応できる人もいると理解できる。このような特徴をもつ西洋音楽と日本音楽はかなり異なるもので，それぞれ自分の音楽文化とする人々が合唱・合奏しても合うわけがない。かくして西洋音楽と日本音楽の違いを体感し「合わなくて当たり前」と理解した療法家たちは，「音痴」という語を軽々に使わず，文化の違い，文化摩擦と理解することが期待されよう。

この文化の違いを乗り越えようとしたのは，大衆音楽である。明治期のバイオリン演歌から歌謡曲，戦後の演歌に至る先人の試行錯誤の結果，リズムは有拍として歌と楽器が拍を合わせるが，旋律は五線譜にとらわれずコブシを効かせるスタイルを創出した。五線譜に書き切れないことも暗黙にあり，譜面通りに伴奏を弾いて

も歌い手がノラないのは当たり前である。若い療法家に「見計らい」という，能楽における有拍リズムと，フリーリズムの折り合いをつけるときの言葉を教えると，「リズム音痴と思いそうなときに「見計らい」と唱えるとイライラしなくなった」と言った。

このように，「音楽の三要素」からみても，日本音楽と西洋音楽には大きな違いがあり，西洋音楽を自分の音楽とする療法家が日本音楽に共通する感性をもつ対象者に寄り添うには，「楽音」や「五線譜」を超えなければならない。キーボードに向かい楽譜を見ながら伴奏の和声付けを考える前に，まずはその音色が受け入れてもらえるか，日本人は音楽の素人でも音色（声色）にはうるさいことを忘れずに，と注意する。また，伴奏を弾きだしても，合わなくて当たり前，と見計らわなければならないことも「注意」として挙げる。

特徴から技法へ

「音色第一」という原理は，現代の音楽療法場面にも生きていると見える。療法家・目黒明子氏が関東地方の高齢者施設で，ある音具を鳴らしたら，「山羊の声だ」「雌山羊だ」「雄山羊だ」「いや猫だよミャーミャーいうから」「いやミューミューだから雄山羊だよ」「さかりのついた猫だよ」……等々，唄ではあまりノラない男性たちが妥協せず10分15分と擬音語交じりの論争を続けたという。目黒氏は，せっかく用意してきた歌の時間がなくなる，と案じていたが，これは筆者の言っていた「音色第一」ではないか，と考え直し，見守ったという。以後，同氏の音楽療法セッション（高齢者グループ対象）の導入部では，物売りの声，お祭りの掛け声，鳥の鳴き声，虫の声などを話題にしたり，擬音語を披露し合ったりすることが多い。日本の伝統的な音・音楽文化の特徴は，現代の高齢者の感

性と共通であり，それを生かせば喜ばれる技法となる一例である。

ほかにも，日本の伝統的な音・音楽文化の特徴は，医学の治療法におけるエビデンスのように，それに沿うとかなりの確率で喜ばれることが期待される。音楽療法技法として生かせるものは以下と思われる。［伝］は日本の伝統的な音・音楽文化での現れとその特徴，［現］は現在の音楽療法的活動場面での現れ，［超］は西洋音楽の「枠」の何を超えているかを表す。

もののね

［伝］日本庭園の手洗い後の水が流れ落ちる際，音を発する「水琴窟」（琴のような音への聴覚＋手を洗いに蹲る緊張した身体感覚＝用足し後のさっぱり清められた感覚），「虫聞き」（秋の野に酒食持参で虫を聞きに行く江戸時代の行楽）など。

［現］「もののね（音を伴う情景）」の提唱者・田中直子氏は，次の問いを発する。「育った時代で懐かしい音は？」「育った地域を象徴する音は？」「昔あって今ない音は？」「四季を告げる音は？」「人生の最期に聴きたい音は？」など。若い学生が親や祖父母と行い，数十年前のある場面が生々しく出現し話が止まらず断絶していた家族の雰囲気が一変するという。コロナ禍で引き籠もっている今こそ「もののね療法」は如何だろうか。

また，実際に音を聞かす方法もある。

［現］抑うつ的でリハビリに行かない高齢者は，仕事が木こりであったと判り，山のなかの音を聞かせたら表情が変わり，元気にリハビリに行くようになったという。

［超］振動数が一定の「楽音」のみが西洋音楽の「枠」であるので，自然音やその模倣である擬音語はそれを超えている。思い出すだけの「もののね療法」はさらに超える。

つくり歌

［伝］替え歌というと卑俗屈折したものを思うが，日本人の自己表現の原点ともいうべき和歌は元来，既存の旋律に自分の言葉を載せた「屈折しない替え歌」であったという。ここでは宮崎県椎葉村などにならい「つくり歌」と呼ぶ。正月の皇居での歌会始の放映に，同じフシで各自の和歌を歌う原初の姿を想像できる。既存の歌を想いつつ自分を慰める歌詞に替えて一人で歌う習俗も徳之島などに残っている（酒井，1996）。心理療法の観点からは，この音楽行動自体が自己治療的といえようし，コロナ禍の現在にも有用であろう。

［現］「つくり歌」は，自然発生的に多くの音楽療法的活動現場でなされている。参加者が書いてきたものを歌うことが多いが，その場に則した歌詞や，皆で作ってすぐ歌うのも盛り上がる（例：筆者の病院で統合失調症患者が職員につくってきた唄（お祭りマンボの節で）「おむつの交換たいへんだ／朝から晩までとんでいる／むこう向かせておむつ交換／むじり鉢巻き汗をぬぐい／大であろうが小であろうが／いやな顔せずよいしょよいしょよいしょよいしょ／そーれそれそれ交換だ」）。職員たちの拍手のなか，筆者も「こうかんだー」と唄い返した。

［超］「著作権」や「原典忠実」などの現代音楽文化の「枠」を超え，誰もが知っているフシに自分の言葉を載せて歌った原初に戻る。

歌掛け

［伝］つくり歌が生まれやすいのは，代わるがわる歌をうたい合う（掛け合う）「歌掛け」のときである。和歌が「575の上の句と77の下の句」という形式となったのも歌掛けからという（土橋，1988）。各地の民謡を調べると歌詞が何十何百とあるのは，盆踊りなどでの歌掛けからだという。男女で唄を掛け合うのは，『万葉集』などにある結婚相手を歌の掛け合いで選ぶ「歌垣」にまで辿れる（渡辺，1994）。

［現］音楽療法現場では1番を男性，2番を女性，3番を男性……といった男女の歌掛け，飛躍すれば「歌垣」を思わす光景もよく見かける。筆者があるカルチャーセンターで募集したところ，一人の主婦が発表した「歌掛け」は以下である。我が家に伝わる伝承歌・夫婦円満の歌として「こごと爺（じじい）」「人形」のメロディで……

1　（私）こごと爺はやな爺／目はパッチリとよく見てて／私の欠点あげつらう／こごと爺はやな爺い
2　（夫）文句婆はやな婆／自分のことはタナにあげ／ブックサ文句言いまくる／文句婆はやな婆
3　（私）……
4　（夫）……

……と続いていく。作者の主婦曰く，「気まずい雰囲気のとき，これを掛け合うことで，大きな夫婦ゲンカを避け，起こさないという効果があります」と。

現代の日本人にも「歌掛け」がいかに根強く，現実的な力をもっているかを如実に物語っている。「紅白歌合戦」や「銀座の恋の物語」も想起されよう。コロナ禍の引き籠もり時代の家内安全にも活用できよう。

歌舞い

［伝］日本には，神楽，雅楽，声明，琵琶楽，能楽，尺八楽，箏曲，地歌，浄瑠璃，長唄，小唄など音を用いる芸能が多いが，それらを総称して「音楽」と呼ぶのは既述の通り明治期からであり，江戸期までは「歌舞い」などと呼ばれた。古代の舞楽，中世の能狂言，近世の歌舞伎は「歌＋踊り」であり，楽器のみの曲を傾聴することは，舞楽抜きの雅楽，箏曲の段物，虚無僧の尺八本曲，歌舞伎伴奏音楽の一部くらいで

あった。このこと自体，多くの日本人にとって原初的な音楽行動は「歌＋踊り」であったことが窺われ，器楽はお囃子として笛太鼓くらいであった。今から思えば筆者の小中学校時代，音楽の時間のレコード鑑賞で，体をモゾモゾさせて先生に叱られていた主に男児たちこそ，心を動かされるものを聞くと，体が動いてしまうというこの伝統に忠実だったのではあるまいか。

［現］若い音楽療法学生は，高齢者たちの歌の伴奏を弾き始めると，身体を揺すって手拍子を打ちはじめる方々の姿に，音大では見ない光景なのでとまどう。「歌＋踊り」の伝統が音楽療法の臨床現場で行かされていると思われるのは，「歌体操」や「当て振り」という，歌いながら体を動かさせる手法である。

［超］西洋では古代ギリシアのムーシケー（詩＋舞踊＋楽器）から身体運動と言葉を切り捨てて器楽曲中心となったが，日本では歌いながら身体を動かす子どものような原初を残しつつ，能・歌舞伎などのような洗練となった。日本文化には，天皇の即位礼が行われる大嘗宮が，皮を剥がない原木で作られていたり，生の魚を盛りかただけで高級料理としたり，裸の男が押し合うだけで国技になったり，「原初を残した洗練」という原理を想わすものがあるが，これもそのひとつであろう。音楽療法場面では，目の前の対象者を喜ばそうという療法家の思いが，対象者の好反応に誘われて「当て振り」「歌体操」など，一緒に原初に降りて，西洋音楽の歌なら歌だけという「枠」を超えたのであろう。

ほかにも日本の伝統的な音・音楽文化のなかに，西洋音楽の「枠」を超えて，音楽療法技法となりうるものを見出した。音楽体験を聴覚だけでなく振動感覚も含む「鳴動」，五感も含む「まつり感覚」，語りも含む「語り」にまで拡げたり，ステージを超え移動しながらの「流し」，既定の曲を弾くのではなくその場のリクエストを即座に弾く「即場性」などがある（牧野，2013）。

おわりに

以上のように，音大卒の療法家が，日本の伝統的な音・音楽文化の特徴に共通する感性をもつ高齢者との間に生ずる文化摩擦を超えるためには，①まずは感覚・知識で自分が音楽と思っていた西洋音楽の「枠」に気づき相対化する視点を得て，②両者の違いを感覚・知識で確認し「音色」と「見計らい」に注意して，③むしろ伝統的な音・音楽文化の特徴を利用する技法を創出することを提案してきた。技法は筆者が発明したのではなく，すでに臨床現場で，ある程度経験を積んだ臨床家が実践しているものばかりを取り上げた。いつのまにか西洋音楽の「枠」を，対象者と一緒に超えていたことになる。多くの臨床家から，「手探りでやっていたことが理論づけられた」といったお言葉をいただいている。これらの注意や技法は，現在の高齢者がいなくなった近未来では意味をなさないのではないかと問われる。若い世代は，西洋人に劣らぬ和声感覚をもつ人も多いが，サッカーサポーターの若者の歌うヴェルディの「アイーダ行進曲」は，和声感を欠き短調に聴こえることが多い。世界的にポップ音楽シーンは「歌舞い」が多いが，商品化が進みすぎて自分の言葉で本音を歌う「つくり歌」の喜びを忘れさせられていないか。日本の音・音楽文化は，西洋音楽の「枠」にはまる前の人類の原初的な音楽性，すなわち癒しの原点を想い出させる手がかりとなるので，すくなくとも音楽療法には示唆するところが大きいと思われる。和食が健康的と世界で評価されるような現象が，この分野にも生まれないだろうか。

◉ 文献
土橋寛（1988）古代歌謡の生態と構造（土橋寛論文集［中］）．塙書房.
エドワルト・ハンスリック［渡辺護 訳］（1960）音楽美論．岩波書店［岩波文庫］.

牧野英一郎（2013）日本人の感性になじむ音楽療法——現場の「あれ？」から伝統を確認し日本音楽的な技法を提案する．日本音楽療法学会誌 13-1 ; 43-55．

牧野英一郎（2019）日本人のための音楽療法．幻冬舎．

E・S・モース［石川欣一 訳］（1970）日本その日その日 1．平凡社［東洋文庫171］．

光平有希（2018）「いやし」としての音楽——江戸期・明治期の日本音楽療法思想史．臨川書店．

酒井正子（1996）奄美歌掛けのディアローグ．第一書房．

田中直子（1986）環境音楽のコト的・道具的存在性．In：波の記譜法——環境音楽とはなにか．時事通信社．

渡辺昭五（1994）歌垣の研究．三弥井書店．

吉川英史（1984）音楽という用語とその周辺——日本音楽の美的研究．音楽之友社．

ナラティヴと心理療法 オンデマンド版

[編] 森岡正芳

人は個別の現実を生きる存在であり，ナラティヴはその現実を人の中でうつす。大きな物語と小さな物語，物語の知と臨床の知，体験という物語，病を書くということ，物語を生きること，アイデンティティの語りを問い直し，精神分析における物語モデル，描画とナラティヴ，回想法と内観，ライフストーリー法など諸技法との相関性を検証する。ナラティヴと共に，心理療法は何処から来て，何処に向かうのか──臨床心理におけるナラティヴ，そして物語のもつ構成力を，ユング派の物語論から構成主義まで多岐にわたって考察した珠玉の一冊。　　　　　　　　　　　　　　　　本体3,500円＋税

ナラティヴと医療 オンデマンド版

[編] 江口重幸　斎藤清二　野村直樹

専門職の世界と日常生活を同時に語るナラティヴ理論。その多様な実践例なかに，新たな医療実践のありかを展望する。医療倫理，医療事故紛争，医学教育におけるナラティヴの可能性。そして心身医学，民俗セクター医療，遺伝医療，グリーフケア，精神科看護，ソーシャルワーク，コミュニティケアにおけるコミュニケーションとナラティヴの方法。人の生と病い，世に棲む生活者と医療者，そして臨床場面における物語と声としてさまざまに実践されるするナラティヴに焦点を当て，医療をはじめとする臨床実践の姿を多声的に導き出す。　　　　　　　　　　　　　　　　　本体3,800円＋税

会話・言語・そして可能性 新装版
コラボレイティヴとは?　セラピーとは?

[著] ハーレーン・アンダーソン　　[訳] 野村直樹　青木義子　吉川悟

クライエントが抱える苦悩，重圧，葛藤は，言葉にされるなかで可能性へと変転する。対話学，現象学，社会構成主義など広く知の遺産を踏まえ，家族療法に一大転機をもたらした稀代の治療家ハリー・グーリシャンとその愛弟子ハーレーン・アンダーソン。会話に集う者たちが恊働する治療的会話を目の当たりにする本書は，ベイトソンを出自として生まれたオープンダイアローグの礎でもある。本書の再読・精読はセラピーという行為の本質的理解と実践をより確かなものにするだろう。言語と会話の新たな希望に満ちたモダンクラシックスの新装復刊！　　　　　　　　　　　　本体3,800円＋税

5

歴史と記憶――時の痕跡はささやく

悲嘆をともに生きる
グリーフケア

上智大学実践宗教学研究科死生学専攻
島薗　進

悲嘆をともに生きる文化の後退

悲嘆をともにするという感覚

　現代人は悲嘆をともにするという感覚が弱まっているのではないか。他者の悲しみを自らのことのように受け止めて声をあげて哭くというような機会が乏しい。

　このことを直感的によく捉えていた人に，日本の民俗学の創始者である柳田國男がいる。柳田國男が1941年に語った講演をもとに，後に「涕泣史談」と題されて発表された文章がある（柳田，1968）。この文章で柳田國男は，近年，日本人はあまり泣かなくなったと書いている。悲しみを表現するのがへたになったというのだ。

　こんな例が引かれている。「……二十歳の夏，友人と二人で，渥美半島の和地の大山へ登らうとして，麓の村の民家で草履をはきかへて居たら……婆さんが一人，近くよつて来て色々の事を尋ねる。何処の者だ，飯は食つたかだの，親は有るかだのと謂つて居るうちに，わしの孫もおまへさんのやうな息子であつた，東京へ行つて死んでしまつたといふかと思ふと，びつくりする様な声を揚げて，真正面で泣き出した。あの皺だらけの顔だけは，永遠に記憶から消え去らない」（p.334）。柳田は若い自分たちを見て亡くなった自分の息子を思い出して，若者たちに自らの深い悲嘆を隠しもしなかったこのお婆さんに強い敬意をもってこの文章を書いている。

死者のためにともに泣く生者たち

　こんな人が少なくなった。文字や洗練された言葉で表現する力が発達してきたので泣かないのかというとそうでもない。言葉で悲しみを表すのも紋切り型で心がこもっていない。柳田國男は日本海岸の各地で，お盆やお彼岸に死者を迎えようとして，「ぢい様ばあ様，このあかりでおでやれおでやれ」と言い，帰るときには「おいにやれおいにやれ」などと「高いかなしい声で喚んで居る」という例をあげて，こう述べている。

　　それをコナカリなどと称して，主として小児の役のやうになつて居るが，とにかく生きた人ばかりか，死んだ眼に見えぬ人の霊にまで，やはり心のかなしみの声を，聴かせる必要を昔の人は認めて居たのである。
　　　　　　　　　　　　　　　　　（pp.340-341）

　鳥取県立博物館のホームページを見ると，「コナカリ」が1986年にもまだ歌われていたことがわかる。大山町羽田井で採集されたもので，伝承者は1911年生まれだという。

　　この明かり　この明かり　じいさんも
　　ばあさんも　ござーい　ござーい
　　この明かり　この明かり　じいさんも
　　ばあさんも　いなはーい　いなはーい

柳田の注目点は，かつては子どもも参加して死者たちへの悲嘆の気持ちを分かち合う，こうした儀礼があったということである。死に向き合わざるをえない人々の心を深いところで支えてきたことを柳田は示唆している。

柳田が20歳の頃というと1895年頃のことである。「涕泣史談」が書かれたとき，柳田國男は65歳になっていた。その間に日本の「悲嘆を分かち合う文化」が大きく力を弱めているのではないかと柳田は感じていた。柳田國男は，1785（天明5）年の大飢饉後の津軽の盆の魂迎えの情景を当時の旅日記で引いている。

　　日は西に傾けば，たうめ・をさめ・わらは（老若男女？）打ちこぞりて，磯山陰の塚原に灯とり鈴ふり，かなつづみをならして，まもあみだぼとけなもあみだぼとけ，あなたうと我父母よ，をぢ，あねな人よ，太郎があっぱ（母），次郎がえて（父）など，哭き魂喚（さけ）ぶに日は入りたり。

柳田は「生きた人ばかりか，死んだ眼に見えぬ人の霊にまで，やはり心のかなしみの声を，聴かせる必要を昔の人は認めていた」という。

悲嘆を分かち合う国民文化

1920年頃以降の童話・童謡

新型コロナウイルス感染症COVID-19により，世界中で数多くの人命が失われた。2019年11月に中国の武漢から始まったこの感染症の流行だが，またたく間に世界へ広がり，収束するのはいつか見通しがつかない。たとえ，この災厄が沈静化したとしても，新たなパンデミックがいつ生じるかわからない。新型コロナウイルスは世界の光景を一変させた。多くの人にとって，死に至る病の恐怖はリアルであり，これまでより死が身近になったと言えるかもしれない。

新たなパンデミックを経験した後に悲嘆について振り返るとき，およそ100年前のスペイン・インフルエンザを思い起こすのは自然だろう。全世界でのスペイン・インフルエンザの死者数は，第一次世界大戦の戦死者数とされる1,000万人の数倍と言われる。日本でも1918年と20年に内地だけでも約150万人の死者が出たとされる。軍隊での感染拡大が目立ち，若者の死者が多かった（速水，2006）。

興味深いのは，ちょうどこの時期に「悲嘆をともに生きる」新しい文化の形態が目立つようになってきたことだ。1918年，鈴木三重吉により童話と童謡の月刊誌『赤い鳥』が刊行される。その童謡や童話には「悲嘆」のテーマがしばしば現れる。たとえば，宮沢賢治の「貝の火」は，うさぎの子のホモイがひばりの子を助けたために授かった貝の火という宝珠を，慢心のために永遠に失ってしまい失明するという物語だが，1922年に作られている。

童謡にも悲しみをテーマとするものが多い。少し後の時期に彗星のように現れて消えていき，童謡と呼ぶには死の影が濃い作品を生み出し，1980年代も後半になって新たに多くの愛好者に出会ったのは金子みすゞだ（中川，2003）。最初に童謡歌詞を投稿したのは1923年で，西條八十に高く評価され，多くの作品を投稿したが，夫との不和がもとで1930年，26歳で自らいのちを断った。よく知られている作品「大漁」の歌詞は「朝やけ」から始まる。「朝やけ小やけだ大漁だ　大ばいわしの　大漁だ／はまは祭りのようだけど　海のなかでは　何万の　いわしのとむらい　するだろう」。

喪失の悲嘆を歌う童謡

この時代，日本の国民は悲しみを分かち合う文化に親しみを覚え，「悲しみをともに生きる」表現を好んでいた。金田一春彦の『童謡・唱歌の世界』（1978/2015）によると，童謡の作詞家で

もっとも人気があったのが野口雨情である。その野口雨情の童謡の歌詞には親のない子，みなし子が登場することが多い（上田，2005）。「十五夜お月さん」は以下のような歌詞だ。

　　十五夜お月さん　ご機嫌さん　婆やは
　　お暇とりました
　　十五夜お月さん　妹は　田舎へ
　　貰（も）られて　ゆきました
　　十五夜お月さん　母さんに　も一度
　　わたしは　逢いたいな

「赤い靴」「青い眼の人形」「七つの子」（いずれも1921年）など，どれも子どもが母や故郷から離れている情景が浮かんでくるものだ。死んだ子どもを偲ぶ歌との解釈をする人も少なくない「シャボン玉」（1922年）も，そう思うからか，悲しみを歌った歌と感じられるだろう。

　　シャボン玉　飛んだ　屋根まで飛んだ
　　屋根まで飛んで　こわれて消えた
　　シャボン玉　消えた　飛ばずに消えた
　　生まれて　すぐに　こわれて消えた
　　風　風　吹くな　シャボン玉飛ばそ

　この歌詞は，野口雨情が最初の妻との間に生まれた子どもを思い起こして作ったという。童謡の常として，言葉が少なくて何か対応する事実があるのかよくわからない。だからこそ想像をふくらませることができるのだが，野口雨情には親子の親しみと悲しみを思わせる歌が多いというのは確かである。野口雨情は江戸時代の俳人，小林一茶に強く惹かれていたようだ。一茶は2歳で母親を失い，50歳で初めて結婚して，次々と6人の子どもが生まれては死んでいった。『おらが春』は長女さとを天然痘で喪う親の痛切な悲しみを記した俳文作品である。
　童謡が盛んに創作されたのは短い時期のこと

だった。だが，その時期に創られた童謡は，その後数十年にわたって歌われ続けた。1920年頃から20年間ほどの間に一気に創られたこれらの歌が，数十年にわたって老若男女に親しまれた。戦時中はあまり歌われなかったかもしれないが，戦後には復活し愛好され続けた。それは1970年頃までの時期だったのではないだろうか。

悲嘆の伝統文化の後退

喪の文化がまだ健在だった頃

　ジェフリー・ゴーラーの『死と悲しみの社会学』（1965/1986）は悲嘆の文化の後退の背景として，宗教的な儀礼と教義の衰退を見ていた。この本には「自伝的序論」があり，この本の論点が個人的な経験と結びつけて印象深く語られている。
　ゴーラーは1910年5月のエドワード7世の死のときについて鮮明な記憶をもっていた。日曜日に乳母が子どもたちを公園に連れていってくれたのだが，陽光を楽しもうと来ている人が多かったが，女性は皆，喪服を着ていたという。それ以外にも死を身近に感じる機会が少なくなかった。街角では葬送の行列に出会うことが多く，子どもたちは行列が通り過ぎるまで帽子を脱いでじっとしていなければならなかった。ゴーラーが10歳のとき，父が亡くなったが，それはドイツの潜水艦に沈められた客船ルシタニア号に商用で乗っていたためだった。第一次世界大戦による死者は多く，この頃，喪服姿の婦人は頻繁に見られた。ゴーラーは自分の母は幸運だったという。喪服のきまりを守りながらも，負傷兵の世話をする仕事に携わることができた。

　　母の生活にあいた穴は，熟練を要する有益な仕事によって適切に埋められたのである。それ以前の時代であれば，彼女がこれほど頼りにされることはなかったであろう。

また，ずっと後の時代であったなら，母は自分を支えてくれた服喪儀礼の恩恵にもうあずかれなかったであろう。儀礼が存在していたお陰で，いちいち自分で決めねばならぬといううんざりする行為を，母はしないで済んだのである。　　　　　　　（p.18）

死別の悲嘆をもてあます現代人

　ゴーラーは20世紀のふたつの大戦を経る間に，喪の儀礼が急速に失われていったと捉えている。その要因のひとつとして，戦死者の妻たちへの配慮があったのではないかという。彼女たちが長い期間，喪に服しているよりも，新しい人生に向かっていくことを認めようとする考え方が作用したのではないかと推測している。

　ゴーラーの生涯でつらかった死別の体験は，子どものときの父の死と，第二次世界大戦後の弟ピーターの死だった。壮年期で優れた学問研究に取り組み，幸せな家族生活をしていた弟ピーターががんで亡くなった。それが致死的ながんであることを，ピーターの妻に知らせるべきか迷った。この頃は死が近いと告知することはイギリスでもなされていなかった。結局，知らせることになったが，家族は皆，つらい思いをもち続けた。ピーターの死後も友人らがピーターの死に触れるのを好まなかった。それは妻のエリザベスにとっても兄のゴーラーにとっても，慰めの乏しい重苦しい日々の継続となった。

悲嘆を分かち合う儀礼の後退

　ゴーラーが弟の死について述べていることは，死に触れない，死を隠す当時のゴーラー周辺の人々の文化的好みと関わっている。宗教儀礼にあまり親しみを感じていない彼らの社会階層や受けてきた教育のあり方によって，悲嘆のプロセスが滞っているとゴーラーは示唆している。当時のイギリスで医療関係者や知的な思考を重視する人々は，死に関わる儀礼を軽視し，結果

的に死を隠すような文化傾向を後押しすることになっていったと捉えられている。

　悲嘆をともにする伝統的な文化のこのような後退は，日本でも少し後に進行したように思う。筆者自身の経験を述べると，子どもの頃には葬祭は手厚く行われており，お通夜や年忌法要には多くの人が参加した。墓参りも多数で行うことが多かった。ところが，筆者が大学を卒業し，1970年代，80年代を経る頃には，死者を弔う伝統行事の簡略化が進み，参加者の規模が次第に小さくなっていった。

　こうした伝統行事の担い手は地縁・血縁，特に後者の人間関係だが，そうした人的結合がどんどん薄れていき，わたしたちは多様な人々とのさまざまな関係のなかで生きていくようになった。共同体が後退していったのだ。こうした変化と，ともに悲しい歌を歌ったり，悲しい物語を聞いたりする機会が減っていったことは並行している。筆者が子どもの頃は，童謡のように老若男女が歌える歌がどの時代にもあったと感じられていたのだが，次第に年代が違うとともに歌える歌がなくなっていった。

悲嘆をともに生きる新たな形

グリーフケアの興隆

　1990年代が日本におけるグリーフケアの最初の興隆期であり，グリーフケアや「悲しみ」「悲嘆」を表題に含んだ書物が刊行されはじめるのもこの頃である。そして，グリーフケアを主目的とする集いの場があちこちに作られるようになるとともに，グリーフケアを主題とする書物が多数刊行されるようになるのは，2000年代の後半以降のことである。これは精神医学や心理臨床の領域で，グリーフケアへの注目が高まってきたことと関連している。

　この時期に生まれたグリーフケアに関わるさまざまな集いとして，2005年のJR西日本の福知山

線脱線事故を契機に上智大学グリーフケア研究所（当初は聖トマス大学）が設立されたのは2009年のことである。同研究所の人材養成講座を受講した人たちのなかには，グリーフケアの集いの場を設けることに参画している人々が少なくなかった。「関西遺族会ネットワーク」のホームページを見ると，ここ10年あまりの間に発生してきたこうした集いが，横に連携している様子を垣間見ることができる。このほかにも，周産期の子どもを失った親たちの集い，「天使がくれた出会いネットワーク」の横の連携もあった。

東日本大震災後のグリーフケアの広まり

　グリーフケアをめぐるこうした動きは，2011年3月11日の東日本大震災によって大きく増幅されることとなった。メディアでも日常の会話でも死別の悲しみが話題となる機会が増え，死者とともにあることを題材とする書物が多数刊行されるようになった。仙台で発行されている『河北新報』では，2015年1月から7月まで「挽歌の宛先 祈りと震災」という記事を連載し，2016年に河北新報編集局編『挽歌の宛先──祈りと震災』として刊行されている（河北新報編集局，2016）。第1部から第12部まであり，第1部は「魂はどこに」と題され，7つの話が収められている。最初の話「亡き家族 感じながら／きっと近くで見守ってくれている」は，石巻でパートとして働く25歳の榊美沙子さんの話だ。51歳の母，79歳の祖母が津波で死亡，53歳の父は行方不明という。

　　震災後，家族が夢によく現れる。最も鮮明に覚えているのは昨夏の夢だ。母が食事の支度をする中，父と祖母が居間でくつろいでいた。美沙子さんが「親戚の兄ちゃんが結婚するってよ」と現実の出来事を報告すると，父は「何っ」と驚いたように身を乗り出した。／その夢は，震災がなかった

想像の世界と，現実世界がとけ合う時間を体験しているようだった。／ふと震災のことを思い出す時，独りがとてもつらくなる。「家族の存在を感じているからこそやっていける」／亡き家族の共に重ねる日々。美沙子さんが前へと進む原動力だ。　（pp.21-22）

石巻市西光寺の「祈りの杜」

　第1部の最後は，「宗教超えた杜 癒やし／そこには聖母も地蔵も神様も」と題された話だ（pp.33-35）。石巻市西光寺の墓地の脇に設けられた慰霊広場「祈りの杜」が取り上げられている。そこにキリスト教の聖母子像，仏教ゆかりの地蔵菩薩，神様を祀る石祠などが置かれている。近くに住むパート従業員の鈴木由美子さん（45歳）は，12歳で亡くした三男の秀和君の誕生日にここを訪れた。夜にはライトがあたるが，由美子さんは「真っ暗じゃ寂しい。喜んでくれてるよね，きっと」と語る。息子3人と親類とが乗った車が津波にのみ込まれたのだった。仏壇やお墓もあるのだが，そこでは「この世で会えない現実を突き付けられる気がする」という。ところが，2014年3月にできた「祈りの杜」は，強い思いが残る自宅跡や墓地ではないので気の向くままに訪ねることができる。「仏様や神様に見守られ，どうか安らかに笑顔で過ごしてほしい」と。

　震災で子どもを失った母親らが西光寺で月命日に「蓮の会」という集いを開くようになった。東日本大震災の被災者らによるグリーフケアの集いである。「悲しみの受け止め方が違う家族には胸の内を見せられない」「気兼ねせず泣いたり怒ったりできる場所が欲しい」といった声があった。西光寺の樋口伸生住職（52歳）はこうした声を受け，「悲嘆に暮れる心を癒すことが大切。そこに宗教の壁はない」と，また「このまちで暮らす人々のために，日常の中に祈りの場をつくれないか」と考え，墓地の復旧支援に

来ていた川本恭央さん（49歳）と思いが一致して「祈りの杜」をつくることになった。樋口住職はこの場の意義について，「人は祈ることで自らの気持ちを掘り下げていく。震災を生き延びた人たちが今を大事に生きるよりどころになれば」と語っている。

おわりに

2020年の日本では，新型コロナウイルスにより多数の死者が出るとともに，ともに追悼の気持ちを表すような場に人が集まる機会がたいへんもちにくくなった。世界的に見ると，これを転機に葬儀の簡略化がいっそう進む気配である。日本もそうなるかもしれない。

では，悲嘆をともにする場や形がますます後退していくのだろうか。それとも，東日本大震災後のように新たな追悼の形が目立つようになるのだろうか。経済活動や教育では，オンラインの会議や集いが増えてきているが，「悲嘆とともに生きる」文化においても，オンラインの新しい様態が育っていくのだろうか。パンデミックはまぎれもなく集合的な経験である。スペイン・インフルエンザが流行した1920年代以降に，新たな国民的な悲嘆の分かち合いの文化が育ったように，2020年代以降にも，新たな悲嘆の分かち合いの文化が育っていくのだろうか。見守っていきたい。

◉文献

Gorer G（1965）Death, Grief, and Mourning. 2nd Ed. Doubleday.（宇都宮輝夫 訳（1986）死と悲しみの社会学．ヨルダン社）

速水融（2006）日本を襲ったスペイン・インフルエンザ――人類とウイルスの第一次世界戦争．藤原書店．

河北新報編集局 編（2016）挽歌の宛先――祈りと震災．公人の友社．

金田一春彦（1978）童謡・唱歌の世界．主婦の友社（再録：講談社文庫, 2015）．

中川真昭（2003）金子みすゞ――いのち見つめる旅．本願寺出版．

島薗進（2019）ともに悲嘆を生きる――グリーフケアの文化と歴史．朝日新聞出版．

上田信道（2005）名作童謡 野口雨情100選．春陽堂．

柳田國男（1968）涕泣史談．In：定本柳田國男集 第7巻．筑摩書房．

東日本大震災における霊的体験

故人との継続する絆と共同体の力

東京大学大学院人文社会系研究科

堀江宗正

死者に会うことは可能だろうか。死者はどこかへ行ってしまったのだろうか。死者は私たちの間で生きていて，私たちとともに共同体を支えようとしているのではないだろうか。

東日本大震災後の被災地内外での霊的体験を調査するなかで，私はこのような感慨を抱くようになった。この調査は，高橋原（東北大学）を研究代表者とする研究プロジェクトの一環としておこなわれた[註1]。正規の研究期間は2013年から2015年にかけてであるが，その後もフォローアップ調査をおこなっている。

現代日本人の一般的な死後観

現代日本人が考える「死者のゆくえ」はまちまちである。まず，私が2019年におこなった死生観調査から，死後観に関する質問群への回答の結果を紹介しよう（堀江，2020）。結果は因子分析によって3つに類型化することができた。それを表したのが表1である。

肯定回答率が最も高いのは「心理的死後観」と名づけた類型で，死者は「記憶」や「心の中」で生きていると観念される。この死後観はいわゆる「霊魂」を想定する必要がない。その次に支持されているのは霊魂（質問文では「魂」）を想定する類型で，「霊的（スピリチュアリズム的）死後観」と名づけた。ここでの「霊魂」とは肉体と別の実体で，生前は肉体に宿っているが，死

後は肉体から遊離するとされるものである。これを核とするのが地獄・極楽・天国などの他界，輪廻，タタリ，オカゲの観念である。3つ目の類型は「民俗的死後観」で，死後，一定期間までは個性ある霊魂だが，やがて個性を失い，先祖やより大きな存在と一体になるというものである。これに対して，霊的死後観では霊魂は個性を持ったまま他界に安住し，生まれかわる。心理的死後観は，この2つの死後観とは矛盾しないので，霊的死後観や民俗的死後観に肯定的な人は，心理的死後観にも肯定的であるかもしれない。もちろん，霊魂観念を否定するがゆえに霊的死後観や民俗的死後観に同意できない人々も，記憶や心の中で生きているという言い方には同意できる。

ここで気づくのは，霊的死後観における質問内容と肯定回答率の論理的矛盾である。設問は，ミニマムな死後観から，より具体的で形而上学的な死後観へと信念のハードルが高まるように構成した。「S1_死んだ人の意識は何らかの形で残る」がもっともミニマムで過半数が肯定的だった。次に「S2_人が死んだあとの意識は魂や霊として存在し，生きている人はその気配を感じたり，メッセージを受け取ることができる」が3分の1程度と肯定回答率は下がる。死後意識の残存だけでなく，その存在や内容が生者に感じ取られるという信念が加わったため，抵抗を感じる人が増えたのだろう。さらに「S3_死

表1 死後観に関する質問の肯定的回答率（ややそう思う＋とてもそう思う，N＝1279）と
因子分析（4件法，最尤法，プロマックス回転）の結果

質問項目	肯定回答率（％）	因子				
		1	2	3		
Q14S4_死者の魂が住む世界（あの世・霊界）がある。	43.2	0.915	-0.054	0.026	霊的（スピリチュアリズム的）死後観	
Q14S5_死者の魂が幸せに暮らす天国・極楽浄土などがある。	44.6	0.826	-0.008	0.065		
Q14S3_死者の魂は，人々が生活する様子を見たり，それについて何らかの感情を持ったりすることができる。	30.2	0.783	0.063	-0.022		
Q14S6_死者の魂が生きている間に悪いことをしたために罰や浄化などで苦しんでいる地獄や煉獄はある。	31.7	0.777	-0.017	0.018		
Q14S2_人が死んだあとの意識は魂や霊として存在し，生きている人はその気配を感じたり，メッセージを受け取ることができる。	36.8	0.745	0.106	-0.013		
Q14S7_死者の魂が別の肉体を持って生まれ変わることはある。	40.9	0.730	0.044	0.034		
Q14S9_死者の魂が生きている人に祟ったり，罰を与えることはある。	27.6	0.690	0.113	-0.048		
Q14S8_死者の魂が生きている人に恩恵を与えることはある。	39.9	0.684	0.111	0.094		
Q14S1_死んだ人の意識は何らかの形で残る。	51.6	0.584	0.196	-0.005		
Q14S14_魂は生きている人にはあるが，死ぬと消えてしまう。	43.9	-0.532	0.196	0.198		α＝.93
Q14S15_魂は生きている人にも存在しない。	21.1	-0.239	0.158	-0.130	因子負荷量が低いため除外	
Q14S13_死者の魂は一定期間は個人としての意識を保つが，やがてより大きな存在（大地・自然・宇宙・神など）と一体になる。	38.1	-0.085	0.939	-0.022	民俗的死後観	r＝.74***
Q14S12_死者の魂は一定期間は個人としての意識を保つが，やがて先祖の霊と一体になる。	37.5	-0.030	0.863	-0.011		
Q14S11_死んだ人は遺された人の記憶のなかで生きている。	82.0	-0.093	-0.048	1.030	心理的死後観	r＝.77***
Q14S10_死んだ人は遺された人の心の中で生きている。	76.3	0.051	0.051	0.755		

者の魂は，人々が生活する様子を見たり，それについて何らかの感情を持ったりすることができる」は，死者の知覚能力への信念を加えたためか，肯定回答率は3割に下がった。ところが，「S4_死者の魂が住む世界（あの世・霊界）がある」になると，どこかに居住しているという形而上学的な信念が加わるのに，肯定回答率は下がるどころか，4割を超えるのである。さらに

「S5_死者の魂が幸せに暮らす天国・極楽浄土などがある」では，宗教的背景を持った他界観念が加わったのに，肯定回答率は下がるどころか44.6％と高まる。他界に暮らす魂は知覚能力や感情を持つはずだが，1割ほどの人は，それらを否定するのに他界を肯定することになる。あるいは，現世から離れた死者が生者のことを知覚できないと考えているのかもしれない。

この矛盾のもうひとつの解決は，人々が死後生を物理的，実体的にとらえていないと見ることである。あの世，霊界，天国，極楽浄土などの言葉は死後世界を指すものとして流通している。生者と死者の間の知覚や交信を信じない人も，なじみのある宗教の言葉が登場すると同意しやすくなる。このことから，霊魂や他界は固定的な物理的現実としてのみ信じられているのではなく，語りを通してリアリティあるもの，実感をもたらすものとして立ち現れる「物語的現実」でもあると言える（堀江，2019）。

東日本大震災の犠牲者にまつわる霊的体験

東日本大震災の犠牲者にまつわる霊的体験の物語については，すでにさまざまな書籍が刊行されている。その多くは，ジャーナリストやノンフィクション作家によるものである。社会学者の金菱清が指導したゼミ学生による調査もあるが，堅固な理論的枠組があるようには思われない（金菱，2016）。

また多くの文献で「幽霊」という言葉が使われているが，この言葉は単なる「死んだ人の魂」という意味だけでなく，「死者が成仏し得ないで，この世に姿を現したもの」という否定的な意味をも持つ（『広辞苑』）。さらにこのように宗教的な信念体系を背景とする言葉を使うと，体験が霊魂の存在証明なのか，幻覚や錯覚なのかという論点に注意が行きがちである。

私は当初，調査の意図なしにボランティアとして被災地に入り，いわゆる「幽霊」にまつわる怪談のような噂話を聞くようになった。それと同時に，被災者が身近な故人のことを直接体験したという話を聞くようにもなった。そして，この2つの霊的体験を，「未知の霊」に関する体験と「身近な霊」に関する体験として類型化した（Horie, 2016）。

本稿では未知の霊に関する体験については詳述しない。その典型は，被災地外から来た人々による次の3種の体験である。①各種の運転手による目撃談（見るだけの場合に加えて，乗せる場合も含む），②工事関係者に起こるトラブル，③ボランティアが憑依を受ける話などである。また，被災地内の人の間では，④特定の場所（浸水域の境界付近の横断歩道や交差点）での目撃談がある。

私は共同研究者の高橋原と議論した上で，調査するからにはこのような噂話ではなく，直接体験に焦点を当てるという方針をとった。それは結果として，生前から親しかった「身近な霊」の体験にアプローチすることを意味する。身近な霊の体験は未知の霊の体験と異なり，自宅などの落ち着ける場所でふとしたときに起こることが多い。体験者にとって，故人の存在は「死者」や「幽霊」であるよりも，第一に大切な人である。幽霊という言葉を使ったときの恐怖感や異物感はない。また体験者にとっては当たり前の真実であるため，真偽を争う姿勢はない。

亡き人とのこころの絆
——継続する絆の理論から

そこで，調査に当たっては「幽霊」という言葉を避け，亡くなった人との「こころの絆」という言葉を用い，調査対象者にはこう説明した。

　ここでいう〈こころの絆〉とは，「こころのなかで実感される亡くなった人とのつながり」のことです。お墓や位牌や写真や形見など，目に見えるものを通して感じる方もいらっしゃいますし，夢や気配や声として感じる方もいらっしゃいます。それらがどのように感じられ，また日々の生活でどのように助けになっているか，お話をうかがっているところです。

調査では質問紙を用いたが，老眼の高齢者には調査者が読み上げ，答えを筆記したため，半構造化面接に近い形となった（2014年7月末から9月，岩手県と宮城県の複数の仮設住宅など，回答者100名，平均年齢66歳）。回答者は，「震災・津波で亡くなった方（関連死も含む），あるいは行方不明の方で，あなたが〈こころの絆〉（こころのつながり）を強く感じている人をどなたか一人」念頭に置いて回答するよう依頼した。誰も思い浮かばない人には，回答は不要とした。具体的に「こころの絆」に該当する質問としては次の項目がある（数字は肯定回答率）。

　　次のなかで，あなたが今までに感じたことのあるものを教えてください（複数回答可）。
　　−その人から見守られていると感じたことがある（56%）
　　−その人の気配を感じたことがある（25%）
　　−その人が天国・極楽・浄土・他界などにいるという感じを持ったことがある（48%）
　　−その人からメッセージを受け取ったと感じたことがある（23%）
　　−その人に語りかけると，答えが返ってくるような感じがする（37%）
　　−その人が自分の心のなかで生きているという感じがする（66%）

　設問はD・クラスほか（Klass et al., 1996）の「継続する絆」の理論，とくにその日本人版として坂口幸弘（2006）が用いた質問文を参照した。このように，身近な故人との絆を確認するような霊的とも言える心温まる体験が，継続する絆に関する先行研究では確認されている。

　前述の心理的死後観に当たる「心のなかで生きている」は3分の2の支持を得ている。また，故人からの見守り，他界にいる感じは半数前後と高い。これらは人口に膾炙しており，物理的現実かどうかはともかく，人々が認めやすいのだろう。

　それに対して，故人との交流を示唆する質問の肯定回答率は下がる。語りかけると答えが返ってくる感じは，まだ心のなかの自問自答だという解釈の余地を残す。故人が心のなかにいるという心理的死後観と，実際に答えを聴いたという霊的死後観の境界に位置する。そのためか，3分の1の人が肯定的に回答している。しかし，「気配を感じた」「メッセージを受け取った」になると，肯定回答率は4分の1程度に落ちる。とはいえ低い割合とは言えない。一般的には立派な「幽霊」体験と見なされうる。それが4分の1の被災者に体験されているという事実は，重要な知見である。だが，生前親しくしていた故人が心のなかにいると感じている人にとって不自然なことではない。彼らは自らの体験を，あえて超自然的なこととして，第三者に信じてもらおうと力説することもないのだろう。

2つの異なる地域の事例の比較

　具体例を挙げてみよう。

　　夫を亡くした女性は，50年間過ごした思い出がこころの絆に当たるという。娘が金婚式を祝ってくれたときは感動して泣いた。お供え物をして供養するが，カラオケで好きだった曲のCDをかけてあげる。好きな歌手の新曲も買ってかけてあげる。夫は心のなかにいて，話しかけると答えてくれるような感じがし，メッセージを受けたと感じる。寝るときに話しかけ，夢に出てきてくれと言い，夢に出てきたこともある。たまに気配を感じ，見守られていると思う。ご先祖様をどちらの家系もすべて熱心に拝んでいる。誰も死んでいない。人の魂は死後どこにも行かず，生きている人たちと一緒

にここにいる。（70歳女性，2014年8月1日／強調は筆者）

この方は，明るい印象で，個人との継続する絆によって生き生きとしていると感じられた。ほかにも何人か，「死んだ人はどこにも行っていない」「ほら，そこにいるよ」と語ってくれる人がいた。「思い出」「心のなか」という言葉は心理的死後観の表れと解せるが，魂は「ここにいる」とし，故人の好きなCDをかけるのは霊的死後観とも解せる。

他方，回答を分析すると，そのような人は岩手県のA市（n=60）に多いことが分かった。それに対して，宮城県のB市（n=16）では2名しかいなかった（そのうち1名は特定の活動をするときのみ気配を感じる）。なかには，心の健康の面で不安を感じさせる例もある。

震災1カ月後，東京から来た新聞記者から質問されたが，亡くなった人の顔がどんどん浮かんできて，その人が自分の中に入ってくる感じになった。何を聞かれても分からない。戦争と同じで，自分が生き残った罪悪感が大きい。誰でもそうではないか［筆者のまとめ：こころの絆というより憑依される感じだ。自分のことに精一杯で死者のことは考えられないし，考えたくもない］。自分では何もできないので，意識的に無になろうとしている。少し前にテレビで般若心経を取り上げていた［NHK「100分で名著 般若心経」］。そこで言われていた「無」が，自分の考えている「無」と同じ。宗教は信じない。宗教は自分を拘束する。頭を無にするのが一番。心の健康は良好である。無になって自分を見る目を養っているから。［自分のことについて］気がついたことをメモして貼っている。ここで尋ねられたような事柄は人に話さない。（5人の親族

を亡くしている75歳男性，2014年9月24日）。

この方は5人の親族を亡くしたが，身近な存在ではなく，精神状態を不安定にし，罪悪感を感じさせる，考えたくもない存在としてとらえている。1人は別家の息子，4人はおばとその家族で，普段から同居している家族ではなかった。この状態を救ってくれる仏教の無の教えは，「宗教」ではないと考えられている。

B市の仮設住宅の調査では，調子が悪いことを理由に回答を拒否されることが多かった。逆に，調査に応じた人は「未知の霊」に関する怪談を嬉々として語ってくれた。それは，かえって異様な雰囲気で，精神的な不安定さを感じさせた。

共同体の力

A市とB市の回答者の違いは何だろうか。まずA市の回答者は，浸水域から離れていないすぐ高台の仮設住宅に住み，そのほとんどが，近くの寺院の信徒だった。その寺院は津波に流されず，身元の分からない遺体の遺骨を数多く預かり，供養を務めていた。

それに対して，B市の回答者は，浸水域から車で20分ほど内陸に離れた仮設住宅に住んでいた。住民たちは，浸水域をかさ上げして街を再建するか，高台に移転するかで2つに割れていた。回答者の多くは，浸水域には未浄化の幽霊がさまよっていると想像しているようだった。浸水域の入り口のコンビニエンス・ストアでは，夜中に誰もいないのに声が聞こえたり，自動ドアが開いたりする怪現象が続き，従業員が辞めてしまうという。

A市の住民も夜の浸水域は怖がっていた（とくに若い女性）。しかし，何人か（高齢男性）は，幽霊でもいいから会いたいと夜に1人で浸水域をさまよい，「何も感じなかった」「霊感があればよ

表2　A市とB市の回答の比較

質問	Q7 故人について 感じたこと	Q7 故人について 感じたこと	Q10 魂の行方	Q11 宗教信仰	Q14 〈こころの絆〉 で前向き	Q16 宗教者に 聞いて もらいたいこと	サンプル数
回答	見守り	心のなか	ここにいる	信じている	思う	ある	
A市	55%	67%	17%	53%	78%	23%	60人
B市	25%	44%	0%	19%	50%	44%	16人

かった」と悔しそうに語った（親しくしていた隣人をすべて亡くした65歳男性，2014年7月31日）。

　B市の住民の場合，前述の地理的条件に加えて，主な寺院と墓地が津波で流されたことも大きい。ある寺院の僧侶は地域の外へ引っ越してしまい，「逃げた」と批判された。

　この二市の回答者の違いは数字にも表れている。とくに大きな違いが現れたものを表2にまとめた。

　亡き人がA市では身近に感じられ，B市では遠い存在として考えられていることは量的データでも裏づけられる。亡き人の魂が「ここにいる」と答えた人は，驚くことにB市ではゼロだった。一般の死生観調査では，故人は「心のなか」にいると考える人は7割以上もおり，A市でも7割近いのに対し，B市では半数を割る。故人との〈こころの絆〉によって前向きになる人も，A市では8割近くに達しているが，B市では全体の半数に留まる。

　興味深いのは，宗教的信仰と宗教者への相談ニーズである。B市は，A市の3分の1しか宗教的信仰を持つ人の割合がないのに，A市の2倍も宗教者への相談ニーズが高いのである。相談内容は，被災地で語られる幽霊話についての見解を聞きたい，死者が今どうしているのかを具体的に聞きたいというもので，霊能者的役割を期待しているようだ。

　結論すると，共同体としてまとまり，浸水域と近く，死者の遺骨が寺院で丁重に供養されて

いるA市の回答者は信仰率が高く，宗教的ニーズが満たされている。だが，復興方針をめぐって共同体が割れ，浸水域から離れ，寺院が機能していないB市の回答者は，信仰率が低いのに霊魂のゆくえを知りたいというスピリチュアルなニーズを示した。

　A市での調査中には，平時に人が亡くなったときにも同じ反応になるのではないかとよく指摘された。しかし，「身近な霊」が側にいるとリアルに感じ，心温まる気持ちになるという話は，B市ではほとんど聞かれなかった。

　震災などによる大量死での悲嘆の特異性はどこにあるか。それは悲嘆からの回復を支えるはずの他者もまた悲嘆のなかにあるという点にある。これは2つの異なる帰結をもたらす。第一は，被災者間に共感と連帯が育つという帰結である。A市の場合はこれに該当する。それは，生きている被災者同士の悲嘆共同体の枠に留まらない。彼らは，亡くなった人が自分たちのすぐ側にいると思っているので，共同体は故人をも含み，故人との継続する絆によっても支えられている。

　だが，この種の死者を含む悲嘆共同体が機能しないほどのストレスを受けたB市のような地域社会では，心理的死後観すら動揺し，逆に霊的死後観をベースとした「未知の霊」にまつわる噂話，つまり怪談が，好奇心や恐怖心をもって語られる。死者の霊がどうしているかに答えるのは，東北地方では「オガミヤ」「オカミサン」

「カミサマ」などと呼ばれる霊能者たちだった。だが，B市は言うまでもなくA市ですら，そのような職能者はすでに消滅し，青森県の恐山にまで行かなければならない状況であった。

こうしたところに，外部から支援にくる宗教者やスピリチュアルな実践者が傾聴と受容の役割を果たす余地がある。しかし，これに関してはまた稿を改めて論じたい。

▶註
1　日本学術振興会科学研究費より助成を受けている（高橋原・研究代表「東北被災地域における心霊体験の語りと宗教者による対応に関する宗教学的研究」（課題番号25580012, 2013〜2015年度））。

◉文献
Horie N (2016) Continuing bonds in the Tōhoku Disaster Area : Locating the destination of spirits. Journal of Religion in Japan 5 ; 199-226.

堀江宗正 (2019) 物語的現実としての霊．宗教哲学研究 36 ; 1-13.

堀江宗正 (2020) 死生観 (生死観) 調査 SoVoLaD (Survey on Views of Life and Death). 死生学・応用倫理研究 25 ; 56-93.

金菱清 (ゼミナール) (2016) 呼び覚まされる霊性の震災学．新曜社．

Klass D, Silverman PR & Nickman SL (Eds) (1996) Continuing Bonds : New Understandings of Grief. Washington DC : Taylor & Francis.

坂口幸弘 (2006) 日本人遺族に応じた遺族ケアのあり方に関する研究——故人との「継続する絆」．日本ホスピス・緩和ケア研究振興財団 (https://www.hospat.org/report_2006-d1.html [2020年6月30日閲覧])．

主語的公共空間から述語的つながりの場へ
トラウマとケアをめぐる人類学から

広島大学大学院人間社会科学研究科
松嶋 健

はじめに

　「文化」と「癒し」の問題は，文化人類学，なかでも病いと癒しをめぐる諸現象に注意を向ける医療人類学では主要なテーマであり続けてきた。その中心テーゼは，病気とは，それが身体的秩序と社会的秩序を逸脱したり転覆したりする仕方や度合いによって認知されるものであり，その認知にしたがって何らかの働きかけがなされたりなされなかったりするというものである。そこでは，どのような秩序へと復帰するのか，あるいは新たな秩序へと組み換わるのかによって，回復や癒しのあり方も変わる。「苦しみの文化的表象は，苦しみを「社会的経験」として表わす。苦しみの形は社会によって異なっており，正常性（あるいは異常性）は，それぞれの社会の規範的基準によって決まるのである。人々の経験は，学習され，共有され，そしてしばしば，否定される」（クラインマンほか，2011 [p.v]）のである。

　それゆえ，例えば何らかのウイルスがある環境や社会では危険なものとして認知され，医療的・経済的・政治的な働きかけを要請するのに，別の環境や社会ではそうならないのかという違いを理解するのに，人類学は貢献しうる。ただしそれは，国や民族ごとの「文化の違い」という説明で済むというわけではない。注意すべきなのは「文化」の位相である。「文化」概念を生み出した人類学は，同時に「文化」概念を批判してもきた。「文化」とは，そのなかで医療や経済行為が行われる外的なフレームのようなものではない。それは，行為や思考のパターンであるとしても，実践を通して生成するのであり，外的な所与ではなく，日本人やタイ人やサーミ人といった国家や民族の境界と一致するものでもない。「文化」に関するこうした人類学の批判を念頭に置きながら，本稿ではトラウマやPTSDを手がかりとしてケアについて考えることにしたい。

トラウマへの人類学的アプローチ

　トラウマをめぐる諸問題について，文化人類学を中心とする複数の人文・社会科学の研究者とともに多角的に検討する論集に，筆者は編者の一人として関わった（田中・松嶋，2018, 2019a）。そこではさまざまな論点が出されたが，おおむね共有された見解は，「「トラウマ」をめぐる問題は，通常イメージされるような，一回限りの強烈な衝撃をもたらす経験とそれに対する事後の心的反応という枠組みに閉じ込めることはできず，トラウマ的出来事の以前および以後における幾重にも絡み合った関係性の問題に目を向けなければならない」（田中・松嶋，2019b [p.2]）ということであった。そしてこの観点から，さまざまに異なるトラウマ的出来事に絡み合った

糸を解きほぐす作業を各執筆者が行ったわけである。

こうした作業を通してあらためて見えてきたのは，PTSDのようなかたちでトラウマを精神医学の診断基準に適う「心の傷」に還元することによって，いかに問題が個人に局所化され他者化されるかということである。人類学はそれを批判的に捉えるだけでなく，ひとつの医学的診断概念がローカルな文脈から生み出されながらも，現代におけるグローバルな文化の生成に寄与する装置の一部として機能している様態を明らかにしようともする。『PTSDの医療人類学』（ヤング，2001）はそうした仕事のひとつであり，筆者自身はそれを受け継ぎながら，PTSDという診断概念の前提となっている時間性とトラウマの時間性との違いについて考察した（松嶋，2018）。

PTSDは，1980年DSM-IIIに登場して以来，一貫して病因としてのトラウマ的出来事の存在を措定している。病因と症状とのあいだに直接的な因果関係を認めるのは，操作主義的原則を採用した診断マニュアルにおいて唯一の例外である。その後，病因としてのトラウマ的出来事という基準を取り除こうという提案がDSM-5作成時になされたが，結局却下された。そこには多分に，補償の対象を決定するにあたっての政治的判断が働いたとされる（ヤング，2016［pp.235-236]）。

筆者が問題にしたのは，PTSDの前提となっている時間性と因果関係の重合である。過去→現在という時間軸と，原因→結果という因果関係が重ね合わせられるとともに，そこでのズレがPost（後）として表現される。ここでは，過去→現在→未来という直線的な時間が前提とされている。しかし，問題が「外傷性記憶」という特別な記憶に関わることに注意を向けるなら，それは過去の出来事に関するものであると同時に，記憶を想起する現在の問題でもあることの

意味が視界に入ってくる。そこには，トラウマ的出来事（の記憶）が外傷的な作用をもたらすのは，現在の状況が，過去のある出来事を現在の苦境に結びつけるとともに当の出来事をトラウマにするという機制が認められる。例えば，レイプが外傷的となるのはレイプ被害者に対する差別があるからであり，戦闘体験が外傷的となるのは戻った社会での元兵士に対する排除や非難や無視があるからである。つまり，トラウマ経験が「語れない」のは，その衝撃の大きさゆえではなく，「それ」が文化的にタブーだったり，社会的な秩序を混乱させるがゆえに「語れない」，もしくは「語らない」からなのだ。

PTSDのようなかたちでの精神医学化は，過去の衝撃的な出来事を病因として重視することで，トラウマの螺旋状の因果性を取り逃すとともに，現在生きられている状況を二次的なものとみなすことにもつながりかねない。だがトラウマは，ある集団が何を恥辱とみなし，それについて語ることを禁じているのかということと切り離すことができないのであり，その症状は深く文化的かつ政治的な次元に関わっている（松嶋，2018［pp.448-453]）。

例えば，1949年，インドとパキスタンの分離独立にあたって，ヒンドゥーとシクはインドへ，ムスリムはパキスタンへと大勢が移動したが，その際に生じた混乱と暴動のなかで，少なくとも7万5千人の女性が拉致・強姦されたという。同年12月のインドの憲法制定会議は，3万3千人のヒンドゥーとシクの女性がムスリムに拉致されたと報告，一方パキスタン政府は5万人のムスリム女性がヒンドゥーあるいはシクによってさらわれたと発表した。

こうした暴力により亡くなった女性たちについては，しばしば国家のための名誉の犠牲者として語られることになる。だが名誉の共同体における語りの問題のさらに陰に隠れているのは，暴力を生き延びた女性たちである。彼女たちは，

自分を誘拐・蹂躙した者たちや裏切った者たちのあいだで生きていかざるをえなかったり（田辺，2018［pp.496-500］），あるいは故郷に戻ったものの，「レイプされ略奪されて，やっとの思いで戻ってきた娘に向かって，両親が「どうして戻ってきたのか。死んだほうがよかったのに」と言う」ような者たちのあいだで生きていかざるをえなかったのである（ダス，2011［p.49］）。拉致され暴行された女性を受け入れることを拒んだり，愛する妹や妻を別の集団の男たちの手に渡すよりは殺すことを身内としての義務だと考えたりする男たちと暮らす状況においては，暴力の記憶について語ることはできないし，語ることが癒しになることもない。インドとパキスタンの例は極端なケースに思えるかもしれないが，共同体の文化的な意味づけが語ることを禁じるという同様の構造が，日常的で身近な問題の場合にも認められるのである。

トラウマ治療における時間性

　こうした考察から見えてきたのは，トラウマの治療として通常考えられるような，外傷的経験の言語化という手法は，限定された特殊な状況においてだけ意味のあるものであり，さらに言うと「語る主体」にポジティヴな価値を見出す文化特異的な手法ではないかということである。PTSDの治療論についてハーマンは，①安定化，安全の確立，信頼関係の構築，②外傷性記憶の想起，再体験，統合，③新たな人格の統合，社会生活との再結合，という3段階を見出している（ハーマン，1999［p.242］）。このうちハーマンの強調点は②にあり，体験についての解離された記憶を認知された物語記憶へと転化させることが回復の中心に置かれており，そのために外傷的経験を「完全に，深く，具体的細部にわたって」語ることが重視されている。

　ハーマンの治療論のもとになっているのはジャネの治療論であり，これもまた，①安定化，症状指向的な治療と外傷性記憶の清算のための準備，②外傷性記憶の同定，探索と変更，③再転落の予防，残余症候の軽減，人格の再統合とリハビリテーション，という3段階からなる。ハーマンの図式とよく似てはいるが，実はジャネの治療論の力点は①に置かれている。②についても，外傷性記憶を語ることで自己に統合するのが目的なのではなく，語りによる「現在化（présentification）」の機能を用いて自己を二重化するところにその主眼があると考えられる。それは，過去→現在→未来という時間性とは異なる，「過ぎ去った」変更不可能な過去と，現在の行為次第で変更が可能な「未だ来らず」の未来を，「今ここ」の身体を蝶番にして身分けし言分けすることにほかならない（松嶋，2018［pp.464-486］）。

　ジャネのなかにすでに，過去の出来事ではなく，今ここの生に注意を集中させるケアの線が内包されているのである。変更可能な未来に今ここで力を振り向けるためにこそ，過ぎ去った変更不可能な物事が今ここの自分と関係づけられながら適切に位置づけ直される。「語る主体」を立ち上げるのとは異なる，こうしたトラウマ治療の方向性には，伝統的な社会におけるケアと多くの点で通底するものが見出される。

話を聴かないケア

　南米先住民マプーチェの人々が先スペイン期から行ってきた民族医療（マプーチェ医療）は，スペイン人の到来による社会変化にもかかわらず，基本的な世界観や病因論，マチと呼ばれる伝統的治療者による霊的治療の様式など，その骨格はほとんど変化していないと考えられている。チリでは1996年，長らく差別的なまなざしを向けられてきた先住民に「文化的に適切な」医療を提供する目的で先住民保健プログラムが

導入され，2006年からは首都サンティアゴでも公的医療の枠内でマプーチェ医療を受けられるようになった。興味深いことに，先住民だけでなく，非先住民のチリ人の受診者が増え続け，2015年以降では非先住民が8割を超えているという（工藤，2019［pp.277-283]）。

　マプーチェ医療は，マチによる診察と薬草師ラウェントゥチェフェによって調製された煎薬からなる。診察の日，患者は朝一番の尿を透明な容器に入れて持参し，それをマチに見せる。マチは患者の名前を聞き，生年月日や手術歴の有無などを尋ね，脈をとり，手掌を見るだけで，患者の不調についての話は聴かず，いきなり「あなたの性格はこれこれで，現在○□といった問題を抱えており，きっかけは△歳頃の体験にあります」などと診断を始める。診断の結果は，病名というかたちではなく，心身の不調の原因となっている患者の個人史・家族史上の出来事や社会状況を含む問題群として示される。診察が終わると，問題に対してどう向き合うかについてマチが助言を与え，心身の不調の改善を助ける煎薬が処方される。

　調査した工藤によると，マプーチェの健康観では，健康状態はその人の人生の一瞬を表現するもので，病気を治すこととは，自分の人生の進め方を知り，それに向かって前進していくことだという。マチの診断とは，可視的なレベルと不可視の霊的レベルで読み取ることのできた情報から，何がどのようにして，現在の心身の不調や患者を取り巻く家族や社会の状況に至ったのか，その成り立ちを示すことにほかならない。自分の健康状態を評価できず表現もできないとき，その人は人生の迷子になっているのであり，例えばある女性の過食は，人生で生じた渦に巻き込まれ囚われたままであることの現れである。西洋医学の診断名は，患者の現況を構成する要素の一部に過ぎず，人生を前に進めるためには，患者自身が自分の陥っている状況の成り立ちを明確に把握する必要がある。マチはそれを助ける。そして煎薬が，現在の苦しみを和らげることで，過去への執着から離れ，「これから」を考える余裕を与えてくれる。「マプーチェにとって「もう起こってしまったこと」は変えようがない。大事なのは，そこから，どうやって人生を前に進めていくかである」（工藤，2019［pp.283-290]）。

当事者不在のケア

　沖縄の宗教的治療者であるユタの場合，ユタになるきっかけは，近代医学では対処することができないような当人や家族の病苦であることが多い。それを，ユタになれというカミからのシラセと受け取り，ユタになることを受け入れ，助けを求めてくる人に力を貸すこと自体が，ユタ自身の癒しの過程にもなっている。精神に異常さえ来たすカミダーリィと呼ばれるこうした契機なしに，他のユタから学んだり経験から知識を得ただけのユタはナライユタと呼ばれ，ユタのなかでも下位に位置づけられるか，そもそもユタとして認められない。ユタの知は，守護神であるカミ（チジファ）から教わるものであって，学ぶようなものとはみなされていないからである（村松，2010［pp.222-223]）。

　ユタは，相談に来たクライアントが置かれている現在の苦境を，カミに教えられた災因論的な枠組みで診断する（ハンダン）。ときにクライアントに押し付けられるその枠組みは，クライアントの暮らしの文脈とのあいだですり合わせがなされるのだが，こうしたユタの知の性格について村松は，「「ユタ」の場合，目の前の状況や目の前の代替不可能な関係性にある他者（「チジファ」やクライアントを含めて）との「つながり」に自分を〈委ねる〉ことでそのつど専門家としての「災因論的な知」を得ている」のだと指摘する（村松，2010［pp.237-238]）。

興味深いのは，ユタに相談に来るのは問題の当人ではなく，家族など身近な人が多いという点である。自分に関する相談を家族がユタにしていることを，そもそも当人が知らないこともしばしばあるという。こうした当事者不在のケアについて村松は，代替可能な属性である「何者か（what）」にもとづく関係性としての〈三者関係〉と，代替不可能な「誰か（who）」にもとづく関係性としての〈二者関係〉の位相を概念的に区別しつつ，〈二者関係〉が人と人との直接的なつながりを介して別の〈二者関係〉につながっていくその連鎖に注目する（村松，2010 [pp.226-227]）。ユタは，〈三者関係〉において超越的な位置を占め，専門家としての知を所有しているのではなく，クライアントとのつながりやカミであるチジファとのつながり，という〈二者関係〉の連鎖に巻き込まれるかたちで災因論的な知の媒介者となっている。その連鎖は，ハンダンの場にいるクライアントを介して問題の当人にもつながっているため，「「当事者」抜きでその災因論的実践が行われていても，それは，〈三者関係〉における当事者の排除（自己決定権を奪われた当事者）とは異なり，当事者との〈二者関係〉の連鎖においてなされている。つまり，当事者は〈そこにいる〉」のである（村松，2010 [p.231]）。

村松は，病院でカウンセリングに通っていた50代の女性クライアントの「カウンセリングにいっても何もしてくれない。トラウマといえば何でも済むわけではない」という言葉を紹介しながら，専門家としてのカウンセラーとユタとの違いについて考察している（村松，2010 [p.228]）。最大の違いはユタもクライアントも，〈二者関係〉の連鎖のなかに巻き込まれながら行為しているという点にあり，そうした関係性は沖縄における日々の生活の場があって成り立つものなのである（村松，2010 [p.237]）。

主語的公共空間から述語的つながりの場へ

田辺は，「文化人類学におけるアプローチでは，語ることによってトラウマ経験を解消するのではなく，語ることのできないトラウマ経験をむしろ関係性のなかで分かち合いながら，日常の生きられる世界をいかに再構築しているかに着目する」のだと述べている（田辺，2018 [p.507]）。チリでも沖縄でもインドでも，苦しみを生きる人は，外傷的経験を語ることによって「語る主体」を立ち上げ公共空間に参入するのではなく，日常の暮らしの直接的な〈二者関係〉のつながりのなかで，世界を再び生きていける世界にしようとする。それは言い換えると，「語る主体」たちによる主語の世界に参入するのではなく，述語的世界で生きるということである。述語的世界とは，ある場やつながりや関係性のなかで，身体が「そこにいる」ことで自ずと反応してしまう，そうした次元のことである。

チリ社会のなかで長らく差別にさらされてきたマプーチェの治療者も，自身や身近な人が不可解な病苦に見舞われているユタも，専門家としての知を所有する主語的主体として現れているのではなく，神や死者などとの霊的なつながりのなかで述語的な媒介者として現れている。そうしたつながりの場にこそ，ケアが生まれている。

とは言え，インドとパキスタンの事例ではそこに治療者がいるわけではない。痛みと苦しみは女たちの身体の奥深くに隠されている。暴力を経験した女性がしばしば用いるのは，毒を飲んで自分のからだのなかに保っておくというメタファーだった（Das, 2006）。心の「傷」ではなく「毒」。彼女たちは妊娠のメタファーを用いながら，子どもを宿すように身体の奥深くに毒である痛みを隠し，自らの身体を受動的なものから能動的なものに変えたのだとダスは述べ

ている（ダス，2011［p.59]）。そうして沈黙することが彼女たちを守ったのである。しかし同時にダスは，「男性に課せられた喪の仕事は，この沈黙を聞くこと，そこにいることによってそれに形を与えることであった」とも言う（ダス，2011［p.62]（傍点引用者））。「そこにいる」ことで身体が触発され，沈黙のなかに痛みと苦しみを聞き届ける，そのような述語的なつながりの場が，彼女たちが再び生きていくためにはやはり必要だったのである。

こうして私たちは，ケアが生まれている場に，述語的なつながりや関係性を見出すことになった。そこには語ることで主体を立ち上げていくような主語的な論理とは別の論理が認められる。私は，主語的な〈三者関係〉ではない〈二者関係〉に見出される述語的な論理としてのケアの論理をさらに明らかなものにしていきたいと思う。かつての文化人類学であれば，ケアをある特定の行為として捉え，それを異なる文化ごとに比較しただろう。しかし現代の人類学は，同じ文化のなかに複数の論理が併存していることを示すとともに，異なる文化のなかに通底している類似の論理を取り出して比較する（松嶋，2019）。こうしてケアをめぐる人類学は，遠くの世界と身近な世界とのあいだに新たなつながりを作り出していくのである。

◉文献

Das V (2006) Life and Words : Violence and the Descent into the Ordinary. University of California Press.

ヴィーナ・ダス［坂川雅子 訳］（2011）言語と身体——痛みの表現におけるそれぞれの働き In：他者の苦しみへの責任——ソーシャル・サファリングを知る．みすず書房，pp.33-67.

ジュディス・L・ハーマン［中井久夫 訳］（1999）心的外傷と回復［増補版］．みすず書房．

アーサー・クラインマン，ヴィーナ・ダス，マーガレット・ロック［坂川雅子 訳］（2011）序論．In：他者の苦しみへの責任——ソーシャル・サファリングを知る．みすず書房，pp.i-xxi.

工藤由美（2019）マプーチェ医療とチリ人患者——サンティアゴの先住民医療の現場から．In：森明子 編：ケアが生まれる場．ナカニシヤ出版，pp.277-296.

松嶋健（2018）トラウマと時間性——死者とともにある〈いま〉．In：田中雅一，松嶋健 編：トラウマを生きる——トラウマ研究1．京都大学学術出版会，pp.445-494.

松嶋健（2019）ケアと共同性——個人主義を超えて．In：松村圭一郎，中川理，石井美保 編：文化人類学の思考法．世界思想社，pp.165-177.

森明子 編（2019）ケアが生まれる場．ナカニシヤ出版．

村松彰子（2010）アクチュアリティの世界を生きる——当事者抜きの決定をめぐって．In：小田亮 編：グローカリゼーションと共同性．成城大学民俗学研究所グローカル研究センター，pp.217-246.

田辺明生（2018）生き延びてあることの了解不能性から，他者とのつながりの再構築へ——インド・パキスタン分離独立時の暴力の記憶と日常生活．In：田中雅一，松嶋健 編：トラウマを生きる——トラウマ研究1．京都大学学術出版会，pp.495-520.

田中雅一，松嶋健 編（2018）トラウマを生きる——トラウマ研究1．京都大学学術出版会．

田中雅一，松嶋健 編（2019a）トラウマを共有する——トラウマ研究2．京都大学学術出版会．

田中雅一，松嶋健（2019b）トラウマを共有する．In：田中雅一，松嶋健 編：トラウマを共有する——トラウマ研究2．京都大学学術出版会，pp.1-18.

アラン・ヤング［中井久夫ほか訳］（2001）PTSDの医療人類学．みすず書房．

アラン・ヤング［南学正仁，北中淳子 訳］（2016）人類学・精神医学・科学——PTSDにおける記憶の生成．In：鈴木晃仁，北中淳子 編：精神医学の歴史と人類学．東京大学出版会，pp.226-248.

帰還兵と，生きのびること

イラク戦争の帰還兵の証言集会から

一橋大学大学院社会学研究科

松村美穂

2019年7月27日，私は京都の南丹市で「帰還米兵のおはなし」という集会に参加していた。「帰還米兵」とは，イラク戦争の帰還兵で，アーティストでもあるアッシュ・キリエ・ウールソンのことだ。私は2012年から，彼や彼の友人の帰還兵たちが日本に来て証言集会やアート作品の展示をする活動に支援者として関わってきた。本稿では，7月27日の集会を主に取り上げつつ，この活動のなかで私が考えてきたことを書いていきたい[註1]。

「帰還米兵のおはなし」

雨が降り出した昼過ぎ，茅葺屋根にトタンを被せた古民家には，親子連れを中心に30人ほどが集まってきていた。司会者が「会場内を見まわしましょう」と呼びかけた。襖を取り払った畳のスペースには，一方に台所があり，一方にストーブや楽器の収納があり，合宿所のような雰囲気があった。そのなかにウールソンの版画や，"War Is Trauma" という帰還兵が制作した色とりどりのポスターが展示されていた（後述する）。戦争に関する本や絵本を紹介するコーナーもあり，ウールソンのパートナーによる英語の絵本の読み聞かせの時間もあった。

「おはなし」はこんなふうに始まった。「アッシュ・キリエ・ウールソンといいます。今37歳です。2003年から2004年にイラクへ派遣されま

した。1999年に18歳でウィスコンシン州の州兵になりました。州兵は，海外に出て国を守るのではなく，自然災害などのときに州を守ることを目的にしています……」。時々支援者が通訳をしていく。ウールソンはそれから，今日のアメリカ軍兵士の多くが貧しい人々やマイノリティであること，彼は兄弟とともに母一人に育てられ大学進学の費用を得るために州兵になったこと，2003年にイラク戦争が始まると行先も期間も告げられず派遣が決められたこと，クウェートに着いてすぐにイラクの人々を「ハジ」という蔑称で呼ぶように教えられたこと[註2]，この言葉によってイラクの人々を「非人間化」してモノ扱いするようになっていったこと，それゆえイラク人なら負傷者さえも助けようとは思えなかったことなどを話していった。

休憩をはさみ，フロアディスカッションをしながら，辺りが暗くなるころ，ゆっくりと会は終わっていった。受付の片づけをしていた私のところにウールソンがやって来て，「こういう活動は本当に小さなものだよね」というようなことを言った。この日の会を否定したのではない。社会運動の方法や効果がディスカッションで話題になったとき，彼は，企業や軍隊など戦争をする人々はフルタイムで働いているが，平和のための活動はパートタイムが多いこと，実際には小さなことしかできないこと，それでも続けよう，ということを話していたからだ。私は，

残っている人が連絡先を交換したり絵本を読んだりしているのを見ながら、「今日の集会のような機会は、私たちみんなにとって日常生活を生きのびるために必要なのではないか」と伝えた。ウールソンは少しのあいだ考える顔をして、「それは良いね、気に入った」とうなずいた。

その後、私はこの会話を何度も思い返してきた。ウールソンに対して何かポジティブなことを言いたいと思ってのことだったが、この言葉でよかったのかがわからなかったからだ。「私たちみんな」という言葉に私は彼も会場の人々も含めていたが、そんなふうにまとめてもよかったのか。「日常生活を生きのびる」とはどういう意味か。そのために「必要」な「集会」とはどんなものなのか。以下ではこれらを考えるため、帰還兵の傷つきとアート活動について述べ、傷つきからの回復の場としての証言集会をみていく。そこから7月の集会での「みんな」の語り合いの様子を振り返りたい。

帰還兵の傷つきとアート

戦争から帰還した人が証言集会にたどり着くまでにどんな時間を過ごしてきたのか。ここでは、ウールソンがアートの道に進んだ過程を紹介したい[註3]。私がインタビューで聞き取った彼個人の経験についての語りであるが、ほかの帰還兵たちの経験に関する証言や語りやアート作品とつながっていると思われる[註4]。それは、帰還兵たちが軍隊という集団的な経験をしてきたからである。また、彼ら彼女らが、帰還直後の孤独な時間を生きのびて、ほかの帰還兵に出会い、経験や思いを表現するために証言づくりやアート制作を共同で行ってきたからでもある（松村、2013a, 2013b）。

ウールソンは2004年にアメリカに帰還した。帰還直後は、母親にもわからないくらい変貌しており、「暴力的なので話したくない」と言われた

という（木村、2013）。2005年に大学に戻り、一般教養で陶芸（ceramic art）の授業をとった。単位がとりやすかったのと、以前にも陶芸の経験があったことが理由だった。そのころ彼は、戦争に行く前の自分に戻ろうとしていたが、戦争前に学んでいた社会学や法学よりも粘土に夢中になり、スタジオに泊まり込んでカップとボウルと瓶をつくったという。土から粘土をとり形にしていく、できたものの性能や使い心地を手や唇でふれて確かめたり想像したりする。その過程を彼は「誠実」や「美しい」という言葉で表現し、「楽しんだ」と述べていた。教授があまりスタジオに来なかったため、窯の扱い方に試行錯誤したが、それにも「自由」を感じたという。軍では毎日何をするべきか自分の仕事を命令されており、何か間違いを犯したときは、自分の間違いではなく軍の間違いになったからだ。

この話は、しかし、アートが軍隊とは対照的だということよりも、少し複雑なものだった。カップとボウルと瓶制作の課題は20個だったが、ウールソンは「職人のように」70個になるまでつくり続けた。それは、当時の彼にとって、誰にも命令されないという自由な状況にあっても、自分で何をするかを決めることが簡単ではなかったことを表しているという。それでも、数年後にこの日々を振り返ったときには、土や窯について深く知ることができた時間であり、アートセラピーのようでもあったと思うようになった、と彼は語っていた。

この後の彼は、「自分自身のことよりも、ほかの人と戦争の関係が気になる」ようになっていった。2007年の大学卒業後、パートナーと子育てをしながら、2008年ごろから平和運動のなかで自分の経験を語ることを始めていった。また、大学院でファインアートと比較文化研究を学び、アメリカのメディアが戦争報道に用いる写真には「命の苦しみ」が見えないようになっていることや、そのことが、記事を読まずに写

真だけを見る人々の戦争理解にいかに影響するのかということを考察していった[註5]。

アート制作をする帰還兵たちに出会ったのは2011年ごろだという。7月の会場に展示されていた“War Is Trauma”[註6]は，ウールソンが最初に参加したアート・プロジェクトのひとつで，戦争や軍隊が生み出す傷が37枚のポスターに描かれている──多くの兵士と帰還兵がPTSD（心的外傷後ストレス障害）を抱えていること，PTSDのD（disorder＝障害）の部分は帰還兵が良心の呵責に苦しんでいる状態にはふさわしくないという思い，自殺を考えてしまう苦しみ，睡眠薬など薬物に依存する苦しみ，軍内部の性暴力によるトラウマ，戦争が兵士も戦地の人々も傷つけることへの痛み，などである。これは2010年に街なかの商業広告をポスターで置き換えていくパフォーマンスとして始まり，のちに，展示のもとで多様な人々が語り合うことができるように作品集としてプリントされた。この“War Is Trauma”や前節の「おはなし」や本節でのインタビューの語りも含め，証言や個人の語り，絵や音楽，パフォーマンスなどのすべてが，帰還兵一人ひとりがほかの帰還兵とつながりながら，生きのびて文化をつくってきたことのしるしである[註7]。

証言集会という場
──「日々の暮らし」と「生みの苦しみ」

ウールソンやほかの帰還兵たちの経験は，ジュディス・ハーマン（Herman, 1992/1999）が，トラウマからの回復の過程として描いた「安全，想起と服喪追悼，再結合」という3段階に重なっている。彼女の議論が私にとって印象的だったのは，傷ついた人の回復の過程が，つながる人の範囲を広げていく過程として論じられ，そこに“common”や“commonality”という語が用いられていることだった[註8]。

ハーマンによると，傷ついた人は「人間社会の約束事の完全な枠外」へと疎外されたと感じているところから，再びほかの人々を信じ，ほかの人々とつながろうとしていく。初めは同じ経験をした人々のグループに参加し，やがて，同じ経験をした人々や家族や支援者以外の，多様な人々と一緒のグループで過ごせるようになっていく。それは，「人間的共世界（human commonality）」に再加入すること，ほかの人々と「共世界」をつくることであるという（Herman, 1992/1999［pp.340-379]）[註9]。

ハーマンはさらに，ほかの人々と「共世界」をつくることで，傷ついた人は“common”の語が持つすべての意味を理解していくと述べている。社会への帰属意識を持つことや，「馴染み感」や「知られている」という感覚を持つこと，「習慣的なこと」や「日々の暮らし」に参加すること，などである。そしてそこには，自分の悩み苦しみを，「特殊」なものではなく世の中にあふれている受難のひとつとして考えられるようになることも含まれているという[註10]。これら，ほかの人々と共世界をつくる一連の作業を，次のようにハーマンは“labors”の語で表し，中井久夫が「生みの苦しみ」と翻訳している。

The survivor who has achieved commonality with others can rest from her labors.
　他の人々との共世界をつくりえた生存者は生みの苦しみを終えて憩うことができる。
　　　　（Herman, 1992［p.236］/1999［p.378］）

私はこの部分を読んだとき，傷ついた人々が回復するために担う仕事があることに，「生みの苦しみ」という表現の重さに，圧倒される思いだった。帰還兵の証言集会が「共世界」の具体的な場のひとつであることを思い，また，帰還兵たちの証言や語りという行為が，彼ら彼女らが「日々の暮らし」に参加することであり，「生

みの苦しみ」を耐えることでもあることを思ったからだ。

7月の集会は、これまで私が参加してきたなかで、もっとも帰還兵の「日々の暮らし」を思わせるものだった。ウールソンと家族は、1週間ほど前から会場近くに滞在して準備しており、集会後もしばらく暮らす予定だった。会場にいる様子は、私から見ると、その地域に住んでいる普通の家族のようにも見えた。それに、最初に紹介したようなウールソンの「おはなし」は、州兵になったことや戦争に行ったことを、彼の人生のなかの出来事として語っていくもので、そこには、彼が帰還兵やアーティストであることに加え、会場にいたほかの男性たちと同じように、誰かの息子や兄弟であることが示されていた。

だが、その「日々の暮らし」という次元にこそ、緊張や不安があった[註11]。たとえばウールソンは、「女性や子どもを守り、人から物を盗んだり人を傷つけたりしないのが一人前の男であると教えられたのに、イラクでそれを捨て去らなければならなかった」と述べていたが、それは、彼の家族も含めた親子連れの前で語られていた。また、彼は今でも、たとえば「イラク人の店」と言うべきところで「ハジの店」と思ってしまうことがあると述べていたが、他者を「非人間化」するための習慣が残っていることも、それを人に語ることも、怖いことだろうと思う。ウールソンが私に言った「こういう活動は本当に小さなものだ」という言葉も、社会運動に関して普通のことを述べているものとして聞くと同時に、そこに参加することは、彼にとって傷つきからの回復の過程の「生みの苦しみ」でもあるということを思いながら、聞くべきだったのだろうと思う。

生きのびることを続けていく

「集会は、私たちみんなにとって日常生活を生きのびるために必要なのではないか」とウールソンに言ったとき、私の頭にあったひとつは、証言集会を（パートタイムではあっても）「週末旅行」にはしない、ということだった。週末旅行とは、私が2012年に知り合ったもう一人の帰還兵アーロン・ヒューズの言葉だ。彼は、2004年にイラクから帰還し、誰とも話すことができず、ほかの帰還兵にも出会うことができていなかった時期（2005年）に参加した反戦運動について、人々がデモの後に帰ってしまうことが「週末旅行みたい」に思えて「腹が立った」と述べていた（木村，2012）。だから私は、証言集会を私の日常のなかのものとして「忘れない」と言いたかった[註12]。

そしてもうひとつ、私は、みんなで生きのびていこうと伝えたかった。これはフェミニストの思想のなかで紡がれてきた、「生き延びる」ということだ。戦争でのヒロイックな死を拒否して、また、介護や育児などを含め依存したりケアをしたりされたりする関係を受けとめて、生きていく言葉である（宮地，2017；上野，2006）。この思想は、アメリカの帰還兵の家族の言葉とも響き合っている。帰還兵はそもそも戦争でのヒロイックな死を免れた人々だといえるが、帰還後も「ヒーロー」として、自己犠牲や禁欲、沈黙などを期待されている。帰還兵の姉妹であるカラ・ホフマンによると、人ではなくキャラクターを指す「ヒーロー」の語を使うことによって、人々は、帰還兵の経験を聞かずに済ましてしまう。また、帰還兵が欠点や弱さを持っていること、傷つきうること、搾取されたり助けを必要としたりする人間であるということを見過ごしてしまうという（Hoffman, 2014）。生きのびていくことのなかには、ヒーローにならないまま経験を語り、その語りが聞かれていくこと

が含まれている。

　振り返ってみると，この2つのこと——証言集会を日常のなかのものにすること，ヒーローにならないままで経験を語り，聞かれること——は，7月の集会で参加者によっても実践されていた。ウールソンの語りを以前にも聞き，この年にも会いに来たと，自分にとってのその意味を語った人がいた。また，戦争に反対することができるように，学校の教科書に書かれていることとウールソンの語りとを並べて考えようと思うと語った人もいた。このような語り合いのなかで，戦争や軍隊の問題は「みんな」の身近なことになり，集会は「みんな」が日常を生きていくために「必要」なものになっていったといえるのではないだろうか。

　本稿で7月の集会を振り返り，証言集会という場は，みんなが語りみんなが聞かれていくなかで現れてくるものでもあることに，改めて気づかされた。これまで，私たち（支援者と帰還兵）は，証言集会を開くとき，会場の使い方や座り方，語りとディスカッションの時間配分などにいろいろな工夫をしてきた。良い集会をつくりたいという動機からだが，何が「良い」のかというとき，質問がたくさん出るように，参加者同士でも語り合ってもらえるようにと，語り合いをつくり出すことに気を取られていたように思う。だが，語り合いは，つくり出すものであるだけでなく，現れてくるもの，現れていたことがあとからわかるというものでもあるだろう。そのためにできることとして，帰還兵も参加者もそのほかの人々も，みんながただそこにいられる，坐っているだけでもいい場をつくっていくこと，お互いの安全や安心を思いやりながら，そのような場になっていくということが大事なのではないかと思う[註13]。集会という場で，ともに過ごすことの「相互作用」の結果として，語り合いが現れてくるといい[註14]。それはだんだん「帰還兵の」「証言」集会ではなくなっていくかもしれないが，経験がつくられ，みんなが生きていく場になるだろう。

▶註

1　本稿は「帰還米兵のおはなし」の企画自体に多くを負っている。コーディネートをした榎本聡子（NANTAN交流の家），ウールソン，通訳をしたこぶちゆきこと語り合ったことも反映している。記して感謝したい。会の模様は『京都新聞』（2019年7月28日27面），私も参加している「兵士の語りとアートをつくる会」Facebookでみられる（2019年7月26〜28日の記事）（https://www.facebook.com/TravellingWarriors/ [2020年5月11日閲覧]）。

2　ハジは，ムスリムの人々がメッカに巡礼した人に用いる尊称であるが，アメリカ軍はイラクの人々に対する蔑称として使っていた（松村，2013a）。

3　2017年5月8日，東京の私の自宅で行ったインタビューより。

4　リサ・ロウ（Lowe, 1997/2002）は，アジア系アメリカ人の女性たちの文化について考察し，証言や個人の語り，オーラル・ヒストリー，文学，映画，ビジュアル・アートなど，異なる多様な文化形態の相互連関をみることで，証言や作品を個人に帰するのではなく，それらが浮かび上がらせようとしている個人とコミュニティと，その人々の苦闘をみていくことを提案している。

5　これを扱った作品はTransfers of War。ウールソンのホームページより（https://ashkyrie.wordpress.com/transfers-of-war/ [2020年5月11日閲覧]）。

6　反戦イラク帰還兵の会（Iraq Veterans Against the War：IVAW／現About Face：Veterans Against the War）のホームページのアーカイブでみられる（https://www.ivaw.org/war-is-trauma [2020年5月11日閲覧]）。IVAWに関しては松村（2013a）。

7　宮地尚子（2013 [pp.222-251]）は，トラウマを，暗く重い面からみるだけでなく，創造力や想像力・知恵の源になる面も合わせて多様にみていくことを「トラウマを耕す」と表現し，写真やパフォーマンス，詩や文学など多様なアート表現を考察しながら，傷つきを生きのびてきた人たちから学ぶこと，トラウマによって生み出される文化を尊重することの重要性と豊かさを述べている。

8　私がこの表現に気づくことができたのは，宮地・松村（2019）の執筆のおかげである。感謝したい。

9　「人間的共世界」の語は，帰還兵のアート作品が，戦争のなかでは困難だったこと——「共有している人間性（shared humanity）」を認め合うこと——を実践しようとすることと響き合っている（松村，2016）。

"shared humanity" は本稿最後の節でふれている
ヒューズの言葉である。ここでhumanとcommonの
2語はほとんど同じものに思えてくる。そのことを，
李静和（1998）が，戦争など出来事の体験を，体験者
個人に帰したり絶対化したりするのではなく，記憶
として語り伝達していく重要性を述べるところで，
「単なる個別の，私個人のではない」「個人を越える
出会いがある」という意味で「普遍」の語を用い，個
人と普遍を結ぶこととつなげたいと思う。

10 この段落での引用はHerman（1992/1999 [p.378]）
より。「日々の暮し」は本稿では「日々の暮らし」と
している。

11 この部分は，細見和之（2005）が映画『ナヌムの家』
について，元「慰安婦」のハルモニたちの「日常の所
作」のなかで痛切な体験が語られるときの，（聞く
側やその場面の）緊張や不安を考察していることに
拠っている。

12 「旧日本軍性奴隷問題」をめぐる活動に関わってきた
村上麻衣は，「忘れない」ためには関わり続けるしか
ない，と書いている（村上, 2008 [p.16]）。

13 菊池美名子（2018）は，性暴力被害者の証言行為を
当人の「変容」という視点から考察し，被害者が安
全・安心を確保し，フィードバックや軌道修正の機会
を得ながら語っていけるような仕組みを「証言のた
めの文化」と呼んでいる。

14 「相互作用」の語と語り合いが「現れる」ことは石岡
丈昇（2019 [p.184]）に拠っている。石岡は，研究の
フィールドワークや社会運動や人々の会話が，人と
人の二者関係ではなく，物や事（コモンサード）を介
した三者関係で動いている場合の考察を行い，経験
の捉え方について，たとえば人々がモノ作りを介し
て語り合うとき，あらかじめ所有された経験が語り
合われて共有されていくのではなく，他者とともに
過ごす場での「相互作用」を通じて，見出され，現れ
るものとして捉えていく見方を論じている。

◉ **文献**

Herman JL (1992) Trauma and Recovery. Basic Books.
（中井久夫 訳（1999）心的外傷と回復 [増補版]．みす
ず書房）

Hoffman C (2014) Stop calling soldiers "heroes" : It stops
us from seeing them as human-and dismisses their
experience. Salon. (https://www.salon.com/2014/07/
20/stop_calling_soldiers_heroes_it_stops_us_from_
seeing_them_as_human_and_dismisses_their_experi-
ence/ [2020年5月11日閲覧])

細見和之（2005）言葉と記憶．岩波書店．

石岡丈昇（2019）コモンサードという手法――モノを介
した質的研究と生活実践．現代思想47-13 ; 175-187.

菊池美名子（2018）可視化と語りによる〈変容〉の射
程――男性性被害および近親姦虐待被害当事者の証言
プロジェクトから．現代思想46-11 ; 142-151.

木村修（2012）IVAW（反戦イラク帰還兵の会）明日への
あゆみ――いま時代はかわる．マブイ・シネコープ．

木村修（2013）反戦イラク帰還兵 普天間に呼びかけ
る――2012アーロン＆アッシュ スピーキングツアー．
マブイ・シネコープ．

李静和（1998）つぶやきの政治思想――求められるまなざ
し・かなしみへの，そして秘められたものへの．青土社．

Lowe L (1997) Work, immigration, gender : New
subjects of cultural politics. In : L Lowe & D Llyod
(Eds) The Politics of Culture in the Shadow of Capital.
Duke University Press, pp.354-374. (新垣誠 訳（2002）
労働，移民，ジェンダー――カルチュラル・ポリティク
スにおける新たな主体．思想 933 ; 181-200)

松村美穂（2013a）兵士という移動．In：伊豫谷登士翁
編：移動という経験――日本における「移民」研究の
課題．有信堂, pp.47-70.

松村美穂（2013b）帰還兵という運動，語りとアートの旅．
季刊 戦争責任研究 81 ; 22-30.

松村美穂（2016）アートと移動の関係についての一考
察――アートイベントへの参加の経験をふり返って．
理論と動態 9 ; 92-107.

宮地尚子（2013）トラウマ．岩波書店．

宮地尚子（2017）生き延びるということ――島尾ミホと
敏雄．In：島尾敏雄・ミホ――共立する文学．河出書
房新社, pp.18-21.

宮地尚子，松村美穂（2019）DV（ドメスティック・バイオ
レンス）からみえてくる公共――公的領域／親密的領
域／個的領域の三分法．思想 1140 ; 23-39.

村上麻衣（2008）正義と尊厳の回復を求めて――全国同
時企画五年間のあゆみ．In：小森陽一 監修：戦争へ
の想像力――いのちを語りつぐ若者たち．新日本出版
社, pp.9-28.

上野千鶴子（2006）生き延びるための思想――ジェン
ダー平等の罠．岩波書店．

紡がれる記憶
沖縄戦体験者と「見える物語綴り法」

沖縄大学
吉川麻衣子

75年前の戦争の記憶

「この青い海は真っ黒だった。軍艦が埋め尽くしていたのだ」。そう語ったのは，75年前，米軍上陸直前の沖縄を知る95歳の男性（Aさん）である。当時20歳の記憶をありありと語るAさんは，沖縄県出身の軍人だった。本稿では，Aさんと沖縄戦体験者との語らいと，「見える物語綴り法」による自分史創作過程の物語を中心に綴っていく。

阿鼻叫喚の地獄

時は，75年前に遡る。1945年，Aさんに召集令状が届いたのは，沖縄戦が始まった後だった。「沖縄を守りたい気持ちが非常に強かったから，赤紙が届いた時は非常にうれしかった記憶がある。やっときたか。家族を守る，沖縄を守ると勇んで家族に報告したのだが，喜んでくれたのは父親だけだった。（父親は）厳しい人だったので（喜ばせることができて）誇らしかった。でも，母親は何も言ってくれなかった。妹は泣いて私が戦争へ行くのに反対した。その夜のことを鮮明に覚えている」と語る。

後方支援の部隊に配属されたAさんが，「地獄を見た……それ以上，ことばが出ねぇんだ」と当時の惨状を表現したのは，後述する沖縄戦体験者の「語らいの場」でのことだった。Aさんは，「沖縄戦での体験は語りたくない。戦争は二度としてはいけないとだけは言えるが，語ることばが見つからない。語ることができないから，戦後は子どもたちにも語ってこなかった」体験者の一人である。

沖縄戦で傷ついた人びと

1945年6月23日，沖縄戦が終わった。約3カ月の地上戦で20万人もの尊い命が失われ，大切な人を亡くした人びとが荒廃した地に遺された。「戦友の亡骸のそばで，血塊と泥まみれの身体で聞いた玉音放送が，今でも耳に残っている」とAさんは話す。人も物もすべて戦力化し，生きぬいた人びとのなかに家族を一人も欠かなかった方はほとんどいない。沖縄の人びとは，沖縄戦でこころも身体も傷ついた。戦後からまもなく60年が経とうとしていた2000年と2003年に，「あの戦争」の記憶を抱え，遺された人びとはどのように人生を歩んできたのかを調査した。結論としては，「沖縄戦が終わり半世紀以上経っても，体験した人びとの心中では，戦争はまだ終わっていない」ということだった。当時のことを思い出して眠れなくなり，「あの戦争さえなければもっと幸せな人生を送れていただろうに……」「なぜ自分は生き残ってしまったのか……」という想いを抱えながら戦後を生きる人びとの姿があった。そして，「戦争のことは二度と語りたくない」という人びとは，記憶を心奥に堅く閉ざしているということが示唆された。

沖縄戦体験者のニーズの変遷

語り合いたい

　「沖縄戦での体験やその後の人生のことを安心して語り合える場が欲しい」という声を耳にしたのは，調査を終えた2003年頃だった。調査に参加してくださった人びとに調査結果をフィードバックした際，こう言われた。「苦しかった，辛かったのは私一人じゃなかったことを知ることができた。戦争のことは簡単にはことばにならないし，人に「あんたはどうだったのか」って聞けないさ。みんなが大変だったから弱音は言えない。明るく前に進むしかなかったわけさ。みんな必死にがんばって生きてきた。そんな話ができたらいい」という声だった。紡がれることなく閉ざされた記憶を少しずつ表出したい。そのようなニーズをもった沖縄戦を生きぬいた人びとが集うことになった。

　準備期間を経て，沖縄県内7つの地域で「語らいの場」を始めたのは2005年であった。70数名の方が月1回の「サポート・グループ」（高松，2009）に参加した。仲間のサポートや専門家の助言を受けながら，参加者の抱えている問題と折り合いをつけながら生きていくことが目的の「語らいの場」であった。戦争体験を口外しなかった人びとがそれぞれの場で約10年間，語り合った。その場を共有したというほうが適切かもしれない。「語らい」もあり，対話にならない独白もあり，自身の体験を全く語らなかった人も1人いた。

　彼らにとって，その場にどのような意味があったのか。立ち上げ当初から参加していた人びとの多くは，自分自身にとっての「不安」をよく表現されていた。語ることで記憶が再現される不安，語ることで自身の情緒が乱れる不安，受け止めてもらえないのではないかという不安，加齢に伴い記憶が紡げなくなってしまう不安など，人によって「不安」の意味合いは異なって

いた。それでも人生の晩年に彼らが「語らいの場」に居ることを望んだのは，「死ぬ前に自分の人生を整理したい」「思い出したくもない戦争体験にも意味を持たせたい」という心的作業の一部が，あの場で行われていたからではないかと考えられる。「ことばになるまでに60年，70年の時間が必要だった」という語りが表すように，それぞれにとっての語りはじめるタイミングが訪れて，ようやく表出された彼らの物語は筆舌に尽くしがたいものであったというのは無論である。

「五感の記憶」と若者たちが戦場で語った夢

　Aさんとの出会いは，ある地域の「語らいの場」だった。場が立ち上がって3年が経過した頃，Aさんが見た「地獄」の経験は初めて語られた。自分の体験や想いをどのように言語化できるかを熟考した末に訪れた，Aさんにとってのタイミングであった。当時，Aさんは緑内障で視力を失いつつあった。「目が見えるうちに」ということばはなかったものの，自身が「見てきたもの」を語り残したい，また，語らなければという焦りの気持ちも同居しているように感じられた。Aさんの語り始めは「五感の記憶」だった。「暑い季節に向かう中での重装備が身体にめり込む感覚，鼻をつく臭い，ウジ虫が浮かぶ水たまりの水を飲んだ感覚，亡骸の頭を踏み歩いた触感ってものは五感に残っている」という話だった。このような感覚にまつわる身体に刻み込まれた記憶は，どの「語らいの場」でも繰り返し語られていた。

　Aさんが沖縄戦を経験したのは20歳だった。部隊には同じ年頃の若者たちがいた。ガジュマルの木陰で身を潜めている時に銃撃戦になり，Aさんのそばで流れ弾に当たって即死した戦友（享年18歳）は「戦争が終わったら医者になって人の命を救いたい」と言っていたという。水汲み担当だった戦友（享年19歳）は，その日あま

りにも天気が良かったからか，普段なら通らない見晴らしのよい場所に寄ってしまい狙撃されたという。その彼は「戦争が終わったら家庭を持ちたい，そして，美味しい料理で人を幸せにできる職人になりたい」と亡くなる前夜に語っていたという。それぞれの夢を抱きながら戦世を生き，そして，戦没した。Ａさんが焦りを感じるほど語らうことを望んだ理由は，「亡き戦友の最期を語れる人間が語ってあげないと，戦友が生きた証が残せない」という想いだったのだ。

「語らいの場」でのＡさんは，戦友らが生きられなかった戦後，ずっと抱えていた罪悪感のような感情を多く語った。「あの時，ガジュマルの木の下で私が左，○○さんが右にいたら，○○さんは戦後，医者になって多くの人の命を救うことができたかもしれない」「あの日，○○さんではなく私が水汲み当番だったら……そのほうがよかったのではないか」という思考が止まらなくなってしまうことがあると話した。「生死を分けたあの時，あの場所の記憶」も，7つの「語らいの場」で何度も繰り返し語られた。

語らう人と場の再喪失

戦後65年目の2010年を過ぎた頃から，「自分が歩んできた軌跡を伝え残したい」「亡くなる前に語りたい」という声が増えた。「戦争の話はもう聞きたくないと言われ，自分の子どもにも話してこなかった。思い出したくないというのもあったさ。でも，自分の体験を話しておきたい。二度と戦争は起こしてはいけないから，あの時のことを話さないといけないという焦りもあった。ここで皆さんと語ることができて，ようやく重荷が下ろせたようで楽になった。自分だけではないと思えたことは本当によかったと思う」と安堵の表情で積年の想いを語り，数日後に逝去される事例も稀ではなかった。想いを内面に綴るしかなかった人びとが，語らう人と場を得た。そこで紡がれた個々の記憶が「語ら

いの場」の物語となっていった（吉川，2017）。

約10年間で50名あまりが逝去された。そして，遺された人びとは，再び，語らう人と場を失った。それが，終戦から70年を経た沖縄戦体験者の現実であった。7地域で開催していた「語らいの場」の閉会を考えはじめるようにもなった2012年頃から，「語らいも続けられるだけ続けたいが，個別に自分の人生を整理する時間があるといい」という声が聴かれるようになった。少しずつ沖縄戦体験者のニーズが変わってきたという感覚があった。体験者たちが，最期を意識した人生の総括にさしかかっていることを強く感じた。その声から生まれたのが「見える物語綴り法」である。

「見える物語綴り法」

どのような方法か

「見える物語綴り法」は，「想い出（体験と感懐）を見える形で後世に遺したい」という「語らいの場」参加者のニーズから生まれた。語りの内容からイメージされる視覚媒体（映像や写真，絵やパンフレット，イラストなど）を「語り」と併用し，自分史を創作する方法である。語り手の自発的な語りを主軸とした，語り手と聴き手との相互行為から織りなされる物語綴りが基盤となる。重視されるのは，個々のニーズとペースである。手順を図1に示すが，特に，どのような媒体を用いるか，最後どのように自分史を納めるかはさまざまだった。また，この方法を希望する方は自力歩行が難しい場合が多く，聴き手である私が視覚媒体を準備した。家族の参加希望がある場合は，語り手が許す範囲で語りに参加し，視覚媒体を探す作業も行った。

1. 準備段階（ニーズの聴き取り）

　①どのようなことをどのような人にどのような形で遺すか。
　②どのような視覚媒体（映像，写真，絵，音声，その他）を用いて自分史作成をしたいのか（8～9割が写真とパンフレットなどの画像資料を使用）。
　③どのぐらいのペースで実施していくか。
　　（1カ月に1回のペースが多いが，日常生活動作（ADL）の状態によってさまざま）

2. 作成段階

　①初回
　　［語り手］その日に語りたいことから語りはじめる。
　　［聴き手］その日の語りから浮かぶイメージについてうかがう。
　②2回目までの合間
　　［聴き手］初回の語りにフィットする視覚媒体を準備する。
　　　　　　　家族もしくは語り手自身が視覚媒体探しをする場合もある。
　　　　　　　初回の語りの音声記録を逐語化する。
　③2回目以降
　　［語り手］前回の逐語録と視覚媒体を確認する。
　　　　　　　語り直され，自分にしっくりくることばを探す。
　　　　　　　その日に語りたいことから語りはじめる。
　　［聴き手］その日の語りから浮かぶ視覚媒体についてうかがう。

3. 終結

　①語り手のタイミングで終結する。
　②仕上がった自分史と作成プロセスを振り返る。
　③どのように自分史を納めるか（子や孫に遺す，棺に納める，焼却するなど）。

図1　「見える物語綴り法」の手順

方法論の位置づけと実践の展開

　本実践の視覚媒体は，心理検査や性格検査などによって投影される深層心理をクライエント理解に活かすという，従来の臨床心理学での位置づけとは異なる。「今ここ」で生成される語り手のことば，あるいは語り直されながら紡がれる物語を補完するものとして，視覚媒体を用いている。語り手と聴き手の双方が「今ここ」で可視化し共有しうる「共同創作物（見える自分史）」をつくるプロセスを「見える物語綴り」と名づけている。また，本実践は，語り手と聴き手だけではなく，第三者とも「三項関係対話」を可能にする特徴がある「ビジュアル・ナラティヴ」（やまだ，2018）に位置づけられるのではないか。

それは，次のような実例にも表れている。

　本実践は，2016年から高齢者福祉施設での導入を試みている。ここ数年で，住み慣れた地域を離れ，施設に入所している沖縄戦体験者が増えた。泣きながら戦争体験の話をする利用者の話をどこまで深く聞いていいのか，聞き込まないほうがいいのか，楽しい話や現実的な話に誘導したほうがいいのか，戦争体験を全く語らなかった人が突然話し出した時にどう対応したらいいのかなど，施設従事者は「沖縄戦の語り」への対応に迷いを感じている現状があった（吉川，2015）。何度も何度も戦争の話を繰り返す。それは，認知症の症状にすぎないと考えるのか，繰り返し語られることは，その人にとって大切なことであり，後世に伝え残したいことだと考えるのとでは「語り」の意味合いが違う。そこで，施設従事者と利用者との「見える物語綴り法」の実践を数例試みた。しかし，多くの業務を抱えながらの実施は難しく，当初予定していた方法での導入は断念した。

　現在は，利用者と私との間，もしくは利用者と家族との間で作成された「見える自分史」を，施設従事者が利用者とコミュニケーションを図る際のツールとして用いている。その取り組みを始めてから，「認知症が進行し，ことばだけではコミュニケーションが難しい方でも，自身の人生記録が映像や写真で残されていれば，記憶の想起があり，生き生きとした表情で昔を懐かしんで話をしてくれるようになった」「以前は戦争の話をされるのが正直嫌で逃げていたが，一人ひとりの人生が見える形で残っていると，今ここでこの方が話そうとしていることの意味合いが漠然とではあるが理解できる気がした。自分自身が（沖縄戦の語りに）対峙できるようになってきた」などの報告があった。短時間ですぐに効果が見られる実用的な手法ではないが，人生最期の語りを大切に扱う支援方法として有益なのではないだろうか。

Aさんとの「見える物語綴り法」実践

　Aさんと「見える物語綴り法」を始めたのは，「語らいの場」が閉会した2018年4月である。「写真を使って絵本のような自分史を創りたい」というのがAさんのニーズであった。しかし，その時のAさんの視力は，うっすらと見える程度になっていた。「まだ見えている間に，自分史を創ることが人生最後の目標」と始める前に話していた。隔週ペースでAさんの自宅に私が訪問し，Aさんが話したいことから話し，音声を録音する。そして，語りから，どのようなイメージが浮かんだのかをうかがう。次回，Aさんの語りの逐語録とその間に撮影してきた写真を持参する。前回の振り返りをしながら，語り直しがあれば加筆・修正したものを自分史の冊子に綴っていく。このやりとりを続け，Aさんのタイミングで終結するというプロセスであった（図2）。

　まずAさんが語りはじめたのは「子どもの頃の物語」だった。生家があった場所，子どもの頃に遊んだ海，通った学校，よく遊んだ友人，初恋の人などの写真が語りの記録とともに綴られた。次に語ったのは「戦後の仕事と夫婦の物語」であった。Aさんは戦後，夫婦で食堂を営まれていた。食堂の看板と暖簾，使用していた鍋や提供していた料理，常連客などの写真が集められた。ここでは特に，苦楽を共にしてきた妻に対する感謝と愛情に溢れた物語が綴られた。その頃から，妻も実践に参加するようになった。「Aと一緒に歩んできたけど，何を考えAが生きてきたのか，聴いたことはなかった。自分史創りを始めてから，これまでよりもAのことが理解できた気がする。生き様ってその人の人生だから，目が見えなくなる前にこれを創り終えたいというAの願いが成就できてよかった。私もその手伝いができてうれしい」と妻は後に語った。

昭和7年
家族とともに

唯一の家族写真（妹が持っていた）
「家族の記憶で鮮明なのは、父親がとても厳しい
人だったということ。こわかったというより、父
親の前では絶対に嘘はつけないというか。母親は
とても優しかったが、長男だったのであまり甘え
られなかった」

「家の近くの海でよく妹たちと走り回った。足腰
が強いほうだったのは、小さい時のこと（遊び）
が影響しているのではないか」

13

昭和20年5月
ガジュマルの下で

「あの時、ガジュマルの木の下で私が左、〇さん
が右になっていたら、〇さんは戦後、医者になっ
て多くの人の命を救うことができたかもしれない。
代わってあげたらよかったと思うことが、戦後も
ずっと、ふとしたときに……な」

「仕方がない、運命なんだと思っても、諦めたり
忘れようとしても、どうしてもな、思ってしまう
わけなんだ」

79

昭和＿＿＿年
妻（〇さん）と一緒に食堂をやる

「〇（子）が中学生になった。子育ても少し離れ
られるようになった。一緒になってからずっとい
つかこうなったらいいなと思ったことが現実に
なった。一緒に食堂をやることになって、私はや
る気がでてきた。一人よりも二人、がんばろう。
もちろん感謝の気持ちでした」
〇さんは「こうして今いられるのはあなたのお
かげです」と嬉しそうな表情。

208

令和2年3月＿＿＿日
最後に見た海

「最後は海が見たい。どこがいいか考えておく。
最後はその場所に行きたいのだが」ということで、
近くの＿＿＿＿＿海岸へ妻〇さんも一緒に。

「この海は今は青いだろ。75年前は黒い軍艦が
たくさん並んでいて、この青い海は真っ黒だった。
あの時とは違うこの平和な青い風景を最後に見た
かった」

687

図2　「見える物語綴り法」で作成したAさんの自分史の一部
（許可を得て筆者が再現した。ただし，プライバシー保護のため編集を加えている）

もっとも時間を要したのは「沖縄戦での物語」であった。生死を分けたガジュマルの木，戦友が水を汲んだ川辺，部隊が使っていたガマ（自然壕），敗戦の知らせを聞いた場所などのイメージが語られた。当然ながら，地上戦による破壊と戦後の復興により当時のまま残存する場所は少ないので，できるだけＡさんが求めるイメージを図書館や資料館などで探し，複写許可を得て自分史に綴った。

2020年3月，「これで終わりにする」とＡさんから告げられた。「最後は海が見たい」ということで，妻も伴い近所の海岸へ出かけ，実践を振り返った。「目はもうほとんど見えないが，あなたと妻に見えるように（自分史を）創ってもらって，家族に遺すことができた。もう見えなくなっても十分だ。創っていく時間で写真がこころに焼き付いている。悪くない人生だったと思えている」とＡさんは眼下に広がる海に平和を願った。「光が見えるうちに完成できてよかった」と安堵の表情を浮かべながら，仕上がった自分史を妻に手渡した。その後まもなく，Ａさんは視力を完全に失った。

沖縄戦体験者とのこれからの物語

沖縄戦体験者の心中で，戦争はまだ終わっていない。折り合いがつけられない体験を心奥に堅く封印することで，戦後75年の月日を歩むことができた方も少なくない。その人びとが，最期を迎える前に「語りたい，聴いてほしい」と声を上げた。凍結されていた記憶がことばとなり，聴き手を伴って物語が紡がれていった。それぞれの物語から，逆境経験を経てなお生きる人間のしなやかな力強さを感じている。このような対話が続けられるのは，あと5年が限度ではないかと痛感している。

私は戦後80年に向けて，新たな物語綴りの実践を始めようとしていた。しかし，2020年4月以降，新型コロナウイルス感染症の影響で，紡がれるはずだった物語が止まり，5事例が中断したままである。高齢者と対面する形で実践を再開することは，おそらく当分できないだろう。オンラインでの対話の可能性を探ったり，郵送での実践を試みたりしているが，まだ試行錯誤の最中である。その過程で，ある現象に気がついた。日中ほとんど一人で過ごしていた高齢者たちが，家族との対話が増えたことにより，快活になっているということである。また，これまで家族には話したことがない沖縄戦体験を初めて語り，しっかりと受け止めてもらえる時間を過ごした方もいる。「伝え遺したいこと」を自然な形でもっとも伝えたい人に届けることができれば，それで十分なのではないかという気がしている。これからは，聴き手となる人の支援ができるといいのではないかと考えている。

戦争体験に限らず，いわゆるトラウマティックな記憶が語られる時，その記憶は時空が前後し，揺れる。時には消失する。「語らいの場」でも「見える物語綴り法」においても，往々にして体験者は語り直し，物語は書き換えられていった。曖昧な記憶は繰り返し語り直されることによって，次第に語り手にとっての「真実」の物語へと紡がれていく。沖縄戦体験者が「遺したい記憶，ことば，想いを，語り手が遺したい形で実現する実践」を今後も模索し，共に創っていきたい。

◉文献
高松里（2009）サポート・グループの実践と展開．金剛出版．
やまだようこ（2018）ビジュアル・ナラティヴとは何か．Ｎ：ナラティヴとケア 9；2-10.
吉川麻衣子（2015）高齢者福祉施設における沖縄戦体験の語りの実態調査——語りに対する施設従事者の対応と想いを中心に．沖縄大学人文学部紀要 17；77-83.
吉川麻衣子（2017）沖縄戦を生きぬいた人びと——揺れる想いを語り合えるまでの70年．創元社．

好評既刊

Ψ金剛出版　〒112-0005　東京都文京区水道1-5-16　Tel. 03-3815-6661　Fax. 03-3818-6848
e-mail eigyo@kongoshuppan.co.jp　URL https://www.kongoshuppan.co.jp/

病いは物語である
文化精神医学という問い
[著]江口重幸

精神療法は文化とどこで出会うのか。心的治療の多様性を明らかにし，臨床民族誌という対話的方法を日常臨床に活かす実技として捉えようとする試み——。"専門分化した現代医療は患者を癒すのに必ず失敗する"とA・クラインマンは半世紀前に論じた。そこから出発した臨床人類学や文化精神医学はどこまでたどり着いたのだろうか。治療における物語（ナラティヴ）と対話，臨床民族誌的方法，力動精神医学史や治療文化，ジャネの物語理論，民俗学への架橋，そして今日の精神医療の変容。21の論文とコラムで現代精神科臨床の全体像をたどるライフワークである。　　　　本体5,200円＋税

ヘルマン医療人類学
文化・健康・病い
[著]セシル・G・ヘルマン
[監訳責任]辻内琢也　　[監訳]牛山美穂　鈴木勝己　濱雄亮

今日ほど健康と病いへの，そして医療への文化的，社会的要因の影響が注目される時代はない。医療人類学は，現代社会において医療従事者に求められる「文化を理解し対処する能力」の基盤である。「健康・病い・医療・文化」にかかわるあらゆる領域をカバーし，人類学の理論と世界各地の膨大な事例研究が平易な記述でまとめられた本書は，あらゆる臨床における患者理解の手引きとして，現代の医療と文化・社会を考えるための重厚な入り口として参照されるべき大著である。　　　　本体12,000円＋税

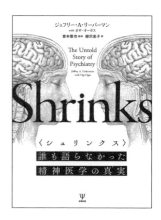

シュリンクス
誰も語らなかった精神医学の真実
[著]ジェフリー・A・リーバーマン
[監訳]宮本聖也　[訳]柳沢圭子

なぜ精神医学はかくも強烈な疑念や批判にさらされ，「医学の異端児」とされてきたのか？——精神医学に名を残す英雄と偉大な詐欺師の錯綜したストーリー物語，精神医学の光と影を成す歴史秘話，精神力動的パラダイムと生物学的パラダイムとの抜き差しならない葛藤と相克，そして1980年の刊行とともに精神医学のパラダイムを一新した『DSM-III』特別委員会委員長ロバート・スピッツァーの行動と思惟が，膨大な文献と個人的体験を交えながら，一般の読者にも読みやすいトーンで語られていく。　　　　本体2,800円＋税

6

病いと物語――実践を紡ぐ・文化を書く

ケアをめぐる北西航路

臨床とその余白

一般財団法人精神医学研究所附属 東京武蔵野病院

江口重幸

はじめに
——アムンゼンの「北西航路」

　以下の小論で，ケアと臨床と医療をめぐるいくつかの話題を提示したい。ケアは，今日広く人口に膾炙するものでありながら，それは一体何なのかと問うと容易にはとらえがたいものである。その周辺を話題にするが，医療人類学や文化精神医学の影響を受けながら精神医療に携わってきた者の私見として読んでいただきたい。

　昨年2019年に惜しくも逝去したフランスの思想家ミッシェル・セールには，『北西航路』（Serres, 1980）という著作がある。北西航路とは，ヨーロッパから東アジアまで海路のみを使用して到達する航路のうち，「カナダ北極圏の異常に錯綜した群島」間を通り抜ける唯一未到のまま残されていたルートの名前である（すでに南東，南西，北東航路は切り拓かれていた）。20世紀初頭（正確には1903年から3年間かけて）ノルウェーの探検家アムンゼン（Amundsen, 1908/1982）が，この航路を完遂したが，長い時間を要したのは，日本でいう秋から翌年の初夏までの期間この海域は氷結し，47トンの小さな船ユア号は完全に凍り付いて氷上に押し上げられたまま一歩も進まなくなったからである。どれほどの寒さだったかは『ユア号航海記』日本語版付録の写真集が何よりも雄弁に教えてくれる（なお，彼の航海記の英語版原題もこの「北西航路」というタイトル

である）。

　セールは，もともと海軍兵学校にいたこともあり，このあたりの海域や天候を熟知しているようだ。彼が自著を『北西航路』というタイトルにしたのは，このヨーロッパと東アジアを結ぶ複雑で困難に満ちた航路を，自然科学と人文科学とを架橋することの困難さの隠喩（メタファー）として示そうとしたためである。セールはこれら両者を，2つの集団，2つの共同体が，2つの語族の言葉を話しているようだと記した。

余白部分に広がっていくケア

　私は長い間，医療人類学や文化精神医学から大きな影響を受けてきた。とくにクラインマン（Kleinman, 1988）やグッド（Good, 1994）が示した簡単な定式化を自らの臨床の基本に据えてきた。それらは一般に，「病いと疾患の二分法」や「説明モデル（explanatory model）による折衝過程」と呼ばれるものであり，両者に共通する「語り」への注目である。それにローカルな文化を精神医学と結びつける『治療文化論』（中井，2001）を加えれば，いつでも自分の出発点に遡って行ける道標ということができる。

　私はもちろん，それが臨床のすべてを覆う総合理論であると考えているわけではない。臨床場面で日々遭遇するのは，その時々の治療マニュアルや定式化をはるかに越え，それらでは到底

捉えきれない，いわば応用問題の連続だからである。

たとえば，私のこの領域への関心の導入となった終末期の患者への関与を考える時（江口，1995），現在では数多くの著作や研究が出版されている。それらを読んで適切な対処法を学ぶことは可能である。しかし，入院患者のカルテに書かれる「DNR（心肺蘇生拒否）」や終末期医療の事前指示書などの日常的な手順（ルーティン）を一旦括弧に入れて振り返る時，それらを大幅に超える疑問が沸き起こる。かつての説明時の意思表示と終末期の意思を本当に同一と考えてよいのだろうか，あるいは「積極的（消極的）安楽死」や「尊厳死」（松田，2018）などとの関連でどう位置付けたらよいのだろうか。そこはいわば臨床の枠を超えた広大な余白が広がっている無人地帯（no-man's-land）と呼んでもいい領域なのである。臨床は人の生老病死を扱うものであるため，これ以上は深く踏み込まないという，いくつもの文化的結界のような約束事が設けられているが，今日それらは大きく揺らいでいる。

また患者や家族がほとんど偶然のように滔々と語り出すライフストーリーに耳を傾ける時（江口，1993），教科書やマニュアルの内側で事態が収束していくことなどほとんどないように思えてくる。それらが支障なく進行しているように見えるとしたら，治療者−患者家族間で何らかの暗黙の調整が行われているに違いない。その一部は，治療者が意識せずに枠組みを超えて踏み出す（ないし踏み外す），つまり境界をそのつど再定義することで成立しているのであろう。

以上のことを理解したうえで，それでも医療人類学や文化精神医学の方法論に私がこだわるのは，それが臨床の基礎に据えられ，そこから四方に延びて応用領域に入っても，依然として不可欠の理論的支柱になりうると考えるからである。それともうひとつはそれが本誌特集でも

テーマになっている生物医学（バイオメディシン）と人間科学的思考とをつなぐ隘路を横断する（唯一とは言わないまでも）数少ない有力な方法と考えられるからである。

病い／疾患の二分法は「擁護しがたい」ものか

日常的な臨床やケアは教科書的記述の余白部分で展開されるものであると記した。先の定式化の提唱者であるクラインマンは，『病いの語り』（Kleinman, 1988）から30年余りを経た著作 *The Soul of Care* （Kleinman, 2019）のなかで，かつて自分の提示した二分法が臨床領域で広く採用され，常識として教え込まれるようなものになったことに言及している。彼は病い／疾患の二分法を，臨床手順として教科書的に使用することについて，もはや「擁護しがたいもの」であると疑念を示すにいたっている（p.97）。

病いとケアをテーマにして思考を築き上げてきたクラインマンが，このように記す背景には何があるのか。そこには臨床領域の（より社会経済的な背景に焦点を当てる）パラダイム変換のようなものが影響しているのかもしれない。しかし何よりも強く影響しているのは，長年連れ添ったパートナーで共同研究者（ジョーン夫人）の神経疾患の発症とその進行，日々のケア，そして引き続く死去と喪失という具体的経験であっただろう。クラインマンは，ケアには医療や介護の専門職による関与の必要性を認めながらも，それらは，もっと親密なレベルでは（彼の言う，多くは専門職の職業階層としては低位の，女性を中心とした）日常的関与によって担われている事実を身をもって「経験」し「再発見」したからなのであろう。

「現地人の視点から」と解釈学的転回

ところで，人類学をはじめとする人間科学から臨床家にもたらされた重要な結節点として，1970～80年代に展開された「解釈学的転回」と呼ばれるものがある（これについては何度か言及したことがある（江口，2016））。そしてもちろんクラインマンやグッドの臨床人類学は，こうした「転回」を大いに強調する系譜のものである。つまり，解釈学とは，スペンス（Spence, 1982）の言葉を用いて簡単に言えば，主体が対象（対象）を描写し理解しようとする時，それは対象の不動の「歴史的事実」を描写し理解するのではなく，主体のその時々の枠組みにしたがって「物語的事実」として対象を構成している，というものである。それは，主体と対象が幾重にも入れ子構造になって記述や意味の解釈が行われることを明らかにするものであった。たとえば，土居健郎の「ストーリを読むように患者の話に耳を傾ける面接者はあたかも小説の読者のごとくなる」（1992［p.51］）という有名な文章は，こうした解釈学的転回の刻印を示す一節であることがわかるだろう。

こうした「転回」を論じた代表的テキストである，人類学者ギアーツの「"現地人（ネイティヴ）の視点から"」を取り上げる。この論文は，調査地に長く棲み込み，現地語に精通し，その土地の人々の習慣や思考を描き出す民族誌学的方法論を確立した文化人類学者マリノフスキーの話題からはじめられる。この模範的人類学者の死後に，妻によって『日記』（Malinowski, 1967）が刊行され，そこには現地人への侮蔑的言辞や性愛的妄念が書き連ねられていたという有名な醜聞的事実が記されている。私自身はこうした人間の二面性を，非倫理的で非常識的なものと考えてはいない。表も裏もなく献身的で，かつ対象者である現地人やその生活に全面的に没入し敬意を払い続けるといった言説やふるまいのみが賞揚

され流通するとしたら，言葉を換えれば模範的な言説のみがすべてであるとされるとしたら，それは逆に人間を一面的で単純化することにつながってしまわないだろうか。

感情移入（empathy）と距離（distance）

ギアーツはこれを倫理的な問題としてではなく，そこに認識論的な大きな問題が賭けられているので重要なのだと述べる。

「もしわれわれが，現地人の視点からものを見るべしという掟に従うなら——従わなければならないと私は思うが——，被調査者との独特な心の距離の近さ，すなわち文化を横切るある種の一体化を主張できなくなってしまうわれわれの立場はどうなるのであろうか。感情移入（einfühlen）が消失する時，理解（verstehen）に何が生じるのだろうか？」

〔ここでは原著をもとにした私訳を記した。なおここでの「われわれ」はおそらく人類学者を示している。また「感情移入……」以下の一文は邦訳では割愛されている〕（Geertz, 1983［p.56］）

ここからギアーツは，（職業人を超えた人間としての）重大なジレンマを示すものとして当時焦点を当てられていた二分法を列挙している。それは，「内側」対「外側」，あるいは「一人称」対「三人称」的描写，「現象学的」対「客観主義的」，あるいは「認知的」対「行動論的」理論，そしてよく知られた「emic」対「etic」な分析である。こうした対比の後にギアーツは，自我心理学のコフートが述べた「経験に近い（experience-near）」対「経験に遠い（experience-distant）」概念というものがわかりやすいだろうと採用している。要約すれば，前者の「経験に近い」概念とは，ある人（患者や被験者や被調査者）が，自分や自分の仲間が見たり感じたり考えたり想像したりすることを表現する際に，自然に無理なく使い，他人が同様に使った場合にもやはり容易

に理解できるようなもののことである。一方後者の「経験に遠い」概念とは，何らかの専門職（分析医，実験者，人類学者……）が，その科学的，哲学的，また実際的目的を果たすために用いるような概念のこととされる。そこから，この「論文（章）」のタイトルにもなっている，「「現地人の視点からものを見る」とはいったい何を意味するかについての謎が解けてくる」と議論が展開される。私たちの知る「病い」と「疾患」の二分法は，従来の記述や理解を超えようとするこうした背景から提示され，心理や精神科臨床，さらには福祉やケアを含め，この「転回」の周辺の問題——つまり「感情移入（共感）」や「距離」や「理解」——をどう身体技法として取り込み，表出するのかを考える際の有力な手掛かりになるのである。この解釈学的な議論を踏まえない限り，その後の物語的思考や，臨床民族誌，さらに今日の当事者研究の意味も十分生かすことができないように私には思われる。

ケアはその対照物を映し出す鏡である

ここで改めて「ケア」についてふりかえることにする。近年の出色のケア論である東畑開人の『居るのはつらいよ』（2019）を例に検討する。「ケアとセラピーについての覚書」という副題の通り本書では，「傷つけない，ニーズを満たし，支え，依存を引き受け，そうすることで安全を確保し，生存を可能にし，平衡を取り戻し，日常を支える」「ケア」が，「傷つきに向き合い，ニーズの変更のために，介入し，自立を目指す。すると非日常の中で葛藤し，そして成長する」「セラピー」と対比されている（「幕間口上ふたたび」の部分［pp.276-277］では20を超える項目が対比的に表示されている）。著者はきわめて慎重にこうした二分法の限界についても言及していて，それらは2つの異なる実体なのではなく，ともに全体の構成要素（「成分」）なのだ

と但書きを入れている。

「ケア」について考える時，それぞれイメージは喚起されるものの，こういうものであると定義することはきわめて難しい。それは先に記したようにいわば臨床の余白部分で本領を発揮するものだからであろう。つまりケアは，その対照とされるものと並べられる時，その対照物のエッセンスを映し出しながらはじめて自己を形作るという変幻自在なものであると言えるかもしれない。

それは「物語る」という誰もが知っているがそれ自体定義しにくい行為について，「地図が分割するところを，物語（récit）は横切ってゆく」とした，ド・セルトー（de Certeau, 1980）の記述に似ている。これは，いわばひとつの歩みを創始し（「案内」する），そして横切ってゆく（「越境」する）二分節性のふるまいなのである。「物語は，さまざまなものの姿を変貌させるという意味で位相学的（topologique）なのであり，場所を規定するという意味で場所論的（topique）なのではない」（邦訳［p.262]）と続く。それは東畑が「成分」という用語で記したかった部分なのであろう。

約100年前，ケアは，「あまりに科学的な医学」に対置されていた

先のギアーツの概念でいえば「経験に近い」ものである「ケア」が，「経験に遠い」ものとの対比で考えられるようになったのはどうやら最近のことではないらしい。アイゼンバーグとクラインマンには「臨床社会科学」（Eisenberg & Kleinman, 1981）という共著論文がある。社会科学と医療とを架橋しようとするマニフェスト的論集の巻頭論文である。そこでは，すでにそれから半世紀前（つまり1930年代），ケアが科学的医学との対比で捉えられていたことが示されている。

フランシス・ウェルド・ピーボディは，当時のハーバード大学医学部教授で，ボストン市立病院の科長も務めた人物である。「患者のケアの秘訣は，その患者のケアをすることにある」という言葉を残し，「個人としての患者（patient as a person）」運動の創始者と考えられている（Shorter, 2016）。ピーボディ（Peabody, 1930）はさらに以下のように書き記している。「年長の実地臨床家からなされる最もありふれた批判は，卒業したばかりの若い医師は，疾患のメカニズムについて多くのことを教えられているけれど，医療の実践についてはあまりに少ししか教えられてきていない，というものである。より単刀直入に言えば，彼らはあまりに「科学的」であって，患者のケアをする仕方（take care）を知らないのである」。アイゼンバーグらは，米国で医療の専門分化が生じた1930年代，半世紀後のハイテク医療の時代に先立って，「あまりに科学的な医学」と「少なすぎるケア」とが同一視されていたことを指摘している。さらに1930年代の実地臨床医（つまり家庭医）の長所は，患者や家族や地域社会と密接な関係を維持していることにあり，それは決して医学理論や医学教育によるものではなかったのである。今日，特定の地域に長く住まい，そこに根差したプライマリケア医の存在を期待するのは米国でも日本でも困難であろう（かつては「○○さん」と地元で普通に呼ばれた○○医院の医師がいた）。こうした患者－治療者関係の背景に大きな変容が見られるにもかかわらず，かつてから，科学的医学とケアとの間に緊張関係があったことがうかがえる。

今日当然ケアも専門職化し，すぐれた教科書やマニュアルが刊行され，十分科学的なものになりつつある。それでもやはり，その輪郭が明確になればなるだけ，もうひとつ別の「ケア」が鏡の向こうに姿を現すのではないかと想像するのは私だけであろうか。

まとめ──遠歩き（ランドネ）

冒頭で私は，アムンゼンの『ユア号航海記』（Amundsen, 1908/1982）について触れた。本書が私の愛読書となったのは，日本語版には「アムンゼン探検隊のアンティック写真集」が付いていて，人類学的な想像力を刺激するからである。北西航路は3年がかりで完遂されたのだが，読者の予想に反して，それらの期間のうち約4分の3は，船が凍結してまったく動かない状態であった。その間，船員は氷上や陸地にあがって基地を作り，北極圏の磁気調査をはじめ周辺の探索にむかったが，その過程できわめてワイルドな風貌の（エスキモーと総称される）現地人が次々に現れては，魚やアザラシなど食料の交換や音楽や余興を含めた探検隊との交流がくりひろげられている。

この期間の，ソリなどを使った氷上の探検や探索，郵便投函などの活動を，セールは「遠歩き（ランドネ）」という言葉で記している。ヨーロッパから東アジアまでの航海（航路）の完遂というグローバルな観点からすると，ここでなされているのは一見無駄で余計な時間や行為に見える。しかしその間に行われた「遠歩き」で切り拓かれたものこそアムンゼン探検隊の持ち帰った，異文化への発見や驚異に満ちた，何より人類学的で「経験に近い」大切な部分だったのではないか。それこそが地球規模の偉業（北西航路の開拓）を支えたきわめて地味でローカルな文化的営為なのである。ケアもそういうものなのかもしれない。生物医学や，あまりに科学的な医学が洗練されればされるほど，ケアは，それらが必然的にもたらす圧倒的な余白に，日常的で他愛ない日々の営為の積み重ねを広範な裾野にして息づくものなのであろう。

◉ **文献**

Amundsen R（1908）The North West Passage. Archibald Constable and Co.（長もも子 訳（1982）ユア号航海記. フジ出版社）

de Certeau M（1980）L'invention du quotidien 1 : Arts de faire. UGE.（山田登世子 訳（1987）日常的実践のポイエティーク. 国文社）

土居健郎（1992）新訂 方法としての面接——臨床家のために. 医学書院.

江口重幸（1993）「非定型精神病」の小民族誌. 精神科治療学 8-11 ; 1320-1328 ［江口（2019）所収］.

江口重幸（1995）病いの経験とライフヒストリー. 大正大学カウンセリング研究所紀要 18 ; 32-42 ［江口（2019）所収］.

江口重幸（2009）臨床の記述と語り. 臨床心理学増刊第1号 ; 54-59 ［江口（2019）所収］.

江口重幸（2016）文化と病いの経験. In：鈴木晃仁，北中淳子 編：精神医学の歴史と人類学. 東京大学出版会, pp.134-160.

江口重幸（2019）病いは物語である——文化精神医学という問い. 金剛出版.

Eisenberg L & Kleinman A（1981）Clinical social science. In : L Eisenberg & A Kleinman（Eds）The Relevance of Social Science for Medicine. Dordrecht, pp.1-23.

Geertz C（1983）"Native's point of view" : Anthropological understanding. In : Local Knowledge. Basic Books, pp.55-70.（梶原景昭，小泉潤二，山下晋司，山下淑美 訳（1991）「住民の視点から」——人類学的理解の性質について. In：ローカルノレッジ. 岩波書店, pp.97-124）

Good BJ（1994）Medicine, Rationality and Experience : An Anthropological Perspective. Cambridge University Press.（江口重幸，五木田紳，下地明友 ほか訳（2001）医療・合理性・経験——バイロン・グッドの医療人類学講義. 誠信書房）

Kleinman A（1988）The Illness Narratives : Suffering, Healing and the Human Condition. Basic Books.（江口重幸，五木田紳，上野豪志 訳（1996）病いの語り——慢性の病いをめぐる臨床人類学. 誠信書房）

Kleinman A（2019）The Soul of Care : The Moral Education of a Husband and a Doctor. Viking.

Malinowski B（1967）A Diary in the Strict Sense of the Term. Harcourt, Brace & World.（谷口佳子 訳（1987）マリノフスキー日記. 平凡社）

松田純（2018）安楽死・尊厳死の現在——最終段階の医療と自己決定. 中央公論新社.

中井久夫（2001）治療文化論——精神医学的再構築の試み. 岩波書店.

Peabody FW（1930）Doctor and Patient. The Macmillan.［Eisenberg & Kleinman（1981）p.5 より引用］

Serres M（1980）La passage du nord-ouest. Minuit.（青木研二 訳（1991）北西航路［ヘルメスⅤ］. 法政大学出版局）

Shorter E（2005）A Historical Dictionary of Psychiatry. Oxford University Press.（江口重幸，大前晋 監訳（2016）精神医学歴史事典. みすず書房, p.306）

Spence DP（1982）Narrative Truth and Historical Truth : Meaning and Interpretation in Psychoanalysis. W.W. Norton.

東畑開人（2019）居るのはつらいよ——ケアとセラピーについての覚書. 医学書院.

対話とポリフォニー
隔離と分断を越えるために

兵庫県立大学
竹端 寛

コロナ危機における隔離と分断

本稿の執筆依頼を頂いたのが2020年2月末，その段階で標題を眺めながら，オープンダイアローグが固着した日本の精神科医療の構造にどのような風穴を開けようとしているのか，を書こうと考えていた。これは，拙著（竹端, 2018）を読んで執筆を依頼してくださった依頼経緯からも，明らかだった。

だが，それから3カ月の間に私だけでなく日本中の，世界中の多くの人々が経験したことは，新型コロナウィルスの危機下における全世界的な社会的隔離であり，社会的分断であった。集団感染や死亡事例が連日報じられるにつれ，医療・介護の領域でも「ケアの危機」が，本稿を書いている2020年5月末でも現在進行形で進みつづけている。「自粛警察」に代表されるように，公園で子どもが遊んでいると学校や役所に電話をかけ，県外ナンバーの車に卵を投げつけるなどの，社会的な分断や排除も散見された。

このような状況下は，他ならぬ私にとっても「危機」である。大学の講義はオンライン講義に切り替えられたが，1，2カ月の急ごしらえでオンライン化に向けての準備を突貫工事のように進め，学生も教員も大混乱のなかで，連休前後からオンライン講義をとにもかくにもスタートさせた。外部の研修や講演，だけでなく出張も今年度前半はほとんどなくなった。こども園に行くのを楽しみにしていた＆Stay homeの意味が十分に理解できていない娘も，休園が2カ月にわたり，エネルギーの発散場所が限られ，親も疲労困憊し，子どもの社会化の機会も奪われた。

こういう状態を目の前にして，「心配のグレーゾーン」（セイックラ＋アーンキル, 2019 [p.141]）という言葉をしきりに思い出していた。その実例として述べられた「望む方向に物事が進んでいきそうにないことを予期している」「何が起きているか，どうもよくわからないと感じている」「他者のなすことが，自分の到達点に影響を与えると感じている」「全体の状況をもっとしっかりコントロールしたいと願っている」というのは，まさにコロナ危機の数カ月，私自身が翻弄されて感じつづけてきたことそのものである。科学的根拠とは別の政治的判断として突然決まった一斉休校要請に始まり，緊急事態宣言など度重なる「自粛」要請に翻弄され，まさに「何が起きているかよくわからない」し，政治家の決定でこんなに簡単に個人の自由が制限されるのか，とあっけにとられるし，マスクをつけていないと「非国民」との視線を感じて苦しいし……と，心配事は増すばかり。そして，これは私だけでなく，日本や世界で同時多発的に生じた「社会的危機」であり，社会的な心配事のグレーゾーンの増大であった。

そんななかで，私自身が大いに救われたのが，本稿で主題とする「対話とポリフォニー」

であった。「心配事のグレーゾーン」から「大きな心配」に揺さぶられるしんどい時期だったからこそ，オンラインのZoom越しに友人や仲間，学生たちと何度も何度も対話をしつづけてきた。そのなかで，私自身も心配事が鎮まってきたし，対話できて良かった，という声も何度も聞いた。それは一体，なぜだろうか？

違いを知る対話と決定のための対話

当事者研究を実践・研究する熊谷晋一郎さんと2020年2月に公開の場（第34回国際障害者年連続シンポジウム 自立生活運動・オープンダイアローグ・当事者研究／2020年2月8日／立命館大学）でやりとりした時，「決定のための対話」と「共有するための対話」について彼は触れていた。前者は意思決定のための対話であり，後者はセルフヘルプグループに代表されるような「言いっぱなし・聞きっぱなし」の対話である，と。それを聞きながら私は「共有するための対話」というより「違いを知る・理解するための対話」の方がいいな，と提案し，彼も頷いてくれた。後で詳しく述べるが，他者には私の知り得ない部分（他者の他者性）があるから，他者なのである。そのことを安易に「共有」することはできない。でも，自分とは違う部分があることを理解することなら可能である。それが，「違いを知る・理解するための対話」に私が込めた意味である。

コロナ危機において，私が多くの人と繰り返してきたのは，「決定のための対話」ではなく，「違いを知る・理解するための対話」だった。危機当初のパニック期は，何も枠を決めず，「いま・ここ」で気になることをお互いが吐き出す場を作った。他者の話を聞きながら，自分の内側で浮かんでくるいろいろな内面の声とも垂直な対話をしながら，他者とのやりとりという水平の対話も続けていった。そして，その時期か

ら1カ月近く経ったあたりからは，①コロナ危機下のこの間どんなよい変化があったか，②残っている心配事は何か，③よい変化を増やし，心配事を減らすためには，誰と何ができそうか，を話す場を作っていった。実はこれは，私が学んできたオープンダイアローグ（Open Dialogue : OD）や未来語りのダイアローグ（Anticipation Dialogue : AD）のやり方をそのまま応用したものである。

オープンダイアローグ（OD）はフィンランドの西ラップランドで開発されたアプローチであり，急性期の精神症状の人に対して，連絡を受けてから24時間以内に対応し，毎日のように医療チームがミーティングを行い，本人や本人の望む社交ネットワークの人々（家族や友人）も含んだ場で，幻聴や幻覚も含めたいろいろな声を否定せずにそのものとして扱うことにより，精神症状が鎮まり，時には薬物治療をしなくても精神症状が消失することで，世界的にも注目され，日本でも紹介されているアプローチである。未来語りのダイアローグ（AD）は，同じくフィンランドで生まれたが，こちらは「多問題家族」「困難事例」とラベルが貼られるような，多職種協働の場面でこじれるケースにおいて，当事者（家族）の問題を解決しようとするのではなく，支援がうまくいかないことに困った支援者が，「自らの心配事」を解決するために当事者や家族，他の支援者への協力を求め，解決に向けた話し合いを一度行い，数カ月後にフォローアップする，というやり方である（セイックラ＋アーンキル，2019）。私自身は，2015年に西ラップランドのケロプダス病院に訪問して以来，ODやADについて学びはじめ，2017年4月には京都でADの開発者トム・アーンキルさんが行ったADファシリテーターの集中研修に参加し，2019年にはスーパーバイザーにもなった。

コロナ危機下における私の実例に引き戻すと，学校が一斉休校になり，私自身がパニック

になった時に，同じくパニックになっていた子育て支援団体の仲間と2月28日に行ったダイアローグは，「心配事が最大化」したときに行うOD的なダイアローグだった。ケロプダス病院のスタッフが「危機の時には窓が開いている」と名言を述べていたが，まさに私自身一人で抱えきれなくて，SOSの窓を開けていた時に，同じように「どうしよう」とSOSの声が仲間から届いた。そこで，その連絡を受けた日の午前中に急遽2時間半ほど時間をとり，いま・ここで感じる不安や心配事，パニックの中身についてお互いが気持ちを吐き出すうちに，心配事が減ったわけではないけど，不安や苛立ちの最大化した状態は鎮まっていったように思う[註1]。

その後，少し時間が経ってから，仲間同士で，また大学再開以後は授業やゼミで，「よい変化と心配事」もお互いが出し合う，AD的なダイアローグを続けてきた。参加者たちは，「コロナ危機では心配事だらけだと思っていたけど，よい変化にも着目できてよかった」「いろいろな人の心配事を聞くことで，自分だけではないんだと知り，安心ができた」「一人で抱えていたモヤモヤを，他の人と分かち合うことで，不安や心配事が減ったわけではないけれど，少し気が楽になった」という声をたくさん受け取った。そして，社会的な危機や心配事が最大化しつつある局面で，改めて「開かれた対話性（Open Dialogicity）」の大切さを，我がこととして認識した。

そのなかでも，もっとも重要だと感じているのが，「他者の他者性」である。

他者の他者性

バフチンが指摘するように，「聞いてもらうこと」がすでに対話的な関係そのものなのです。私たちの経験では，「聞いてもらうこと」によって，専門家としてのありよう

や日々の人間関係にも変化が生じます。「対話性」は，私たちの〔＝支援の〕ための方法論ではなく，人びととともにありつづけるためのやり方です。その中心にあるのは，他者から無心に聞いてもらい，応答してもらうことで力づけられた経験です。

われわれが主張したいのは，レジリエントな変化をもたらすすべての実践のなかに，それを対話的と呼ぶかどうかはともかく，対話的なるものの核心が見出されるということです。その核心とは，他者の持つ他者性が受容され尊重されること，そして尊重されるべき他者として無心に話を聞いてもらえる可能性です。

（セイックラ＋アーンキル，2019［p.174］）

この間続けてきた対話においては，お互いが自分の心配事や苛立ちをじっくり話し，話し終えるまで次の人は話さない，という意味で「話すと聞くを分ける」ことを重視していた。集まった人のなかで意見や価値観が対立し，「私はあなたのその意見に納得できない」というコンフリクトが生じた場面でも，お互いがじっくり相手の話を聞きながら，自分のなかに湧き上がる反論や不安，傷つきやすさやしんどさと向き合ってもらった。そして，自分の番が回ってきた時に，「正直に言えば，あなたにそんな風に言われて，私はその言葉に傷ついた」と素直に口に出してもらった。固唾を飲んでそのやりとりに直面しながら，私自身がその場で信じつづけたのが，まさに「他者の持つ他者性が受容され尊重されること」だった。「「聞いてもらうこと」がすでに対話的な関係そのものなのです」というフレーズだった。そして実際，お互いが他者の発言を「無心に聞く」プロセスを重ねるなかで，わだかまりが解け，不安や不信感が自ずと鎮まっていった[註2]。

それは一体なぜだろう。ひとえにそれは「モ

ノローグ的に他者を説得する」（セイックラ＋アーンキル，2019［p.173］）というモードをそこに集まる人が手放したからではないか，と思う。「決定のための対話」ならば「説得」の応酬となる。だが，誰もがどうしてよいかわからず不安や心配事がグレーゾーンから最大化に至る局面において，「説得」は意味をなさない。そうではなくて，「他者から無心に聞いてもらい，応答してもらう」というダイアロジカルな関係性を保つことによって，聞く側・聞かれる側がお互いの存在の有り様を，無心にそのものとして受け止める，というプロセスがあったのではないだろうか。評価や解釈，査定の眼差しを抜きにして，そうしたい欲望があったらそれを自分の内側で認めつつも，とにもかくにも「いま・ここ」で相手が話されていることを，最後までじっくり聴いてみる。それが，「尊重されるべき他者として無心に話を聞いてもらえる可能性」なのかもしれない。

自分の心配事を主題化する

　未来語りのダイアローグ（AD）の興味深い点は，支援者が対象者の心配事を解決するためにアドバイスや評価，助言をするというコミュニケーションパタンではない，という点だ。そうではなくて，支援者自身が「私はいろいろアプローチしたけど，あなたの困難に適切な支援をすることができなくて，困っています。私を助けるために，話し合いをしてくださいませんか？」と対象者（家族）に頼むことから始まる。これは，大きな価値転換ではないかと私は考える。

　助ける－助けられる，という関係性は，助ける側が上で，助けられる側が下，の上下関係になりやすい。そして「あなたを助けてあげましょう」という上から目線のアプローチは，助けられる側にとっては「余計なお世話」となる場合もあり，両者の関係性はこじれやすい。しかし，

「私は○○ができなくて困っているから，あなたの助けを必要としています」というのは，自分が困っていることを他者に開き，他者の援助を心から望んでいる状態である。「助けられることに主体的になる」ことによって，助ける側の主体性との好循環が生まれやすい。そして，助けが必要な状況というのは，しばしば悪循環であるため，それを好循環に変えるというのは，コミュニケーションパタンの根本的な変化でもある。

　コロナ危機でパニックになりかけたときの対話のなかでは，子どもの一斉休校でどうなるのだろう，という私自身の不安をそのものとして対話の場に差し出した。誰かの心配事を助けてあげたい，ではなく，私もあなたも困っているから，とにかくお互いの心配事や不安，困っていることを，そのものとして対話の場に差し出そう，というダイアローグだった。そして，不安をお互いが口にし，そのことをじっくり聞き合う時間を作るだけで，現状は変わっていないのかもれないけれど，現状に対する認識が変わり，不安や心配事に支配されていた心が鎮まっていった。

　それは，自分の心配事を対話の場に差し出して，しっかりと聞いてもらえた，受け止めてもらえたことによる，安心感だった。話すだけでは，もちろん問題は何も解決していない。いや，簡単に解決しないことが自分でもわかっているから，心配事が最大化しているのである。その際，しっかりと不安や心配事をそのものとして受け止めてもらえること，および他の人の心配事や不安をじっくり伺いながら，自分の心のなかでの対話を続けていること。それにより，不安や心配事への過度の焦点化から逃れることが可能になる。それは，深尾の言う「アウトフレーム」の視点と重なる。

　　「フレーミング」を取り外すということは，非線形的な語りの中では，常に線形的

因果関係の背後に広がる非線形的な「縁起」に思いをはせるということであり，それこそが本書で「アウトフレーム」と称する動作である。既存の「フレーム」を相対化し，「フレーム」の外部にあって，実は重要な役割を認識の中に取り込むこと，既知の世界で合理的であると考えられる事柄を常に相対視し，不合理であるとされていることを自己の行動や視野の中に取り込んでゆくこと，それが「アウトフレーム（フレームを凌駕）」することである。

(深尾，2018 [p.310])

　心配事が最大化する，ということは，「既知の世界で合理的であると考えられる事柄」で解決できない事象が最大化している，ともいえる。線形的因果関係の「フレーム」にとらわれ，雁字搦めになっていることが，最大の閉塞感なのかもしれない。その際に，他者の心配事をそのものとして聞くことは，「「フレーム」の外部にあって，実は重要な役割を認識の中に取り込むこと」でもある。そして，そのような「アウトフレーム（フレームを凌駕）」することによって，線形的因果関係のなかで思い詰め，絶望していた気持ちが，ふっと軽くなる。それが本稿の主題である，対話とポリフォニーの可能性なのだと，私は考える。

対話とポリフォニーの可能性

　ポリフォニー的現実においては，語られている事柄は，新たな会話において新たな意味を得る。語り合っている事柄についての新たな言葉が生まれるのである。語り合っている人たちは，自らの社会的意味や社会的アイデンティティをつくりだしているのである。それらは，文脈が違えば異なったものになるのだ。

(セイックラ＋アーンキル，2016 [p.109])

　コロナウィルスによる社会的危機下にあって，私が仲間たちと続けてきた個人的な対話のことを主題として書きつづけてきた。それは，唯一の正解のない不透明で不安が最大化した時期において，お互いの心配事をそのものとして差し出す対話のなかに，ポリフォニー（多声）的現実があった，ということを伝えたかったからだ。不安や心配事が対話で解消されるわけではない。だが，多様な他者の心配事を聞きながら，私には知り得ない他者の他者性を強く意識する。お互いが自らの不安を語り，その不安を聞きながら自らの内なる声とも対話する。そんな対話の時間を深めるなかで，まさに「語り合っている事柄についての新たな言葉が生まれる」瞬間を私自身が経験することができた。それが，社会的な隔離や分断がキツくなる状況下のなかで，その同調圧力や心配事の最大化を「アウトフレーム（フレームを凌駕）」するプロセスであった。

　コロナ危機という「文脈」がなければ，体感しようもなかったし，できることなら，経験したくはなかった。だが，違いを知る対話をするなかで，他者の他者性を理解し，それを尊重するなかで，改めて他者とは違う自らの独自性に気づき直すことができた。自分の心配事を主題化することで，その心配を抱える自分自身を卑下せず，そのものとして表現し，受け止めてもらうことができた。そういう「ポリフォニー的現実」を対話の営みのなかから生み出すことによって，「語り合っている人たちは，自らの社会的意味や社会的アイデンティティをつくりだしているのである」。そして，それこそが，隔離や分断を越えるための，必要不可欠なプロセスであると感じる。

　精神的な危機において，「他者の他者性」が尊重される対話を切実に求めていた人が，日本の精神科病院においては，未だに長期にわたって

自由が制限され，社会的に隔離や分断を強いられている。そのしんどさや絶望的な気分の一端を，今回，我がこととして私も体感した。だからこそ，私自身はこれからも，隔離や分断を超える対話の可能性を模索したいと改めて感じた。

● 謝辞

本研究は JSPS 科研費 20K02239, 17K04268 の成果の一部です。

▶ 註

1　その日のことはブログにも書いた。「不安を鎮めるための対話」（http://surume.org/2020/03/%e4%b8%8d%e5%ae%89%e3%82%92%e9%8e%ae%e3%82%81%e3%82%8b%e3%81%9f%e3%82%81%e3%81%ae%e5%af%be%e8%a9%b1.html ［2020 年 7 月 1 日閲覧］）

2　この経緯は以下のブログ参照。「心配ごとを意識化する 」（http://surume.org/2020/04/%e5%bf%83%e9%85%8d%e3%81%94%e3%81%a8%e3%82%92%e6%84%8f%e8%ad%98%e5%8c%96%e3%81%99%e3%82%8b.html ［2020 年 7 月 1 日閲覧］）

◉ 文献

深尾葉子（2018）黄砂の越境マネジメント──黄土・植林・援助を問いなおす．大阪大学出版会．

ヤーコ・セイックラ，トム・アーンキル［高木俊介，岡田愛訳］（2016）オープンダイアローグ．日本評論社．

ヤーコ・セイックラ，トム・アーンキル［斎藤環 監訳］（2019）開かれた対話と未来──今この瞬間に他者を思いやる．医学書院．

竹端寛（2018）「当たり前」をひっくり返す──バザーリア・ニィリエ・フレイレが奏でた「革命」．現代書館．

自国の負の過去にどう向き合うか
ドイツの「想起の文化」と空間実践

名古屋大学
安川晴基

はじめに

　できればなかったことにしたい恥辱的な過去，己の誇りを傷づけ，良心を密かにさいなむ過去の思い出を，人々はどのように扱ってきただろうか。ニーチェはこの問題を簡潔な寸劇にまとめている。「「それは私のしたことだ」，と私の記憶は言う。「私がそれをしたはずがない」，と私の自負心は言い，頑としてゆずらない。結局は――記憶の方が譲歩する」（ニーチェ，1993［p.120］）。

　いやな過去を忘れるということは，個人にとっても集団にとっても，状況によっては，解放をもたらし再出発を可能にする。自分たちが犯してしまった過ちに直面したとき，国家や社会はたいていこの方法を選んできた。植民地での収奪や殺戮，占領地での捕虜や住民の虐殺など，自分たちが加害者の側に立ってしまった出来事の記憶は，かくして国民の輝かしい物語の裏で忘却されてきた。短期的にはこの戦略はうまくいくことがある。しかし，極度の暴力が非対称的に振るわれたトラウマ的な出来事の思い出は，加害者側の一方的な忘却によって都合よく消えることはない。それは被害者にとってはいつまでも癒えない傷として残り，加害者にとっては，ほの暗い疾しさとなって，抑圧の底で生き続ける。そのような思い出は，私たちの首尾一貫した歴史物語に同化されえない何かとして，集合的記憶の暗部で作用し続け，ときおり浮上して

は私たちの自己像をゆさぶる。日本でも，東アジアにおけるかつての加害の記憶が不意に蘇っては，激しい感情的反応を呼び覚ましている。

　本稿では，そのようなトラウマ的記憶の事例として，ホロコースト（ナチス・ドイツが第二次世界大戦中に行なったユダヤ人の大量虐殺）を取り上げる。自国が犯した途方もない罪の記憶に，今日のドイツに生きる人々は，どのように向き合っているのだろうか。ここでは特に記念碑やミュージアムなどに着目し，公共空間でトラウマ的記憶にどのような形が与えられ，社会での共有と，次世代への継承がはかられているかを考える。

再統一後ドイツの「想起の文化」

　戦後のドイツでは，ホロコーストの記憶は，はじめは抑圧されて潜伏し，間歇的に社会に激しい争いをもたらしながら，事後数十年をかけて徐々に人々の意識に座を占めていった。

　終戦直後から60年代前半にいたるまで，ナチス犯罪とその被害者の思い出は，公的なコミュニケーションからは消されていた。戦争世代は――加害者側も被害者側も――直近の過去について沈黙することに，国家再建と社会の再統合のための解決策を見出した。経済復興と未来志向の影で，過去との曖昧な決着が図られた。

　戦後世代が社会の担い手として登場しはじめ

た60年代後半になると，社会の空気が大きく変わる。反体制運動を担った若者たちは親世代のナチズムの過去とその沈黙を告発した。70年代の中道左派政権時代に，過去を過ぎ去るにまかせようとする保守勢力に対して，「過去の克服」が進捗する。しかし80年代に再び保守中道政権が誕生すると，「歴史」が新たな政治的課題になる。ナチ時代を相対化し国民国家の輝かしい歴史を回復しようと試みる保守派に対して，批判的市民は，戦後西ドイツの民主主義の原点として，ナチズムの過去の直視を求めた。この争いのなかで，ナチス犯罪とその被害者の記憶を，恒久的に保持していくという合意が築かれていく。

1990年の再統一後には，いわゆる「想起の文化」が確立した。ナチズムの過去を自己批判的に想起し，その負の記憶を，今日の市民社会の基本合意（基本的人権の擁護，民主主義，法治国家，寛容）に対する責任意識に転換しようとする実践だ。市民から国家にいたるさまざまな次元で，そして，公的行事，記念碑やミュージアムの建設，学校教育，芸術活動などの多様な領域で営まれている。今やホロコーストを想起することはドイツの政治文化の柱となった。この想起の実践の参照枠をなしているのは，「人権」という，今日の国際社会における普遍主義的な価値観である。ホロコーストの想起を通じて，ドイツの人々も，このグローバルな記憶の共同体に参画している。

「ヴォイド」
——ドイツ史の「開いた傷」

再統一後，再び首都になったベルリンには，ナチズムやホロコーストに関連する数多くの「想起の空間」が生まれた。以下，代表的なものをいくつか紹介しよう。いずれも都心にあって，今日のドイツの想起の文化を象徴している。

ホロコースト警告碑（2005年除幕）

ベルリンの中心，連邦議会議事堂のそばにある広大な敷地に，2,711本のコンクリート柱が林立している。2005年に除幕した「虐殺されたヨーロッパのユダヤ人のための記念碑」（通称「ホロコースト警告碑」）だ（図1）。1989年に西ベルリンの市民団体が建設を呼びかけてから，壁崩壊と東西ドイツの統一を経て，99年に連邦議会で建設が可決されるまで，建立の是非をめぐり10年にわたって大論争が繰り広げられた。首都の中心で，ナチス・ドイツによるユダヤ人大虐殺の被害者を悼むこの記念碑は，連邦共和国のアイデンティティの核心にはナチズムの過去があり，その負の遺産に対して，今後とも責任を取り続けるという，この国の自己理解を公言している。

自国の犯罪とその被害者を想起させる，それも首都の真ん中でそうさせるというのは，記念碑の歴史においてかつてないものだが，そのデザインもただならない。設計した建築家ピーター・アイゼンマンは，自身の案を「脱構築主義的なモニュメント」と呼んでいる。この「石柱のフィールド」には，中心もなければ定まったルートもない。つまり特定のプロットを押し付けない。サッカー場4面分の波打つ地面に，無数のコンクリート柱がグリッド状に反復される，迷路のようなフィールドのなかで，来訪者は方向喪失，孤独，不安の感情に襲われるという。来訪者を混乱させ，圧倒するような身体的経験によって，言語化を逃れ意味づけ拒むトラウマ的出来事を，トラウマのままに留めようとする。「石柱のフィールド」は一つの巨大な「ヴォイド（空隙）」だ。それは，ホロコーストのような出来事を表現しうる表象はありえないことを，逆説的に表現している。

図1　ホロコースト警告碑の「石柱のフィールド」（2015年4月筆者撮影）

ベルリン・ユダヤ博物館（2001年開館）

　ホロコーストの表象不可能性のトポスはベルリン・ユダヤ博物館にも通底する（図2）。このミュージアムは，中世から今日にいたる，ドイツにおけるユダヤ人の歴史を展示している。それのみならず，建物それ自体が，一種のホロコースト・メモリアルでもある。

　もともとベルリンには，1933年に建てられたユダヤ博物館があったが，ナチ時代に破壊された。戦後，西ベルリンは，ユダヤ系市民に対する一種の精神的償いとして，ミュージアムを再建することを決定し，既存のベルリン博物館を拡張する形で建設計画は進められた。

　建築家ダニエル・リベスキンドが設計した新館のプランは2本の基本線からなる。一方は建物の輪郭をなすジグザグの線で，それを想像上の直線が貫いている。2つの線の交点には「ヴォイド」と呼ばれる何もない空間がある。ミュージアムはこの一連の「ヴォイド」を核に構造化されている。「ヴォイド」は建物の各階を貫き，展示空間を不規則に細分化すると同時に，それ

らを繋ぎ合わせる。「ヴォイド」には（一部を除いて）立ち入ることはできず，また中には何も展示してはならない。それは異物として，私たちがミュージアムの展示空間で慣れ親しんできた連続的な物語の流れを中断する。

　ベルリンにユダヤ人の歴史をテーマとするミュージアムを建てることは，一度消去された記憶を，再び都市に書き込むことに等しい。だがその際に，継ぎ目のない連続の印象を与えるのではなく，破壊の前史をも想起させなければならない。「ヴォイド」は歴史の断絶，破壊があとに残した「不在」，「記憶の空隙（メモリー・ヴォイド）」を建築の言語で可視化している。

記録センター〈テロルのトポグラフィー〉（2010年開館）

　第3の例は上記2つとは性格を異にしている。まず上記2つが都市に後から付け加えられた想起の空間であるのに対し，ここは実際に出来事が起きた「歴史の現場」である。そして上記2つが被害者を焦点化しているのに対し，ここは

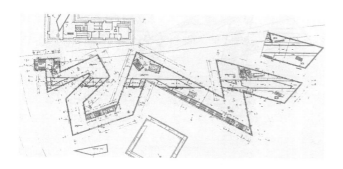

図2
左：ベルリン・ユダヤ博物館の平面図（出典：Dorner, 1999［p.101］）
右：「メモリー・ヴォイド」（2010年12月筆者撮影）

何よりも「加害者の場所」である。

現在〈テロルのトポグラフィー〉として公開されている敷地は，それ自体が，ドイツ近現代史の縮図をなしている（図3）。敷地は19世紀末のドイツ帝国時代に，帝都の新たな文教地区として整備された。しかしナチ時代にはここにゲシュタポ本部，親衛隊司令部，さらには国家保安本部が置かれていた。つまり，ナチスの警察国家機構の中枢として，ドイツ国内および占領地域での住民や捕虜の弾圧・迫害・虐殺が，ここから指揮された。戦争末期に敷地は壊滅し，戦後は瓦礫が撤去されて更地になる。ナチ時代の忌まわしい記憶はすみやかに消された。ベルリンの分断で，1961年には敷地のすぐ北側をベルリンの壁が走る。以後，壁際の無人地帯として忘れさられていた。80年代になって場所の歴史が再び意識されるようになり，ここを想起の場所にする案が市民から挙がる。市民が中心となった「下からの歴史」の運動で，ナチ時代

の遺構が発掘され，87年以降，仮設の展示施設が設けられて一般公開された。その後，いくつかの紆余曲折を経て，2010年に新たに資料館が建てられ，敷地それ自体が〈テロルのトポグラフィー〉として保存された。

事後の抑圧，潜伏，思いがけない再浮上という，この場所がたどった軌跡は，戦後ドイツの集合的記憶のダイナミズムを体現している。このトラウマ的場所の将来をめぐる80年代と90年代の議論を経て，最終的に敷地は，ナチ時代の遺構もろとも現在あるがままの状態に留められることになった。建物を復元したり新たに建てたりすることは，場所とそこに堆積した記憶を見えなくしてしまう。戦後の忘却をも目に見えるようにするために，敷地は更地のままに残された。ここは「都市の，そしてドイツ史の開いた傷」として，日常生活における人々の無意識を揺さぶり，反省的な想起の営みへと促すことが期待されている。

図3 〈テロルのトポグラフィー〉
(2015年5月筆者撮影)。前景は戦後更地にされた敷地。中景にはベルリンの壁の残り、さらにその背後にはナチ時代に建てられたかつての航空省の建物が見える。

否定的想起のイコン

　これらの空間が象徴している今日のドイツの想起の文化は、歴史上まったく新しい現象である。従来、国民的記憶は一面的で自己称揚的だ。勝利であれ受難であれ、もっぱら肯定的な自己像を媒介し、そのイメージにそぐわない要素は消される。それに対し、ドイツの想起の文化は、自国の犯罪的な過去を排除するのではなく、積極的に共同想起のレパートリーに組み込んでいる。

　自国の正統性を脅かすような過去の出来事を想起するためには、それを中和してくれる、より大きな肯定的物語のフレームが必要だ。冷戦後の西洋世界のモラル・オーダーは比較的明確な善悪の区別に基づく。アイデンティティ・ポリティクスの観点でいうと、今日のドイツの記憶政策は、ナチズムの犯罪的な過去を想起し、それとの距離化を通じて、民主主義国としての自国のプロフィールを明確にするとともに、価値共同体としてのEUとの一体化をはかっている。いわば否定の否定によって肯定を創出する試みである。

　ナショナル・アイデンティティの核心にホロコーストの記憶を位置づけるにあたり、それにどのような形を与え、可視化すればよいだろうか。1980年代以降、そのあるべき形をめぐる議論のなかで提案され、選ばれてきたのが「ヴォイド」だ。「ヴォイド」は、首尾一貫した国民の歴史物語に統合することができないトラウマ的な過去を、まさに「傷（トラウマ）」として囲い込む。それは一義的な意味づけを拒むと同時に、さまざまな解釈と新たな物語に開かれている。「ヴォイド」は、語りえない記憶の空白でもあり、癒えることのない歴史の傷でもあり、さらには、今日のドイツという政体（ボディ・ポリティック）に刻まれた「スティグマ」でもある。この恥辱の傷痕は、しかし、反省と悔恨の振る舞いによって名誉のしるしに変わりうる。

下からの想起の営み
——「躓きの石」（1995年〜）

　ベルリン・ユダヤ博物館、ホロコースト警告碑、〈テロルのトポグラフィー〉は、国レベルで設置が進められた想起の空間であり、ナチズムとホロコーストの記憶を首都の中心に集め、強烈に可視化している。その一方で、日常生活により近い場所で、出来事の「痕跡」を拾い上げ、被害者を悼もうとする、草の根的な想起の営みもある。

　最後に紹介するのは、ドイツの芸術家グンター・デムニヒが始めた「躓きの石」というプロジェクトだ。これは10センチ四方の真鍮性のプレートに、ナチ時代に迫害された人々の名前・生没年・運命を簡潔な言葉で刻んだもので、彼らが最後に自らの意思で暮らした建物の前に埋められている。ドイツや近隣諸国のあちこちの路上に散在している。

　このプロジェクトの特徴として次の3点が挙げられる。①個別性にこだわること。ホロコー

図4 「躓きの石」（ベルリン，グローセ・ハンブルガー通り，2015年5月筆者撮影）

スト警告碑のような中心化された記念碑が，被害者の抽象化（「虐殺されたヨーロッパのユダヤ人」）に向かうとすれば，これは一人ひとりの運命を固有名で想起する。②指標（インデックス）的。これらの石は出来事の「痕跡」を現場に書き込む。歴史知識として観念のなかにある，ホロコーストという巨大で抽象的な出来事と，人々の今の日常を「ここ」で結ぶ。③住民の自発性に支えられていること。近隣住民が，かつての被害者の運命を調べ，市当局に設置の許可を得て，デムニヒに石の制作と設置を依頼する。その費用は彼らが支払う。設置後のメンテナンスも彼らが行なう。

「躓きの石」は，デムニヒの当初の構想では「戒めの碑」の性格が強かった。加害者の子孫に，文字通り自分たちの戸外でなされた犯罪を思い出させようとするもので，戦後の忘却と無関心に対する批判と挑発の試みだった。しかしこの石は，それをめぐる人々の実践のなかで，戒め・償い・哀悼・連帯のしるしなど，さまざまな意味を帯びる。

設置を計画する住民たちは，被害者の運命を調べることで，近隣に埋もれた加害の記憶を掘り起こし，地域で共有し，若い世代に伝えようとする。石との関わりを通じて，自分の家族史

と折り合いをつけようとする加害者の子孫もいる。例えば定期的に石を磨いてまわる人々がいる。彼らはそうすることで親世代が犯した罪と向き合っている。デムニヒ（1947年生まれ）も同じ「第二世代」に属している。家庭内での記憶の抑圧と父親との対話の失敗が，このプロジェクトを開始した個人的背景をなしているという。被害者の親族にとって，この石は何よりも，墓を持たない死者の名誉回復と哀悼のしるしだろう。親族は除幕式に参加して，写真，花，蝋燭，小石などを添える。この行為を通じて，その場所を，加害者の子孫とは別様にマークし，自らが携えてきたライフストーリーを書き込み，その場所との感情的な近しさを生み出そうとする。ここで重要なのは，「躓きの石」を設置する過程のなかで，加害者の子孫と被害者の子孫が接触する機会がもたらされることだ。この接触が，加害国でもあるかつての母国との関係を，結び直すきっかけになる。

「躓きの石」は，共同体から排除され殺されたかつての住人の「不在」をしるす痕跡，それ自体は空虚な「ヴォイド」に過ぎない。罪の重荷や喪失を埋め合わせるものでは決してない。しかし，このプロジェクトは，固有名が刻み直されて匿名性を脱した場所を足場にして，各人が

それぞれに，その場所との特殊な関わりのなかで，ホロコーストという出来事を，自らの物語として語り直す機会を提供している。もっとも肯定的な関わりだけではない。設置を望まない住民や自治体もあれば，ネオナチによる損壊も起こっている。「躓きの石」という小さな空間を舞台に，自国のトラウマ的な過去をめぐる社会的交渉は続いている。

おわりに

現在のドイツの記憶の景観にはナチズムとホロコーストの過去が遍在している。記憶の争いが激化した1980年代でもなお，今日のこの記憶の景観は想像できなかっただろう。戦後ドイツの歴史は，過去を忘れたいという欲望と，想起しなければならないという責任感のせめぎ合いの歴史だった。そのせめぎ合いのなかで築かれていったのが，現在の民主的社会を守っていくために，先行世代の犯した「罪」を自分たちの過去として受け止め，被害者を悼み，その記憶を将来に繋いでいくことを後継世代の「責任」と考える，社会的規範だった。

できれば忘れたい己の恥辱的な過去に向き合うのはつらい作業だ。しかしその困難な，時間のかかる想起の作業を通じて初めて，トラウマ的な過去への囚われから解放され，新たな行為の可能性が開かれる。本稿で紹介した空間実践は，そのために必要な社会的交渉のための場所を作り出す試みである。この論争に満ちた，絶え間ない反省的想起の営みは，今日のドイツに暮らす人々に，自国の負の過去を成功裏に克服したという新たな「誇り」をもたらし，また国際社会の信頼も取り戻している。この想起の営みは完了したわけではなく，葛藤や衝突を内に抱えながら，今後も続いていくだろう。

◉文献

アライダ・アスマン［安川晴基 訳］(2019) 想起の文化——忘却から対話へ. 岩波書店.

Dorner E (1999) Daniel Libeskind. Jüdisches Museum Berlin. Berlin.

フリードリッヒ・ニーチェ［信太正三 訳］(1993) 善悪の悲願・道徳の系譜 (ニーチェ全集11). 筑摩書房［ちくま学芸文庫].

安川晴基 (2015a) ホロコーストの想起と空間実践——再統一後のベルリンにみる「中心」と「周辺」の試み. 思想 1096；98-129.

安川晴基 (2015b) 個別と遍在のはざまで——想起のプロジェクト「躓きの石」をめぐる批判的考察. 藝文研究 109；194-213.

ラ・ボルド病院で見えたもの

写真家
田村尚子

　子どもの夢，錯乱，砂の城，換喩的な逃走，砂漠化した土地，あるいは倒錯したジャングル，そのすべてがいまだ探検を待っている　　　　　　　（ジャン・ウリ）

　フランス・ロワール河畔の優美な古城が点在し，現在でも有数の狩猟場があり森や野原が広がる地域から程近くに，ラ・ボルド病院（Clinique de La Borde）は1951年に開院された。創設者であり院長であったフランスの精神科医ジャン・ウリ（1924〜2014）が，90歳で亡くなるまで精力的に臨床に携わり，「制度を使った精神療法」という精神医療を実践し，現在でもこの治療法は行われている。創設の数年後にはフェリックス・ガタリという類まれな想像力と活動力を備えた人物をこの病院に迎え入れた。

　ラ・ボルド病院に関連する名著のひとつでもある多賀茂・三脇康生編『医療環境を変える――「制度を使った精神療法」の実践と思想』（京都大学学術出版会）と，2017年に邦訳出版されたジャン・ウリ著『コレクティフ』（月曜社）などに詳しく記されているので簡単な紹介に留めて先に進みたい。

　ウリ院長は次のように述べている。「病気というものは環境や雰囲気，つまり周囲にあるものによって作り出されている，一番重要なことは何か見えないもの，そして見えないようになっ

ている問題，それにどうやって手をつけるかということ，それに対する観察をずっと行ってきている」。

　毎年一時滞在ではあったが，ウリ院長やラ・ボルド病院とは10年以上のお付き合いになった。最初にあげたウリの詩もそれぞれのセンテンス＝言葉から生まれるイメージをとってもウリ院長の目指してやまなかった彼の臨床に対する姿勢や人間の本質や病と向き合う果てしない挑戦と思いが凝縮していると感じる一例だ。

　最初の出会いとなった2005年京都と東京で行われたシンポジウムのウリ院長の発言のなかに，大木の幹が医療または病院だとすれば，その枝には，経済，文化，食事，音楽，建築，芸術，政治，様々なものの多様性があってこそ成り立つ，という話があった。これは医療専門の話だけに当てはまることではなく，異分野の領域で活動する私にとっても大いなる展望と興味をもたらした。大木にひそむ地としての背景に連綿と広がる地平のようなものを漠然と感じた覚えがある。

もう一度彼ら＝患者がいるべき空間を作り直すこと

　ここに入院する患者さんは滞在者（Labordian）と呼ばれており，医師も，スタッフも滞在者も

みな私服で過ごしている。ここでは人を『コード化』しない，ということが非常に印象的な言葉のひとつであった。

ウリ院長のいう，〈道具装置〉のひとつに複数のアトリエ＝クラブ活動がある。芸術療法というより作業療法だという。このアトリエ活動は決まったグループに属するのではなく，その日の気分で選択して良いので，義務や強制ではなく決めることができる。私自身も滞在中はその日に予定されていたパン作りや朗読のアトリエに参加したり，自身が中心になってアトリエ・ジャポンを行ったり，担当者からの相談を受け，映画のアトリエで自らの作品を上映し，上映後の対話を行ったりした。

ウリ院長は診察以外にもラ・ボルド病院内で毎週定例のセミネール（医師，スタッフ，研修生，患者さん，ゲスト誰もが聴講できる）を行っていた。ともに過ごす時間というだけでなく，豊富な経験や知識も分かち合う場である。また，パリのサン・タンヌ病院でも1981年からセミネールが開かれるようになり，精神医学への根源的な問いや問題意識が講じられていた。夜遅くから始まるにもかかわらず，聴講席には精神療法の関係者，医学部や文系・思想系の学生たち，海外からの留学生らしき人たちも熱心に聞き入っていた。3度目に出席した2014年4月のサン・タンヌでのセミネールでも，相変わらず大講堂はほぼ満席で登り廊下に座って聞いている若い学生もいた。久しぶりにお会いしたウリ院長は，「またラ・ボルドにいらっしゃい」と優しく声をかけてくださり，嬉々としたのもつかの間の喜び，その日からちょうど1カ月後にウリ院長は還らぬ人となってしまった。

ブロワ駅から程近い蒼空に聳える大聖堂で葬儀が執り行われ（ただしウリ院長は無宗教とのこと），その後，多くの人々に囲まれながら墓地での埋葬があり，皆一人ひとりが花を捧げてお別れをした。夕方にはラ・ボルド病院で追悼の会があり，大勢の仲間や院長を慕う人々と患者さんたちが集っていた。皆の集まる広場の脇の道を入ったところにあるウリ院長の診察室の方へ歩いて行くと，通り道に面したウリ院長の書斎兼診察室の外窓にいくつもの小さな石や小さな花，ささやかな贈り物が並んでいた。

薄手の白いカーテンがかかっている窓から柔らかな光が入り，壁には背の高い本棚が並んでいる。院長室で書斎兼診察室である。年季の入ったソファの上には，昔ここを訪ねてきた日本人からもらったという正絹に描かれた鯉の水墨画が掛けられている。本棚には葉巻を加えたフロイトの額入り写真，ジャコメッティを思わせるデッサン，あちこちに絵画や木彫額，本棚の上にも不思議なオブジェのようなものがある。ジャン・デュビュッフェと一緒にアール・ブリュットの初期に関わっていたことも起想させた。また敷地内にある自宅の食卓の上のランプシェードもユニークな形をした紙質のもので，ウリ夫人が「昔入院滞在していた患者さんが出ていくときにプレゼントしてくれた」ものだと教えてくれる。玄関ホールの花瓶もピアノの上にある紙や粘土で作られたオブジェも，通り過ぎていった友人たちからの贈り物のように置かれていたことを思い出す。

アトリエ活動での経験を共有するということは相互認識に繋がり，それまでの距離感も一気縮まり，新しい出会いも生まれ，一つの場所や空間と繋がる身体的な記憶や出来事になっていた。

「葬儀に来ることができなかった患者たちがお別れを言いに置いていったんだよ」と，外窓のある道を通りかかった医師がそっと教えてくれた。

ある日の午後，「また今日から滞在します」という挨拶に書斎に伺うと，雑然とした書斎机に積み上げられた本のなかから最近友人が出した本だと言って差し出し薦めてくれた。白地に

シンプルなブルーのラインの大好きなミニュイ社の *Survivance des lucioles* (Minuit, 2009)（『蛍の残存』Didi-Huberman）[註1]であった。思わず小さく興奮して，『アウラ・ヒステリカ』(Didi-Huberman, 1982/2012) を読んでいてとても興味があり，最近では彼の著作は邦訳書も増えているなどと話した。ラボルド病院はアフリカにも提携があると聞いており，演劇という観点からも実験演劇やアフリカに出かけて現地の人たちと交流を図るなど多種多様な活動をしている演出家のピーター・ブルックが私の中で勝手にリンクしていたので，オリバー・サックス原作の神経症や認知症を扱った『妻と帽子を取り間違えた男』を演劇化した「L'homme qui...」のことを話したのち，シャラントン精神病院での演劇映画「マラー／サド」(1966)[註2]について触れると，彼は偉大な演出家だが「患者の立場に立つとあのテーマの映画は好きではない」と少し怪訝な顔になってしまった。その後，部屋の外に出て少し一緒に歩いた。「Dr. BIN は知っていますか？」。古樹の前に立ち，「このヒマラヤ杉は，自分が前にいた病院から患者を引き連れて2週間彷徨い，この古城にたどり着いた時からここにあった」。そして古城前の広場を眺めながら，また，昔来た日本人から，「気」と「間」ということを教わったというような話をしてくださった。その数年後，2011年の滞在の際，完成していたウリ院長の提案による新病棟にはいくつかの坪庭が長い廊下の間に作られていた。東洋の「気」と「間」，そして西洋の解釈の「雰囲気」を独自の感性で融合させようとしていた。

後日談だが，パリ4区で開催された『蛍の残存』を原作としたドキュメンタリー・フィクション映画の試写会で，ディディ＝ユベルマン氏に実際にお会いする機会に恵まれた。数年前ウリ院長の書斎でまさにあなたのこの映画の原作になった本を勧められたという話をすると，彼は「ウリは尊敬に値する大切な友人である」といっ

て大変喜んでくださった。

あの坪庭のある病棟をみたら，イメージ探求者としても共振し，ユベルマンもその間を楽しむのではないだろうか。

夏の祭り

ラ・ボルドの特徴的な催しとして，毎年行われる夏祭りがあり，アトリエ活動で作った陶芸品や，ポストカード，独創的な蝋燭などを売るバザー，飲食コーナー，ノンアルコールバーなどが屋内外に並び賑わう。

そして，1年かけて準備し患者たちと病院スタッフが一緒に世界の古典的な作品のなかから選んで演じる芝居がある。その年の演目はソフォクレスの「アンティゴネ」。

偶然にも私は2004年にソフォクレス生誕2500年演劇祭のためにギリシャのデルフォイに赴き，同演目『アンティゴネ』（宮城聰 演出）を撮影していたので，それから10年後にラ・ボルド敷地内の森のなかで，パルナッソス山脈の麓での台詞や音楽の反響や反復，あの太古の空気感を回想しながら，この演目にふたたび向き合うこととなった。

森の一番大きな木の下に舞台を作り，衣装も舞台道具もすべて手作りである。観客には病院関係者はもちろん，近隣の住民や，患者の家族たちが招かれていた。仲良くしていた患者さんも何人か出演していたので，舞台裏にも行ったり，始まると自分自身がドキドキし始めたのを思い出す。その舞台はまるで精霊たちが集まって舞っているかのようであった。セリフを忘れ，途中で演出家がその先のセリフを知らせたり，出番や踊りの順番を忘れたりした場面もあったが，はっきりと言葉を発することができない人はその声の抑揚や表情，おおらかな感情表現で，何かを呼び覚ますものがあった。舞踏や演劇は神々に捧げるために始まったとも言われるよう

に，この舞台は何かに捧げられているかのようでもあり，私たち観るものをも温めてくれた。終了後，仲良くしていた患者さんが数カ月の稽古で使用した『アンティゴネ』の台本を「来てくれてありがとう」と言ってプレゼントしてくれたのも予期せぬ感激であった。

芝居の役を演じることによって，時間や空間や置かれている状況の制限から一旦離れるということができるならば，患者さんたちにとっては大変有効なことであり，潜在的な何かを引き出すのに一役買っていると思えた。このことは続けてゆっくりと考えてみたい。長年継続されているこの夏祭りの演劇に若い頃関わったという舞台芸術関係者の何人かとお会いしたことがある。とりわけフランスの偉大な演出家である故クロード・レジ氏（1923〜2019）[註3] も若き頃，演出助手などで参加協力したとのことで，私事で恐縮だが，来日中，京都案内をした際，ラ・ボルドで撮影した拙著『ソローニュの森』（白昼夢のごときイメージの作品）をお見せすると，その年のフェスティバル・ドトンヌ（秋の演劇祭）での2カ月に及ぶ彼の公演期間中，劇場ホワイエで写真を展示するよう勧めてくれた。ラ・ボルドでの経験や時間へのシンパシーの技ととれたが，このような繋がりは病院外でも起こりうる。ラ・ボルドは様々な意味で「ネットワークのなかのひとつである」と，ある書物のなかでウリ院長が語っているが，この病院がどのような物語を作り上げてきたかということがこうした医療以外の別の視点からもうかがえる。

葬儀の数カ月後に訪ねた2014年，ウリ院長のいない初めての夏祭りであったが，誰もがそれぞれ想い合っているという気配，あるいは喪失感が漂っていた。ウリ院長はここにはいないが見守ってくれていると口にしたり，口に出さなくても祈りと尊敬の念があちこちで感じられた。院長として圧倒的な存在感があり，患者さんからも親しまれながらも病院の日常や運営理念に関する厳しい態度を貫かれた院長は一目おかれていた。実際に彼が不在であってもグループで考えて動ける体制になっており，具体的に機能し，医師やスタッフたちも今までの経験を引き継いで携わっており，概念が実体として感じられた。

それらはまさに“人間の根源的な何かに関わる”ことであると言える。芝居はある人が別の人格として行為を行う。ふだんの生活における発言とは性質を異にすることで，ウリ院長のいう「全てが穏やかな転移が生じうる場を生み出す」ということにも繋がるのではないだろうか。

ラ・ボルドでは自然と共生しつつ，個々人それぞれが違う方向の無数の矢印を持っている，そのことをしなやかに受け止めながす場所でちょっとした経験の接ぎ木を手助けすることは，文化を促すように思えてくる。日常に小さな満たしがあること，小さな喜びが生まれること，決められたルールと伴走しつつも，その都度緩やかに修正をくり返し，循環している。生きやすさはどこにあるのだろうか？ “ありのまま”＝病気であろうがなかろうが，人本来の固有性のまま許容する社会を形成することに向き合っていたようにも思う。

最後に私自身関係の深い写真とのエピソードを記しておきたい。

だいぶ前のことになるが，神戸大学医学部医局会の招きで，私が講演をさせていただいた時，写真を用いてラ・ボルドの患者さんと過ごした話をした際に，講義室の真ん中あたりに座ってらした中井久夫氏より「私は70年代にドイツで，患者にカメラを渡して，撮影をしてもらい出来上がった彼らの写真を見て治療に役立てた」という発言があったからではないが，実際にその次の年にラ・ボルドに行った際，撮られるばかりでなく撮ってみたいというリクエストがあっ

た。しかし，私の場合は持っているアナログカメラが患者さんには扱いづらいという点から，ポラロイドを渡したりして楽しむにとどまった。相手によるが，治療に表向き携わらない私のような存在が患者さんを撮影するということは容易いことでもない。なかにはじぶんの顔を見たくない，鏡を見るのも嫌だし，写真なんて真っ平であるという患者さんもいたが，回数を重ねていくうちに，互いにいくらか自然さが身についていた。カメラを渡して撮影してもらうことで治療を促したという中井久夫先生の話を考えてみると，写真は内面を写しだす鏡ともいえるのだろうし，写真はカメラという器械が介入し，直接事物を見るのとも違ってくるが，ものとの距離やあわいにある何かを眺めたり，繰り返し何かを見たりすることで，認識している世界の不確かさについてもう一度目をみはることにもなりうる。内と外の繋がりの揺らぎはこういったところで立ち現れてくるのかもしれないなどと思いが巡った。

最後になるが，この問いがきっかけで「鏡」という要素と長年抱いてきた「夢」というテーマを交錯させるおだやかな転移として撮影された写真と映像のシリーズをパリで発表する機会を得た際，来場した精神分析家から，私の作品はラカンが残した円環の記号を思わせるという不思議な指摘を受けた。あの時のカメラと治療の関係についてはいまだに答えは出ていないが，いま私がいえることはあらゆる種類の価値の交換はどこにいても行われ，そのことがまた未開

の心を開く眼へと誘ってくれる。

見ることは驚くことでもあるという精神病院で勤務経験のあるアンドレ・ブルトンの言葉や，実際に院内の壁に患者さんによって写し書きされていた「描くとはどういうことなのか？　どうすればできるのか？」という言葉，見えない鉄の壁を突き破って一本の道を通すような行為であり，感じていることと，感じられるかもしれないことの間に見出すことができる，精神疾患と共に生きたアルトナン・アルトーなどの言葉がよぎっては消えていく。

▶註

1 フランスの哲学者・美術史家ジョルジュ・ディディ＝ユベルマン。
2 「マラー／サド」。マルキ・ド・サドの演出のもとにシャラントン精神病院患者たちによって演じられたジャン＝ポール・マラーの迫害と暗殺。
3 クロード・レジ──フランスの演出家。晩年の作品に「夢と錯乱」。

◎文献

Didi-Huberman G (1982) Invention de l'hystérie : Charcot et l'iconographie photographique de la Salpêtrière. Macula (5e édition, 2012)（谷川多佳子，和田ゆりえ 訳 (1990) アウラ・ヒステリカ──パリ精神病院の写真図像集』リブロポート）
多賀茂，三脇康生 編 (2016) 医療環境を変える──「制度を使った精神療法」の実践と思想. 京都大学学術出版会.
ジャン・ウリ［多賀茂，上尾真道，川村文重，武田宙也 訳］(2017) コレクティフ──サン・タンヌ病院におけるセミネール. 月曜社.

スティグマを読み替える
韓国における乳がん患者の事例から

立命館大学総合心理学部
澤野美智子

はじめに

本稿は韓国における乳がん患者の事例を通して，リスク社会におけるがんのスティグマとしての実態を示すとともに，患者たちがスティグマをうまく読み替える様相について検討することを目的とする。

文化人類学を専門とする筆者は，2010年から韓国の乳がん患者宅や乳がん患者会において長期フィールドワークを実施し，長期調査が終わってからも断続的に追加調査を行なってきた。澤野（2013, 2017）では，乳がん患者の女性たちが病気を通して家族問題にまつわる苦悩を表出し，能動的に家族関係を変えてゆく姿を描いた。一方で澤野（2018）では，韓国の保健行政が個々人の自己責任・自己管理を強調し，その失敗例として，がんのネガティブなイメージを強化している実態を明らかにした。しかし，この両者が同じ韓国社会に存在しながらどのような関係にあるのかについては考察しきれていなかった。本稿では，この両者の関係について，リスク社会という観点から検討する。

がんというスティグマ

現代韓国社会において，がんという病名には死と関連づけられたネガティブなイメージがあり，がん告知の場面では多くの患者がショックを受ける。下記は，2006年8月に韓国乳房健康財団がMBCラジオ番組「女性時代」と共同で乳がん患者を対象に公募した「ピンクリボン希望手記」の受賞作エッセイを収めた冊子に記載されている，がん告知の場面についての記述である。

「どうしましょうか。結果が良くないですね」。先生は口ごもり，私たちは非常に当惑して何も言えず，ただ先生の顔だけを穴が開くほど見つめていた。「がんです」。信じられなかった。がんだなんて……。音もない涙だけがとめどなく流れ，あまりにも大きいショックに何の言葉も出なかった。（최서원，2007 ［引用者訳］）

検査結果は青天の霹靂のようだった。先生が親切にも直接電話をかけてくれた。「あまり良くない結果をお伝えすることになってしまい……」「もしかして私が，がん……ですか？」その後のことは何も覚えていない。（고경자，2007 ［引用者訳］）

最初に先生からその物凄い単語を聞いた瞬間，ただ精神がボーッとして目の前が真っ暗になり，何の言葉も出てこず，あふれる涙をぬぐうことも止めることもできなかった。（박일순，2007 ［引用者訳］）

これらの記述に見られるように，がんという病名を告知された患者は大きなショックを受ける。このほかにも筆者の調査では，がん告知の直後の記憶をなくしたり（解離性健忘），がん告知の場でショックのあまり気絶したり（意識消失発作）といった，トラウマに関係する症状を経験した患者たちの語りが聞かれた（澤野，2018）。また，多くの患者ががんであることを理由に他人から避けられたり，あるいは自分ががんに罹る以前はがん患者を避けたりした経験を持っていることが明らかになった（澤野，2017）。

がんが恐れられるのは，韓国に限った話ではない。ソンタグ（Sontag, 1978, 1989）は執筆当時の米国において，がんという病名がおぞましい死のイメージと結びつけられ，嫌悪や差別の対象をがんに例える現象が見られることを指摘した。また美馬（2007）も「病名がはっきりすることで人は安心することが多いという一般的な原則の例外が，がんという病名だ。がんという病気が怖いと共に，いやそれ以上に，がんという病名を聞くこと自体が恐れられている」と述べている。つまり，がんという病名は一種の「スティグマ」（Goffman, 1963）[註1]になっている。

波平（1988）は，医療者も患者も家族もがんのイメージや社会的偏見・差別の網の目にからめとられており，がんに罹ったことがわかると本人も周囲の人も「やがて死にゆく人」として自身あるいは当人を眺めることを指摘する。そのため，がんの病名を告げる際には「告知」という言葉が使われ，告知によって患者も周囲の人びとも死を連想して強いストレスにさらされる。「ある種の病気（あるいは症状）に対する強い恐れや偏見は，どの社会にもどの時代にもあったと考えられるけれど，偏見の対象となる病気の場合は，とくに病気だけがひとり歩きをして，「人間の身体にある時期に現われてくる症状としての病気」という以上の意味をもち，その社会の様々な面で，強い影響を持つようになる」（波平，1988）。

波平（1988）は統計資料を用い，がんがなぜ「怖い」のかについて分析した。その分析によれば，「がんでよく死ぬ」というイメージがあり，がんによる死亡者数が増えているのは確かだが，人口全体が大きくなっているため，がんの死亡率が上昇しているわけではない。「がんでよく死ぬ」というのは，人があまり死ななくなった時代に「死ぬ人間のなかでは（がんで死ぬ人の割合が高いので）がんでよく死ぬ」ということを意味しているにすぎない。

一方で美馬（2007）は「がん恐怖症とは，がんという疾病それ自体がもつ何らかの特別な性質に由来するわけではなく，がんを取り巻く意味論的・社会的ネットワークの総体から生じていることになる」と述べ，「がんという疾病が実在して，その周囲にがん恐怖症が生み出される」というソンタグ流の発想に疑問を投げかける。例えば血液のがんと言われる白血病と，乳房にできものができる乳がんは「同じ」ではなく，外面的には類似性を知ることができない。近代医学体系の「がんとは異型細胞の増殖である」という定義があって初めて，白血病も乳がんも同じがんの一種として実体化される。さらに，疾病を実体化して捉える近代医学的認識方法だけではなく，言語体系の意味作用も大きな力を持つ。「がんが乳がんや白血病その他のさまざまな形で姿を現す」と言うとき，「がん」は何か得体の知れないものとなる。それは実体を持たない「純粋な見せかけ」であるため，一層の恐怖を引き起こす（美馬，2007）。

このように，がんはさまざまな要因によって，死を連想させ，恐怖を引き起こし，ネガティブな烙印すなわちスティグマとなっている。加えて，がんがスティグマになる現象については，リスク社会における医療という要因と切り離して考えることはできない。このことについて次節で検討する。

リスク社会におけるがん

市野澤（2014）は，リスク社会においては人びとにリスクへの意識を強く深く内面化させる諸条件が卓越し，その諸条件の複合が社会・経済・政治の制度を組み上げていることを指摘する。このなかで人びとは，想定される危険を，自己責任を負うべき問題（リスク）として引き受け，その回避や縮減に向けて行動する主体として生きているという。

浮ヶ谷（2010）は，病気の原因を個人に帰す社会では「個人と病気とは同一視され，病気と診断された個人は「病気である私」として自己完結したアイデンティティを付与されることになる」と指摘する。これはすなわち，病気というリスクに対して自己責任で回避しなければならないと考えられているため，病気に罹った場合はリスク回避に失敗した本人の責任になるということを示している。

リスク社会における医療について論じた美馬（2012）も，「個人主義的なリスク対策という方向性を極端にまで推し進めれば，個人では解決できない社会環境に由来するリスクの場合でも，それを避けるための手段を十分にとらなかったその個人の自己責任であるとの解釈にまで至るわけだ」と指摘する。現代社会においては個人主義的な価値観が強いため，多因子のリスクを単純化し，個人のライフスタイルに関連したリスクだけに介入の焦点を絞る傾向があるという（美馬，2012）。

また，ローズ（Rose, 2007）は，人間の生とバイオテクノロジーの結びつきのなかで，われわれはこれまで以上に生物学的な存在になっていることを指摘している。そして，今日われわれに求められていることとして，たえず自分自身を向上させることや，自分たちの健康をモニタリングすること，自分たちのリスクを管理することなどを挙げている。

がんに関連する韓国の保健行政の場合も例外ではなく，個々人の自己責任・自己管理を強調し，自身の健康のモニタリングを人びとに求めている。そしてその失敗例としてのがんのスティグマを強化している。1996年には国家レベルで「がん征服10カ年計画」が作られ，2003年には「がん管理法」が制定された。がんは社会的リスク（労働力喪失，社会保障の負担増加），身体的リスク（生物学的生命を脅かす，身体的苦痛を与える），精神的リスク（がんに起因する抑うつや自殺）という3つの側面から，リスクとして捉えられる。保健行政はがんの早期発見と定期検診の大切さを訴えるために，怖い，罹りたくない，醜い，苦しい，というがんのイメージを活用し，人びとのがんに対するイメージをより否定的にしている側面がある。がん患者は自己統制に失敗した者として，あるいは保健行政上の「逸脱者」として扱われる傾向にある（澤野，2018）。このような状況のなかで，がん患者たちはどのように生きているのか，次節で検討する。

韓国の乳がん患者の病因論とその文化的背景

前節で検討したような個々人の自己責任・自己管理が強調される状況にもかかわらず，韓国の乳がん患者や周囲の人びとは，必ずしも病因論を自己責任論に帰結させず，自己管理に失敗した者，ストレスに弱い者として，患者の罪責感を強める方法には進まない。

韓国の乳がん患者たちに「なぜあなたはこの病気に罹ったと思いますか」と尋ねると，大部分の人からは「ストゥレッス」[註2]という答えが返ってくる。その内容を尋ねると，夫の浮気や借金あるいは性格の不一致，姑からのひどい扱い，介護の苦労をはじめとする，家族に関する自己犠牲の苦労話が多く語られる（澤野，2013）。美馬（2007）は，「病気になった原因の一部は

本人自身の性格（ストレスに対する脆弱性）にある」という考え方について論じるなかで、「病気にかかったり、それがなかなか治らなかったりするのは、本人の性格の問題、つまりストレスに対する弱さのためだから、「病気になるような自分の生き方が悪かった」という罪責感を強める後ろ向きの方向に進んでしまうこともあるだろう」と述べている。

　韓国の乳がん患者の場合も病気の原因をストゥレッスに求める語りがよく聞かれるが、なぜか美馬（2007）の指摘するような「罪責感を強める後ろ向きの方向」には向かわない。例えば次の患者2人の語りは、筆者が「なぜがんに罹ったと思いますか」と問いかけた際に聞かれたものである。

　　うちの父が療養病院に入って亡くなり、あまりにも苦しんで亡くなったから私たちも苦しかったの。そしてうちは事情があって姑と一緒に住んでいたけど、それは楽じゃないわよね。長いこと別々に生きてきた人同士、お互いに直そうと思っても直せない部分があるわけ。（慶尚北道在住の50歳代女性の乳がん患者A／2018年2月28日聞き取り）

　　子育てがしんどくて、3年経てば楽になるだろう、5年経てば楽になるだろう、と我慢し続けたの。うちの夫と別れたいときもあったけれど、子どもたちのことを考えると赤いバッテンがつく（＝離婚する）のはよくないと思った。プロテスタントでは男性が浮気したときでなければ離婚してはいけないと考えるの。うちの夫も悪い人ではない。浮気したりお金を稼がなかったりするわけではないの。頑固で、言うことを聞かないから嫌なのよ。（釜山広域市在住の60歳代女性の乳がん患者B／2019年2月27日聞き取り）

　上記のように患者Aは、実父が終末期に苦しむ姿を目の当たりにした心労、および姑と同居したことによる苦労を、乳がんに罹った原因として語る。またプロテスタント信者である患者Bは、子育てのしんどさを我慢し続けたこと、および夫との性格の不一致があったにもかかわらず離婚できなかった苦悩を、自分の乳がんの原因として語る。

　このように語られる背景として、韓国の文化結合症候群として米国の精神科協会で認定されている「ファッピョン（火病：hwa-byung）」の存在がある。ファッピョンとは、怒りや不満などの否定的感情が胸に蓄積して詰まることによって発生する病気であり、中高年女性に多く生じるとされる。文化結合症候群は「文化的にパターン化された苦悩の表出表現」である（池田・奥野，2007）。儒教的家族規範のなかで自己犠牲を受忍する女性たちは、ファッピョンとしての身体症状を通して自分の苦悩を表出し、周囲の人びとに知らしめることで社会関係を再構築してきた。ファッピョンにおいては否定的感情が蓄積するのが胸であり、蓄積した感情がしこりを形成すると考えられている点で、乳がんと類似する部分がある。このことに加え、乳房が母性やセクシュアリティの意味合いを付与される身体部位であることから、乳がんの病因は家族のための自己犠牲に起因するストゥレッスと結びつけて解釈される傾向にある（澤野，2017）。

　このような文化があるため、乳がん患者の女性たちが自分の病因を家族に起因するストゥレッスであったと語っても、周りから「家族生活に失敗した者」「精神的に弱い者」という烙印を押されることはまずない。むしろ「そこまで苦労したのなら乳がんに罹って当然だ」という周囲からの共感を得て、今後の乳がん再発を防ぐためにストゥレッスをためない方法を模索し、自己犠牲をいかにして脱却し、自分の好きなように生きるかという方向に語りが展開してゆく。

おわりに

　これまで検討してきたように，がん予防のための自己管理が強く推奨されている韓国社会において，がんはスティグマ化され，ともすれば医療者や行政側から，がん患者は自己管理に失敗した者として扱われがちである。また，がんがストゥレスによって引き起こされたという解釈は，精神的な弱さの表れと見なされ患者の罪責感を強めてもおかしくない。このような状況にもかかわらず，韓国の乳がん患者たちが罪責感を強める方向に向かわないのは，ファッピョンという文化的装置の役割に負うところがある。

　公衆衛生の介入や自己責任論的な差別に対して抵抗する動きは，例えば碇（2018）の調査した米国のファット・アクセプタンス運動（身体サイズや体重を市民権として訴え，身体サイズや外見の偏見や差別に対する制度的な改変と社会的な意識の変革を目指す社会運動）のように，明確な運動として現れる場合もある。

　一方で，あからさまな抵抗ではなく，おそらく当事者たちにその意図もないけれど，ゆるやかにスティグマを読み替え，病気を自己責任に帰さない枠組みがあることを，韓国の乳がん患者の事例は示している。韓国の乳がん患者たちも生活習慣面（食生活，睡眠，運動）では病気を契機に自己管理を強化する側面はあり，完全に自己責任論的な枠組みから逃れているわけではない。その点を差し引いても，彼女たちの事例はスティグマを読み替える可能性を示し，生権力をかいくぐる術を見せているのではなかろうか。

▶註

1　他者や集団によって押し付けられたネガティブな烙印，レッテル。
2　韓国語の「스트레스」は英語の"stress"に由来する外来語であり，日本語の「ストレス」に近いが，日本語の「ストレス」よりも若干広い意味を含むため，本稿では韓国語の発音をカタカナ表記し「ストゥレス」と記載する。

◉文献

최서원（2007）행복한 환자．In：김은제ほか：핑크리본 희망수기．한국유방건강재단，pp.18-21.

Goffman E (1963) Stigma : Notes on the Management of Spoiled Identity. New Jersey : Prentice Hall.（石黒毅 訳（2001）スティグマの社会学——烙印を押されたアイデンティティ．せりか書房）

고경자（2007）우리 모두 88, 99 하소서．In：김은제ほか：핑크리본 희망수기．한국유방건강재단，pp.36-38.

市野澤潤平（2014）リスクの相貌を描く——人類学者による「リスク社会」再考．In：東賢太朗，市野澤潤平，木村周平，飯田卓 編著：リスクの人類学——不確実な世界を生きる．世界思想社，pp.1-27.

碇陽子（2018）「ファット」の民族誌——現代アメリカにおける肥満問題と生の多様性．明石書店．

池田光穂，奥野克巳 編著（2007）医療人類学のレッスン——病いをめぐる文化を探る．学陽書房．

美馬達哉（2007）〈病〉のスペクタクル——生権力の政治学．人文書院．

美馬達哉（2012）リスク化される身体——現代医学と統治のテクノロジー．青土社．

波平恵美子（1988）脳死・臓器移植・がん告知——死と医療の人類学．福武書店．

박일순（2007）불청객．In：김은제ほか：핑크리본 희망수기．한국유방건강재단，pp.70-72.

Rose N (2007) The Politics of Life Itself. Princeton : Princeton University Press.（檜垣立哉 監訳，小倉拓也，佐古仁志，山崎吾郎 訳（2014）生そのものの政治学——21世紀の生物医学，権力，主体性．法政大学出版局）

澤野美智子（2013）ケアの再構成を通した韓国の家族再考——既婚女性の乳がん患者の事例．文化人類学77-4；588-597.

澤野美智子（2017）乳がんと共に生きる女性と家族の医療人類学——韓国の「オモニ」の民族誌．明石書店．

澤野美智子（2018）トラウマ化された病い——韓国におけるがん・乳がんをめぐる事例から．In：田中雅一，松嶋健 編：トラウマを生きる．京都大学学術出版会，pp.269-302.

Sontag S (1978, 1989) Illness as Metaphor/AIDS and Its Metaphors. New York : Farrar, Strauss and Giroux.（富山太佳夫 訳（1992）新版 隠喩としての病／エイズとその隠喩．みすず書房）

浮ヶ谷幸代（2010）身体と境界の人類学．春風社．

生き延びること——生活者への帰還

声と沈黙

医療人類学者
磯野真穂

今，当事者をめぐる二つの動きが起こっている。一つはネットにおいてやや目立つ形で。もう一つは人知れずささやかな形で。前者はすでにご存知の方も多いだろう。議論になっているのは，当事者研究の母体の一つである東京豊島区にある「べてぶくろ」で起こったセクシャルハラスメント事案である。note[註1] による告発に従えば，直接の加害者は「べてぶくろ」外部の者であるが，それへの対応に関して二次被害と呼びうる状況が2015年から起こっており，その問題の原因を当事者研究を用いて告発者に負わせるようなことも行われていた[註2]。これに対しては「べてぶくろ」[註3]，および当事者ネットワーク[註4] が声明を発表している。

他方，ほとんど気づかれていないささやかな訴えは，愛媛県摂食障害機構（以下，機構）による署名運動である[註5]。ことの成り行きを私の言葉で簡単にまとめると，これは医師を中心に設立された摂食障害協会（以下，協会）による機構の成果の横取りと言える。機構は2019年秋，愛媛県での自助活動を行いやすくするため，地元の公明党に政治からの協力を求める働きかけを行った。すると翌年，このアクションは機構が思った以上の広がりを見せる。機構が摂食障害の啓発のために作成したマゼンタリボンとともに，摂食障害の支援体勢についての質問が国会で質問が為されたのだ。2020年2月のことである。

ところがこの一連の過程において，愛媛県公明党に提出した文書に関連団体として記載されていた協会と公明党が，機構には知らせないまま摂食障害のプロジェクトチーム立ち上げを進めていた。つまり当事者の声を反映させた支援という機構が当初持っていた願いとは裏腹に，医師主導で運動が進められ，運動のきっかけを作った当事者団体は議論のプロセスから外されていたのである。それがわかる証拠の一つとして，協会がアップした2020年2月29日のTwitterを参照したい。ここには「摂食障害対策プロジェクトチーム」が公明党内で立ち上がったことが喜びと感謝とともに記載されており，メンバーには機構が前年からコンタクトを取っていた議員が複数含まれる。しかしそのきっかけを作った機構には，プロジェクトチームの結成が進められていることも，それが立ち上がったことも一切知らされていなかった。機構がこの件について問い合わせたところ，対応した協会事務局から「この成果は協会が続けたロビー活動の成果であり機構とは関係がない」，「（鈴木氏に）ギャンギャン言われると公明党に梯子を外されかねない」といった発言がなされたという。

この一連の流れに憔悴し切った機構の代表である鈴木こころ氏は，自身のブログで今年度いっぱいで自身が続けてきた摂食障害の自助グループ「リボンの会」を閉じることを宣言する[註6]。署名は，この一連の動きが当事者の呼

びかけから始まったことを認め，摂食障害の支援活動に当事者の声を反映させることを求めている（2020年6月30日にて終了）。

「べてぶくろ」への告発と愛媛摂食障害機構の署名運動。この二つの問題は，前者が団体内の権力勾配，後者は医者と当事者の対立が起因である点で内容を異にする。しかし二つは「当事者」が獲得してきた力が関与しているという点で同じである。

これは一見，本特集のテーマであるケア・キュアの問題とは関係がないように思える。しかしキュアが困難であることも多い精神疾患において，ケアのあり方が長きにわたって議論されていること，ケアを語る際の概念の一つとして本邦において当事者という言葉が市民権を獲得したこと，さらに当事者研究がケアに効果的な方法として知られたことを踏まえると，「当時者」が持つ力について多面的に考えることはケアとキュアを根本から考え直すという特集の主旨にむしろ沿ったものと考える。15年余にわたる期間，摂食障害に関する調査を続け，そのなかで自助グループをめぐる問題についても断続的に聞き取り調査を続けてきた文化人類学者の立場から，私論を述べてみたい。

文化相対主義の抱える問題

本邦における二つの当事者の問題を考えるとき，私の頭に浮かぶのは文化人類学の基本概念の一つ「文化相対主義」をめぐる議論である。少し遠回りになるが，本誌の読者はこの言葉に馴染みがないと予想するため文化相対主義の歴史についてふれてみたい。

文化相対主義と社会進化論

文化相対主義とは，ある文化の意味や価値はその文化の内側からでなければ判断しえないという，ある文化を調査する際に人類学者に課せられる立場と考え方のことを指す。これは19世紀まで主流であった社会進化論に対抗する考え方として，主にアメリカの人類学者を中心に広められた。

社会進化論とは，人間は白人（あるいは欧米社会）を頂点として進化するという思想である。これはダーウィンの進化論を人間社会に適応した社会学者のハーバード・スペンサーにより積極的に進められ，19世紀の人類学もこの思想の枠内にあった。たとえばイギリスの人類学者であるエドワード・タイラーは，1871年に出版された『原始文化』（タイラー，1962）のなかで，人間社会を野蛮，未開，文明に分け，野蛮段階の宗教がアニミズム，未開段階のそれは多神教，文明段階のそれは一神教であると説明する。言うまでもなく，これはキリスト教を頂点とする宗教の進化論である。

そこから下ること6年，今度はモーガンが『古代社会』（モーガン，1987/2008）を発表する。モーガンは野蛮，未開，文明に社会を分類したあと，そのそれぞれの段階を低・中・高に分け，それぞれの段階にみられる社会の特徴を列挙した。たとえば，野蛮低段階の婚姻形態は乱婚，中段階は兄弟姉妹婚あるいはそれを禁ずる婚姻形態であり，それが未開段階へ進むと一夫多妻制となる。社会が文明段階に移行すると一夫一妻制に到達する。タイラーがキリスト教を進化の頂点と考えたことと同様に，モーガンは欧米の一夫一妻制を頂点とした婚姻形態の進化を描いたのである。

しかし20世紀に入ると，この説に異議を唱える文化人類学者が現れる。それが，アメリカ文化人類学の父といわれるフランツ・ボアズである。もともと地理学者だった彼は，地図作成の仕事のためにイヌイットと生活を共にすることになり，かれらとの生活が社会進化論に対する疑義を生み出す一つのきっかけとなる。彼が当時調査をしていたカナダのバフィン島で記した

日記のなかに，ウィキペディア[註7]にまで紹介されている有名な一節がある。文化人類学者の太田好信氏（1994）がその前後を含めて訳出しているので紹介したい。

今日，オクサイツング〔イヌイット男性の名前〕は，2匹のアザラシを捕まえたが，集落の誰もがその配当に与った。これら未開人の社会では，空腹や苦労を皆が分かち合い，誰かが獲物を持ち寄れば平等に分配し皆が喜ぶ。ああ，なんと素晴らしい習慣ではなかろうか。私はよく自問自答する。われわれの「自慢する」社会が彼らのような未聞社会より優れているといえようか。彼らの生活を見れば見るほど，彼らを見下す権利などないことがわかるようになった。われわれが住むヨーロッパ社会のどこに，このような善意を見出せようか。（中略）彼らの迷信や身なりを笑うことはできない。われわれのように「よい教育を受けた者」は，ある意味では，彼らよりも劣った生活をしていることになる。

この引用からわかるように，ボアズは社会進化論に鋭い批判の目を向ける。一見，客観的な尺度は，それを作成した人々の価値観，住まう社会の歴史的，政治経済的背景を色濃く反映している。だからこそ，それぞれの社会が持つ思考・行動パターン，共有される信仰や儀式，価値観の意義は，第三者の視点からは評価しえず，その社会の内側から感じ，学ばなければ知りえない。ボアズは社会進化論が示した人間の序列を，欧米人に都合よく作られた代物であるとして真っ向から否定した。

ボアズのこの考えは，子どもの性発達は普遍的ではなく，文化によって異なることを論じたマーガレット・ミードの『サモアの思春期』（ミード，1961/1976）[註8]，日本人とはいかなる

民族であるかを第二次世界大戦中に描いた『菊と刀』（ベネディクト，2005）の著者であるルース・ベネディクトといった，ボアズの教え子たちの仕事を通じて広がった。ボアズによって萌芽し，その教え子たちによって育てられた立場は後に「文化相対主義」，自分たちのものの見方を中心に他者を評価する姿勢は「自民族中心主義」と名付けられ，現在に至るまでの文化人類学を支えることになる。

文化相対主義批判

文化相対主義を調査者がとるべき基本的な思想・倫理とし，その上に花開いた文化人類学であったが，文化相対主義自体も批判の俎上に載せられてゆくことになる。その批判は端的にまとめると次のようなものであった。それぞれの文化はすべて独自であり，その内部での思考・行動のパターンは，その文化の内側にいる人々の視点からしか理解，あるいは評価しえないのであれば，異なる人同士の対話はおろか，科学的事実の探求も，人間全体が共有する道徳についての考察もできなくなってしまう。「これは我々の文化である」と言われたら，殺人や誘拐も是認するしかなくなってしまうのではないか。

このような批判に対し，文化人類学者クリフォード・ギアツ（Geertz, 1984）は，「反－反相対主義」という論文のなかで次のような反論をする。女性が中絶をする権利を持つことに賛同する人々（プロ・チョイス：pro-choice）は，女性が中絶を選べないことに反対しているだけであって，中絶を賛美しているわけではない。つまりプロ・チョイスの人々の立場は中絶推進ではなく，「反－反中絶」である。文化相対主義に敬意を払う文化人類学者もこれと同じ立場であるはずだ。文化人類学者は，人々が持つ多様なものの見方のすべてをひたすら賛美し，ありとあらゆる普遍化の試みを「自民族中心主義」と

罵るわけではない。そのような極論は権利や制度などありとあらゆる既存のものを否定してかかるニヒリズムにしかならないからだ。相対主義者である文化人類学者が警戒するのは，自分のものの見方に固執し，それ以外のものを躊躇なく切り捨てる偏狭さ（provincialism）であり，人間が陥りやすいそのような態度への処方箋として文化相対主義が有効なのである。

続く文化相対主義批判

ギアツの反論は説得力があるが，これ以降も批判は続く。たとえばアメリカの人類学者であるミッシェル・ブラウン（Brown, 2008）は「文化相対主義2.0（Cultural Relativism 2.0）」と冠した論文を2008年に発表した。そのなかでブラウンは，善と悪とを文化を超えて議論することのできない相対主義の過度の広がりが，9・11に代表されるようなテロリズムを引き起こしたという国内の批判を紹介する。この主張は，保守派の論客ディネシュ・ドゥスーザ（Dinesh D'Shouza）の『人種差別の終わり』（The End of Racism／未邦訳）を下敷きにしたものであり，このなかでのドゥスーザは，ボアズとその教え子たちに広められた文化相対主義が，アフリカン・アメリカンの文化を一切批判できない言論空間を作り出し，それが黒人・白人双方の不幸をもたらしたと主張する。

アメリカにおける文化相対主義批判がアイデンティティ・ポリティクスの問題に直結していることは自明である。たとえば大学教員でジャーナリストの会田弘継は『破綻するアメリカ』（会田, 2017）のなかで，「○○の立場としていえば，あなたが○○と主張すると私は侮辱されたと感じる」という言葉が，リベラルの若者の間に流行り始めていることを懸念する，コロンビア大学教授のマーク・リラを紹介している。どちらかが「○○の立場」という形で自己のアイ

デンティティの優越性を打ち立ててしまうと，話し合いは成立せず，アイデンティティで優位に立った者が質問も受け付けずに議論を終結させてしまうことが可能になる。リラはこれを行き過ぎたアイデンティティ・ポリティクスの問題として批判するのである。もちろんリラの主張に対し，社会の中で十分な地位を得ていない人はいまだ大勢おり，その人たちのためにアイデンティティ・ポリティクスを放棄すべきではないという反論はあり，それはもっともである。しかしリラは，アイデンティティ・ポリティクスを放棄せよという極論を展開しているわけではない。リラは，民主党のアイデンティティ・ポリティクスの失敗が，トランプ政権誕生の一因と考えており，その反省を促す意味での再考をリベラルに向けて呼びかけているのである。

リラの主張からみえるのは，異なる者同士が共に違いを分かち合い共生するための道具であったはずの相対的な視座が，いつのまにか異なる者同士を分断する道具に（一部では）変容しており，現在のアメリカではそれが政治的分断にまでつながっているという現実である。ボアズとその教え子たちが活躍した20世紀中葉は，植民地主義的な考えに対抗する思想として文化相対主義が力を持った。しかし時代が下るなかで，その言葉と思想は文化人類学者からすると思いもかけない形で使われたり，応用されたりするようになっているのである。

さてこのような動きに対し，現在の人類学者はどう対応しているのか。「文化といえば殺人も許される」といった極論に文化人類学者が賛成するはずもないが，それとは少しずれた理論的展開のなかで文化人類学者は「文化」という言葉自体を放棄しつつある。これにはいくつか理由があるが，代表的なものの一つは「文化」の専有性と不変化の力に関する問題である。「○○文化」という言葉は，そこに静的で変わらぬ現実があるような感覚を人々に抱かせがちであ

る。その結果，そこで描かれた「○○文化」が何かを排除したり，流動性があったりすることは必然的に見えにくくなってしまう。

もう一つの高次元の理由は，何かを「文化」と名指すことで，その裏に「文化」ではないもの，つまり普遍的な「自然」の存在が前提とされることである。現在の文化人類学は自然の普遍性を切り崩そうとしているため，「文化」という言葉を使うこと自体が難しくなっており，その結果，「文化相対主義」という言葉の利用も避けられることが多い。

当事者再訪

文化人類学者にとっての思想であり，かつ倫理でもある文化相対主義に対し，「当事者」は，ある問題を自分ごととして生きる人々と，そうでない人々の二項対立を前提とし，その上で前者を指すことを可能にするカテゴリである。この点で二つは位相を異にするが，他方で文化相対主義も当事者と同様に内と外の二項対立を全体とした思想・倫理であるゆえ，文化相対主義において起こった議論はそのまま「当事者」にも応用することができる。

例えば日本の摂食障害自助グループの草の根的存在である野村佳絵子（2008）は自身の著書のなかで，「当事者であることを利用している」と批判されたことをきっかけに，摂食障害から回復した私は摂食障害の「当事者」なのかと自問自答する。その結果，摂食障害に関わる者であれば医療者も家族も含め，皆が摂食障害の当事者ではないか，という広範な定義を提示する。

当事者概念が扱いづらさを解消するためその範囲を一気に拡大してしまう。確かにこれは一つの道であろう。しかしとりわけ精神疾患において，当事者概念が医療者主導の精神疾患理解へのカウンターに使われ，それが新たなケアの道を開いてきた歴史を踏まえると，野村の提言

は当事者概念が本来持っていた推進力を奪う危険性があることは否めない。

とはいえ，当事者をある病気を患う本人に限定すれば良いわけでもない。当事者の真正性を巡って当事者同士が競ってしまうことがあるからだ。実際私も拒食・過食に悩む本人への聞き取り調査のなかで，メディアでプレゼンスの高い当事者に対する批判として「あれは本当の摂食障害ではない」という当事者の言葉を耳にした。症状の重さが当事者をめぐる真正性の材料になってしまうのである。

当事者が当事者性の濃淡を競い合うという現象は『新復興論』の著者である小松理虔（2018）も指摘している。小松は東日本大震災の際，当事者性の高さ（すなわち被害の総量）を掲げて「俺の方が被害者だ」と他者を黙らせようとする現象があったことを指摘し，そのような当事者概念の濫用およびその当事者性を利用して影響力を得ようとする専門家の動きが福島の分断を引き起こしたと指摘する。

このように「当事者」に真剣に向き合えば向き合うほど，文化相対主義が抱えたような，当事者概念の難しさがあらわになる。とはいえ，文化人類学者が「文化」および「文化相対主義」をそれらが孕む問題に直面するなかで手放していったように，当事者に関わる人々も当事者という概念そのもの手放すべきなのだろうか？

私はそれは極論であると考える。精神疾患の文脈において当事者概念が医療者中心に構成される言論・実践空間を覆す力を勝ち得た現実を踏まえ，医療者中心で物事が進められ当事者の声が置き去りになることが未だ生じる現実に向き合うならば，当事者概念は医療者中心の世界に風穴を開ける切っ先として有効であろう。

実際，機構が直面した問題は，愛媛という地方の当事者団体から立ち上がった運動を，医療者集団が政治力を駆使して自らのものにしてしまった事件（少なくとも筆者はそう理解する）で

ある。この署名運動を協会は完全に黙認しており，また一部当事者の側でも医師と敵対するのは後々の活動がやりにくくなるため声を上げない方が良いという意見が上がっているとも聞く[註9]。これは力のある医療者と声を奪われた当事者という，伝統的な図式をわかりやすくなぞっており，このような構図が残存する以上，当事者という概念は支配的な声に対する対抗手段として残されねばならない。協会と公明党はこの署名に対し，署名が始まって３カ月が経とうとする今も沈黙を守っているが，今後も黙認を続けるとするならばこれは沈黙による当事者の声の抑圧であろう。

他方，「べてぶくろ」を取り巻く案件は，当事者および当事者研究が権力性をすでに獲得したという観点から議論する必要がある。「べてぶくろ」の声明に関しては「考えるに時間を要した」という声明に対し，心理士の福島哲夫氏が「（考えるに）５年は長すぎる」という端的な批判を出している。当事者研究ネットワークの声明に対してはフェミニストの栗田隆子氏（@kuriryuofficial）がコメントを出した。当該事件が解決を見ていないにもかかわらず，当該事件において加害者であると名指された２名を含む７名が，当事者研究によって起こった問題に対処するための第三者委員会の設立を検討するといった声明を出したからだ。栗田氏のコメントに付言すれば，声明に名を連ねる７名のうち２人はパートナー同士，２名は親子，４名の所属は東大，２名は大学教授である。それぞれのメンバーがこれまで果たしてきた社会的貢献は言うまでもない。しかしそれら個人名を取り払った状態でこの集団を眺めれば，権力を持った身内集団が内部で起こった問題を希釈するために声明を出したと言われても仕方あるまい。仮に告発者の訴えが事実無根であり，実は「べてぶくろ」がこそが最大の被害者であるという視点を取ったとしても，である。（このような物言いが，

被害者への二次被害を生むという批判を承知の上で記している）

しかし案件そのものおよびこれら対応に対して批判の声を上げる心の専門家は少ない。主な主戦場であるTwitterを見る限り，これに対し抑制されながらも批判的な声を上げたのは，精神科医の斎藤環氏（@pentzxxx）[註10]，心理士の伊藤絵美氏（@emiemi14），そして先の福島哲夫氏（@ftetsuo1）のみである。

心理学者の東畑開人は『居るのはつらいよ』（東畑，2019）のなかで「ケアとは傷つけないことである」と述べている。当事者概念が傷ついた人々を救ってきたという歴史を踏まえれば，その力と推進力を温存しながら，それでもなおこの概念と取り組みへの風通しの良い批判も含めた議論を可能にする中間の言葉と，それを可能にする構造が必要なのではないか。今回の二事案における専門家集団の沈黙は，その仕事の本質に照らした時に——あくまでも現段階において，という前置きを付けた状態ではあるが——傷つく必要のない人を傷つけているように私には見える。

今回の二事案について，実質の伴った専門家の声を私は待っている。「傷つけない」とは臨床現場でのみ有効な言葉ではあるまい。

▶註

1 pirosmanihanaco (2020/05/25)「べてるの家」をご存知でしょうか（Available from : https://note.com/pirosmanihanaco/n/nd9d01a11a64e [cited 2020/06/27]）.

2 pirosmanihanaco (2020/05/27) 当事者研究の悪用（Available from : https://note.com/pirosmanihanaco/n/nd55199c0c2a0 [cited 2020/06/27]）.

3 向谷地宣明 (2020/06/21) 2015年の「べてぶくろ」に関するnoteの投稿記事について Available from : https://www.bethelbukuro.jp/?page_id=1427 [cited 2020 06/27]）.

4 綾屋紗月ほか (2020/06/11) 多様な仲間が安全に当事者研究できるための応援体制づくり（Available from : https://toukennet.jp/?page_id=14011 [cited

2020/06/25]).

5 愛媛摂食障害支援機構（マゼンタリボン運動本部）(2020) 全国に広がりつつある摂食障害。その当事者団体の声が，国政の場に届き，医師等専門職と対等な立場で発言できるよう応援してください！(Available from : https://www.change.org/p/ 全国に広がりつつある摂食障害－その当事者団体の声が－国政の場に届き－医師等専門職と対等な立場で発言できるよう応援してください [cited 2020 06/10]).

6 鈴木こころ (2020/06/17) 自助グループの終活 (Available from : https://blog.canpan.info/officepartner/daily/202006/17 [cited 2020 06/20]).

7 https://en.wikipedia.org/wiki/Franz_Boas

8 ミードの記した『サモアの思春期』はのちに，人類学者のデレク・フリーマンによってその妥当性が論じられることとなる。

9 もちろんこのような署名そのものが当事者の代表性を争う議論の種を当事者内部に産みうる可能性もある。

10 7月4日に熊谷晋一郎氏が本件に関する特設ページを開設し，そのなかで斎藤氏との個人的なメールのやり取りを公開した。短時間で削除されたため記憶を辿る以外にないが，そこには「内情を知ってしまった以上批判はしにくい」といった斎藤氏の言葉が掲載されていた。

◉文献

会田弘継 (2017) 破綻するアメリカ．岩波書店 [岩波現代全書].

ルース・ベネディクト [長谷川松治 訳] (2005) 菊と刀．講談社 [講談社学術文庫].

Brown MF (2008) Cultural relativism 2.0. : Current Anthropology 49-3 ; 363-383.

Geertz C (1984) Distinguished lecture : Anti anti-relativism. American Anthropologist 86-2 ; 263-278.

小松理虔 (2018) 新復興論．ゲンロン [ゲンロン叢書].

マーガレット・ミード [畑中幸子，山本真鳥 訳] (1961/1976) サモアの思春期．蒼樹書房.

ルイス・H・モーガン (1987/2008) [高畠素之，村尾昇一 訳] 古代社会 [第1-2巻]．図書センター.

野村佳絵子 (2008) かなりあしょっぷへ，ようこそ！──摂食障害がくれた宝物たち．筒井書房.

太田好信 (1994) 文化．In：浜本満，浜本まり子 編：人類学のコモンセンス──文化人類学入門．学術図書出版社.

東畑開人 (2019) 居るのはつらいよ──ケアとセラピーについての覚書．医学書院.

エドワード・B・タイラー [比屋根安定 訳] (1962) 原始文化──神話・哲学・宗教・言語・芸能・風習に関する研究．誠信書房.

自己治癒的コミュニティの形成

九州大学人間環境学研究院
飯嶋秀治

世界は終わった……

表現こそ違えながら，世界のあちらこちらに，そう実感した人たちがいる。

戦争で被災し，公害で親族を次々に失い，災害で世界の倒壊を目前にしたひとびと。いや，そうした地域的に大規模なことでなくとも，ハンセン病施設に隔離され，大切な人を失い，自己の一部を失ったひとびとも。

世界は何度も何度も破滅し，実際にそこで多くのひとびとが他界し，そこをかろうじて生き延びてきたひとびとが，またこの世界に戻ってきて，今のこの世界が現生してきたのである。

問いとしての
生存者の自己治癒的コミュニティ

こうした事態を考えるとき，本稿の「自己治癒的コミュニティ」という問題設定は，自明性の端に立たされる。

かつて生理学者，ウォルター・キャノンが想定していたような単位の設定であればともかく，「自己」の設定は理論的にも身体とはズレ（ベイトソン，1972/1990 [pp.420-455]），さらにそれを「コミュニティ」に拡張しようとするとき，自治体の範囲ともズレるコミュニティにはいくつもの疑問がつきまとうためである（デランティ，2003/2012）。

コミュニティの場合になれば，その全てが同様の世界の終わりに等しく直面するわけではない。災害などの場合，その災害に直面したひとびとは治癒することなく他界してしまうこともある。治癒の余地があるのはそうしたひとびとを目前にしながら，生き延びられたひとびとが中心となる。

そう限定したところで，上述したような，それを目撃したようなひとびとが，今ここにある以外の世界に知恵を求めて開かれるという面を考えれば，その点でも「自己」という範囲が自明性を失ってしまうだろう。そこにおいては自己はひらかれていくからである。

それゆえ「自己治癒的コミュニティ」という主題は，対象を設定して始めるというよりは，むしろ考察をしたのちに問われるべき主題となる。

本稿でこの主題を考えるのにあたって取り上げたいのは水俣の問題である。わたしは2009年から現在に至るまで10年ほど水俣に通ってきたが，この「自己治癒的コミュニティ」という主題を「生き延びること——生活者への帰還」という文脈で考えようとするとき，水俣病で苦しんできたある方からこんな言葉を聞いたことを思い出したからである。

「弁護士は裁判所には連れて行っちゃくるるが，村まではかえしちゃくれんですばい」

この「弁護士」を，医者やその他個々の専門家に置き換えても同じことが言えるだろう。初期の劇症型で他界した家族・親族・知人の世界を生き延びてなんとか日常生活でも暮らせる生活者へと帰還すること。その軌跡を精神科医中井久夫のいう個人・文化依存・普遍の三症候群論とその治療文化の文脈で考えるとき，水俣が提起する問いの意義は大きいと想われる。

不治の疾病から生活者への帰還へ

奇病──個人症候群からの拡大

現在，水俣病と命名されている症状は，当初，原因不明の「奇病」と呼ばれていた。最初の公式確認患者は1956年4月21日，5歳の少女がチッソ水俣工場付附属病院に来たことで把握された。当時の医師の記録には以下のように書かれている。

　　満五歳十一カ月。昭和三十一年三月下旬，一日だけ発熱したことがあった。その後ご飯を食べるときに箸が上手に使えず，こぼすのが気づかれた。また靴が上手にはけなかった。四月十四日ごろからフラフラ歩きが目立つ。四月十七日になると言葉がもつれ，物がのどにつかえるようになり，夜は不機嫌になって寝なくなり，しだいに狂躁状態を示すようになった。

　　　　　　　（原田，1972/2005［p.3］）[註1]

個人症候群での治療状況である。だがそれでも改善せず，小さな入江の奥まったところから，町中の附属病院への受診へと至った。こうして続々と似た症状が発生してきたことを受け，ひと月後，水俣市内に水俣奇病対策委員会が発足したのだが，地域的に局限して発生していることから，伝染病と疑われていた。

それゆえ，普遍症候群の分類体系にふれたものの，未明の病の前でその体系が揺さぶられたのである。

水俣病から審査制度へ──普遍症候群からの転落

このとき，水俣奇病対策委員会は熊本大学医学部に研究協力を要請し，1956年8月からの現地訪問の成果は，ふた月後の熊本医学会で発表されるも，当時はマンガンが原因ではないかと推測された。

水銀に原因が絞り込まれたのは1958年3月，熊本大学神経精神科に多発性硬化症の研究に来ていたイギリスの神経学者が水俣を訪問し，水俣病患者の症状がハンター＝ラッセル症候群に酷似していると示唆したのがきっかけであった。こうして翌年11月，熊本大学医学部水俣病研究班を内包した厚生省水俣病食中毒部会が有機水銀説を公式確認した。

その後においてもこの説は，会社側の非協力や妨害などにより議論が収束させられず，政府が公害認定するのは1968年9月のことであった。公式確認から実に12年もの年月が経過していた。

しかもここで問題が解決したわけではなかった。神経精神科医の原田正純が水俣に入ったのは1961年7月で，当時，水俣で残る問題は，「脳性小児麻痺の子どもが多発しているという問題のみである」と考えられていた（原田，1972/2005［p.72］）。原田はこの症候群を胎児性水俣病として認定させるのだが，ようやく認定が行われたときのことを次のように記している。

　　この子どもの母親たちは，その知らせを聞いたとき，「やっぱり……と，一面ほっとしたが，長いことその判断の出るのを待っていて，ようやく認定されたにもかかわらず，非常に複雑な気持ちだった」と，あとで私に話した。水俣病と認定されたからと言って，この子どもたちの症状はどうにも

ならないという空しさが残ったのである。昨日も今日も，そして明日も，同じような状態が続き，なにも変わらないのである。
（原田，1972/2005［p.86］）

水俣病は不治である。それゆえ，医学としての分類体系に取り込めても，「診察し治療される病い」にはなり切らず，有徴性をまとい続ける（中井，1983/2007［pp.120-121］）。そのため治癒とは，普遍症候群としての疾病（disease）としての水俣病ではなく，個人的症候群としての病い（illness）の体験としてしか現れ得ない。

その岐路が水俣病認定という制度にある。水俣病という普遍的症候群に認定されれば一定の補償がされるが，そこから外れれば補償のあり方が異なり，抑え込む治療文化の機会が大きく変化してしまう。したがって普遍症候群への認定機関としての認定審査制度が大きな問題となったのである。

1959年12月，熊本県が設置した水俣病診査協議委員会が翌年厚生省から嘱託され正式発足する。この診査協議委員会はのちに，上述した政府の公害認定（1968年）を受け，1970年1月，公害被害者認定審査会として設置されることになった。

以降，普遍的症候群としての水俣病か否かという判断を巡り，普遍治療者であるはずの医師が文化治療者のように振る舞うことにもなる（畠山，2014）[註2]。

網元一家の娘，杉本栄子の生涯

想起のなかの漁村

こうした状況に取り囲まれつつあるなか，当事者たちがどのように立ち振る舞ったのかを見るために，ここではひとりの人物の人生を辿ってみたい。水俣の大きな網元一家に育った杉本栄子（1938-2008）の生涯である。

栄子は1938年に生まれ，数年して移り住んだ場所が，水俣病の公式確認（1956年）前に猫の狂死が報告された漁村であった。網元の父は30人もの網子を使う人物で，栄子はその1人娘として，3歳のときから漁を教え込まれた。

母の発病

ところが1958年，彼女の母が身体の痛みを訴えだし，気さくでにぎやかだった母がまったくしゃべらないようになる。

翌年のある日，漁から帰ってみると，煙草にマッチをつけようとして火を顔につけたらしく，やけどの水ぶくれができているのに「痛そうな顔もせずに，ボーッとして何もわからんような顔をして」（杉本，1996/2005［p.132］）いたのを見て，父が病院に連れてゆき，すぐに入院となる。

だが当時，NHKラジオのニュースでこの集落の奇病が取り上げられると，家には誰も来なくなった。「そのときは，水俣病は「マンガン病」ちいわれとって，「うつる」ともいわれていたんです」（杉本，1996/2005［p.133］）。

流産，出産，いじめ

この年，こうした苦境にありながら，栄子は結婚した。「主人は親の反対を押し切ってうちに来てくれたんです。でも，もうそんときは私も力が入らずに，妊娠したち思えば転んでしまって，たてつづけに三人流産しました」（杉本，1996/2005［p.134］）。栄子自身にも水俣病の症状が露見してきたのである。

1961年ようやく待望の長男が生まれ，入院していた母が孫の顔を見に病院から帰ってきたところ，「母が，家から海のほうへ下りていったと思った瞬間，もう本当にけたたましい声でキイキイキイイキイおめく（叫ぶ）もんで，主人もわたしもころがって（急いで）行ってみましたら，母が隣のおじさんに崖から突き落とされていたんです」（杉本，1996/2005［p.135］）。

裁判と父の死

母の発病から10年が経過する間，父の身体にも水俣病の症状が現れていた。

> 父も入退院を繰り返すなか，「こげんまでして人をいじめたことはなかし，人に悪かこつばしたっちゅう覚えもなかっで，もう大概こらえきれん。誰が悪かかはっきしせんば死んでも死にきれん」ちゅうなことで昭和四四年（一九六九年）に裁判を始めたんですが，父は，裁判を始めて一カ月後，「裁判ちゅうとば，してくれろ」という言葉を残して亡くなりました。
>
> （杉本，1996/2005［pp.136-137］）

1969年7月のことであった。

> 私たちの部落からは四軒ほど訴訟に立ったんですけれども，いろいろな切り崩しに耐えきれずに次々と部落を去って行きまして，最後まで残ったのは私たち一軒だけでした。〔中略〕それでも断ると，親戚の人たちからも，「もう家内（身内）とは思うな」ち捨てられました。それでも私がなぜ切り崩しに耐えられたかというと，父の遺言があったからです。
>
> （杉本，1996/2005［p.137-138］）

こうして弁護士は裁判所に連れていってくれた。

薬草

他方で，長男を授かってからは次男，三男，四男に恵まれ，1968年には五男を出産した。だが上述したように，政府が公害認定をするのは同年9月である。

この間，栄子は自らの症状への対応として，入院点滴，薬，鍼とさまざまなことを試みたようだが「「薬の反対は毒じゃ。もう薬は飲まん」と庭の草木だけを食うと言い始めた」（藤崎，2013［p.134］）。

普遍治療といってもできることは限られている。なので，栄子は自ら文化依存治療へと入っていったのである。

> そんときは，主人が私の主治医でしたし，そして子どもたちも主人に似てやさしい子ばっかりになってくれていました。
>
> （杉本，1996/2005［p.137］）

入信

1972年5月，不治の病身のまま，一方で親を失い，他方で5人の子どもを抱えていた。そんなある朝のことである。立正佼成会の篠田友伸が報告している。

> 「ある朝方私は夢を見ました。仏様の使ひだと云う方が枕辺に現はれて"あなたを救ひにきました"と申されます」。その日の夕方，立正佼成会熊本協会の二人方がお導きに来てくれた。その頃杉本さんの家族は，水俣病裁判に参加していたために，村八分になっていた。父進さんは病苦中で他界し三年目になっていた。両親の供養のために，入会する。ご先祖供養を勧められた。すぐ入会すると，「しかしそれからが大変で朝夕のご供養も経典をめくる手が動きません。座る事も出来ない私は床に横になったまま一頁一頁開いてくれる主人の手を借り文字を眼で追う苦しさで頭痛はひどくなり頭は割れんばかり経典を読むと云っても声は出ず口をパクパクさせつまつてしまふ私に，導きの親の関さんは毎日峠を越え，自転車で通って来て下さいまして……私の母の事から，同じ水俣病で亡くなられた方々の戒名を頂く様にとご指導を頂き，次に私

の回りにいた豚や猫犬鳥魚をはじめとする海のいきものたち，自分にまつわる生類に対するご供養をかかさない様にとご指導頂きました［以下略］」。（篠崎，2010［p.45］）

この時からしばらくたったある日，周囲の介助を得て2日かけて東京の大聖堂に出かけた栄子は，体験説法を促されて次のように話したという。

「「水俣のスギモトエイコでございます。仏様私は今とても良い気持にならせて頂いています。声がつまって長い間黙ったままつっ立っていました。水俣には私と同じように，もがき苦しんでいる人たちがいっぱいおります。どうぞ，その人たちがみんな，いまの，この私のとうな心持になれるとうに救って下さい」それだけ叫んでいました」。「私は水俣病患者を救うために仏様がこの様な苦しみをさせて頂いたんだとわからせていただきました」。同じような苦しみのある人々ある限り自分は仏様に生かされているという。　　（篠崎，2010［p.45］）

この時，彼女の念頭には自らの治癒を超え，水俣の患者たちが視野に入っていた。

勝訴

裁判を始めてから4年近い歳月を経て，やっと判決の日がやってきた。勝訴であった。

朝六時頃ちいう早い時間の汽車に乗るのに，まだ早く，隠れるようにして部落の人たちが来られて，「部落中でテレビに見入っとった。あんたたちの生活ば四〇分ぐらい」。NHKさんが私たちの生活を撮ってくれとったらしくて，「部落中みんな釘づけで見とった」「ようやってきたね」「ようやっ

てきたね」ちいうてくれまして，それから少しずつ変わっていきました。
（杉本，1996/2005［p.139］）

けれども医療的には不治であり，弁護士も村まではかえしてはくれない。視野が広がればこそ，そこに生活者として帰還するには，何よりもかつての栄子を苦しめたひとびととのわだかまりをなんとかしなければならなかった。

えい子食堂

〔裁判の〕三年九カ月の間に，主人が，私や子どもたちになんとか栄養のあるものを作って食べさせたいと，熊本で食堂をしているおじさんの所で料理を習っていたんです。そして裁判が終わってから，部落の人たちがあんとき，なして（何故）自分たちばいじめたかを，どうしっても聞かんば死にたくないっている私の願いを主人がかなえてくれて，部落で食堂を始めたんです。漁師ちゅうのは飲ませてしまえば，本当に元の人間のよかときに返るんです。そんなことで「えい子食堂」をしたんですけれども，徐々に部落の人たちが来られて，少しだけ飲んで，「栄ちゃん，こらえんな。今までのことこらえてくれ」ち，みんな土下座して謝ってくれました。そんときは，ああこの人もつらかったんだなって。
（杉本，1996/2005［pp.139-140］）

こうして食堂はしばらくして，役割を終えるように閉じられた。

のさり

栄子は1996年，社会学者の栗原彬の聞き書きで次のように振り返っている。

「いじめた人んこつば恨まんようにするに

は，どげんすればよかろうか」ち主人に聞いたら，「あんときは台風じゃったち思えばよかやんかいや（よいじゃないか）」ちゅうことをいってくれまして。確かにあんときは台風だったろうな，そげん考えれば人も恨まんちよかなって。そして主人から，「あんたが，いつでん（いつでも）水俣病のおかげでっていうならば，あんたが財産は水俣病じゃなかか」ちいわれました。父もいい遺してくれたように，「水俣病も"のさり"じゃねって思おい」と。自分たちが求めんでも大漁したことを"のさり"というんです。水俣病も，自分たちが求めんでも自分に来た"のさり"と思おいと。だから，本当につらかった水俣病でしたけれども，水俣病のおかげで私は，人としての生活が取り戻せたとうに思います。

（杉本，1996/2005 [p.146]）

こうして，普遍的体系に入ろうが，不治の疾病である水俣病は，杉本栄子において，その個人症候群に，家族を，裁判を，薬草を，宗教をと文化依存治療者に変え，自らが生活者へと帰還するために，食堂をつくって人々と話し，その全てを今ここの自らに引き寄せる「のさり」であった，とする視座をもって，再び生活世界に戻ってきたのであった[註3]。

おわりに
——自己治癒的コミュニティの形成

冒頭でわたしたちは，「自己治癒的コミュニティ」という対象は，自明ではないことを確認した。その理由として，当事者の一部は治癒する間もなく他界することがあるからであり，それを見て生き延びた者さえもその知恵を外へ外へと求めていくとすれば，そこでは「自己」の範囲も，「治癒」の範囲も，「コミュニティ」の

範囲も自明さを失ってしまうからであった。

中井の三症候群論を以って見たとき，水俣病は，普遍症候群に至っても不治であり，その治療者が文化依存化することを指摘した。そうしたなかで，杉本栄子は個人症候群に文化依存治療者（そこには裁判，薬草，仏，食堂などがある）を加勢につけ，生存者として生活者へ帰還してきたのであった。振り返ればそうである。

だが，遡及的全体像においては，その時々のプロセスが見失われてしまう。その時々の局面において，杉本栄子の治癒的コミュニティとは既存の集落や自治体のような空間的領域ではなく，自らがつながり，治癒されてゆくたびに形態を変えてゆく動態のコミュニティであった。それゆえ，自己治癒的コミュニティは，自己が治癒され続ける実践において生まれてくるコミュニティであるといえるであろう。

▶註
1 診断し記録したのは引用元の原田正純ではない。当時の病院長は細川一であった。
2 本稿での制度的な側面の説明はここまでにしておくが，現在まで裁判が続く状況については熊本学園大学の進める水俣学の諸著作，例えば花田昌宣らの著作を参照していただきたい。
3 本稿の一応の主題に達したため，ここで人生史の記述を置くが，その後の栄子は1974年に水俣病認定され，1978年に支援者たちと反農薬水俣袋地区生産者連合を結成，1980年には漁業を再開し，1993年には水俣病を語る市民講座で初めての語り部となり，1994年には患者と有志で本願の会を発足，また胎児性水俣病患者のケア施設「ほっとはうす」の運営団体の理事長になり，2000年を過ぎるとハイヤ節を子どもたちに教えるまでになる。そこまで含めると事態はベイトソンの言う三次学習の域に達するかの観さえある。いわば本稿は，その手前のところで中井の三症候群論と水俣病を再考するための経過報告である。

◉文献
グレゴリー・ベイトソン［佐藤良明 訳］（1972/1990）精神の生態学．思索社，pp.420-455.
ジェラード・デランティ［山内靖，伊藤茂 訳］（2003/2012）コミュニティ．NTT出版.

藤崎童士 (2013) のさり．新日本出版社．

原田正純 (1972/2005) 水俣病．岩波書店 [岩波新書]．

原田正純 (1992) 水俣の視図．立風書房．

畠山武道 (2014) 公害健康被害補償法と水俣病認定制度．Law & Practice 8 ; 53-93．

飯嶋秀治 (2011) 宗教の教育と伝承――ベイトソンのメタローグをてがかりにして．宗教研究 85-2 ; 265-292．

中井久夫 (1983/2007) 治療文化論．岩波書店 [岩波現代文庫]．

楢林理一郎 (2020) 家族療法とシステム論――認識論の変遷をめぐって／サード・オーダーの臨床は可能か．家族療法研究 37-1 ; 4-13．

篠崎友伸 (2010) いい「つながり」．ニュースレター 65 ; 41-47．

杉本栄子 (1996/2005) 水俣の海に生きる．In：栗原彬編：証言水俣病．岩波書店 [岩波新書]，pp.129-146．

アール・ブリュットの限界とアートの力

甲南大学文学部
服部 正

アール・ブリュットは，障害のある人や精神疾患の患者が創作したアートを指す言葉ではない。より広く，社会や美術界の主流とは距離を置いたところで創作を行っている人の創作物を意味する。それが障害のある人の創作物の同義語だと誤解され，そのように用いられるのは日本独特の現象だ。地方公共団体が主催する障害者のための美術コンクールにアール・ブリュットの名前が用いられることもあるが，それなどはこの種の誤解の最たる例だろう。そもそも，アール・ブリュットは美術の世界でもマイナーな概念だ。世界的に見れば，美術史や芸術学の研究者でもこの言葉を知らないという人は少なくないが，日本ではなぜかフォーヴィズムやキュビズムに負けないほど有名で，政治家や行政職員の口からもこの言葉が発せられる。

この現状について私見を述べると，アール・ブリュットを障害のある人のアートと同一視することは，障害当事者のケアや支援という観点からはマイナス面のほうが大きいと考えている。それについては別のところで書いたので詳しくは繰り返さないが[註1]，アール・ブリュットは特別な才能に特別な名前を与えてそれを聖別する行為であり，当事者支援としてより重要なことは，創作活動に携わることが好きな人や創作活動を行うことで救われる人に対して，思い通りに創作活動を行える環境が準備されることだ。才能の有無に関係なく，誰でも創作活動にアクセスすることができる，そのことのほうが重要だ。そもそもアール・ブリュットは，凡庸な絵を描く人には興味を示さない。「通常の美術とは異なる」「常軌を逸した」作品を探し求めるアール・ブリュットのマーケットを意識した戦略を取るなら，その前提を受け入れなければならない。それは，当事者のケアとしてはエリート主義的すぎる。だからこそ逆に，ここでアール・ブリュットについて考えることで，アートそのものが持つ力が見えてくるのではないか。そう期待しつつ歩を進める。

アール・ブリュットからの離脱

ひとつの美術館を例に挙げる。ベルギーのリエージュにある小さな美術館だ。街の中心部に位置するアヴロワ公園のなかに，かつてトリンク・ホールという小さな劇場があった。1961年にできたこのホールは，1979年に設立された知的障害者の創作活動を支援する団体「クレアム（Créahm : Créativité et handicap mental）」が1980年代初頭から使用するようになり，1998年にはクレアムの作品を常設展示する「マッドミュゼ（Madmusée）」という名前の美術館となった。マッドミュゼは，ヨーロッパを代表する障害者の作品の展示場となり，多くの展覧会や出版を行ってきた（図1）。その間，世界各地の障害者のための創作現場とも連携し，作品の紹介や収集

図1　マッドミュゼ
（2010年，筆者撮影）

図2　改築中のトリンクホール・ミュージアム
（2019年，筆者撮影）

も進めた。この美術館は現在休館中で，大規模なリノベーションを経て2020年秋に再開館[註2]する（図2）。その際，20年にわたって親しまれてきた名称も変更し，「トリンクホール・ミュージアム（Trinkhall museum）」となる[註3]。建物の外観はまるで別の建物のように劇的に変化するが，名前だけは設立当初のものに戻るというわけだ。

　長年にわたってヨーロッパの先進的施設としてこの分野を牽引してきた美術館が，その名前を捨てることの意味は大きい。それは，これまで積み上げてきた実績や名声を継承することよりは，このたびのリニューアルにあたって活動内容を一新するというメッセージを強く発信することを選択したということだ。とはいえ，これまで収集してきた作品や資料はそのまま収蔵されるし，クレアムに所属するメンバーを中心とする障害者の作品展もより大規模に継続される。つまり，ここで最も重要なのは「マッド」という言葉を消去することと，それに伴って変化する美術館と社会との関係性だ。

　それにしても，知的障害者の創作活動を支援する団体が設立した美術館の名称に「マッド＝狂気」という語が用いられていることは，現在の感覚ではほとんど理解しがたい。しかし，美術館が設立された1990年代後半には，それは十分にあり得る選択で，理に適う部分もあった。なぜなら「狂気」は，アール・ブリュットにとって重要なキーワードだったからだ。

　この語の考案者である画家ジャン・デュビュッフェは，優れた芸術創造のために障害者や精神疾患の患者である必要はないが，狂気は必要だと考えていた。狂気という語を精神医療とは切り離し，創造力の飛躍をもたらすものと捉え直し，それを有していると考えた作品をアール・ブリュットと呼んだのだ[註4]。デュビュッフェがこの語を発案したのは1945年のことだが，この語がその英訳のアウトサイダー・アートとともに美術界で十分に認知されるようになるには50年近くかかった。1990年代後半には各地にアール・ブリュット／アウトサイダー・アートを専門とする画廊が生まれ，収集も急増した。その当時，障害のある創作者が美術の世界で評価されるほとんど唯一の可能性は，このような画廊や収集家の目に留まることだった。マッドミュゼという名称は，キワモノ好きのアール・ブリュット／アウトサイダー・アートの収集家の気を引くにはうってつけの名前だった。

しかし時代は変わった。今や障害のある人の創作物をアール・ブリュットの名前の下に閉じ込めておく必要はない。クレムが運営する美術館は，アール・ブリュットの愛好家の顔色をうかがうことで障害のある作家のごく一部が評価されるよりは，彼らの作品を普通のアートとして世に出すことで，障害と社会の関係を考察することを目指すようになった。名称変更はその表れだ。

欧米の障害者支援の当事者で，今やアール・ブリュットやアウトサイダー・アートという言葉を好む人には経験的にあまり出会ったことがない。たとえば，フランスのエガール協会（Association Égart）もそうだ。この団体は，芸術への平等なアクセスをキーワードに，社会的に排除されてきたアーティストや，知的な障害や精神的な疾患のあるアーティストの作品のプロモーションを行い，彼らの作品がギャラリーや美術館や個人コレクションに入ることを支援する目的で，2010年に保健福祉の活動家たちによって設立された。彼らは，支援するアーティストの作品をアール・ブリュットのコレクターや美術館に売り込みはするが，それはあくまで作品のプロモーションのためであり，カテゴリーによる分類を取り除くことが協会の目的だと述べている。障害のある人の作品がアール・ブリュットの収集家から評価されることは否定しないが，それを唯一の道として目指すことはしないということだ[註5]。

アール・ブリュットという肩書は必要か

しかし，残念ながら日本はこの世界の動きに逆行している。アール・ブリュットを障害者の創作と同義とみなす誤読が，今も広がっている。身体障害，知的障害，発達障害，精神障害などの別にかかわらず，創作活動を行っている人は多い。だが，それらの活動に特別な名前を付け

る必要はほとんどない。特別な才能を発揮する必要もない。アニメのキャラクターやアイドルが好きなら，著作権や肖像権のことなど気にすることなく，好きなだけそれを描いていればいい。王羲之の書の見事な臨書であってもいいし，武者小路実篤風の絵手紙でもいい。つまり，当事者の精神衛生の向上であったり，治癒を目的とする文脈においては，創作されたものに特別な名前を与える必要性も積極的な意義もない。作り手にとって，あるいは作り手のケアにとって，自分の創作物がどのような名前で呼ばれるかはあまり意味がないからだ。

意味が生じるのは，それが第三者によって見られる時だ。見るということ，それは創作物をアートという文脈で理解しようとすることに他ならない。その時に，それらの創作物には「作品」としての振る舞いが必要となり，それを分類する言葉も必要になる。支援のかたちとして，創作物をより多くの人に見てもらうために美術コンクールに応募しようということが起こる場面もあるだろう。この人はいつもアニメのキャラクターばかり描いているが，著作権の侵害が心配なのでコンクール用には別の絵を描いてもらおう。本人はただ自分の好きなものを描いていたいだけなのかもしれないが，そんなことも起こる。

創作することと創作物を世に出すことでは大きく局面が異なる。そして世に出そうとする時，創作物を「障害者アート」と呼ぶことには不都合が伴う。それは一般的なアートと障害者によるアートを別物として区別しているようで，インクルージョンやノーマライゼーションの理念に反するように思えるからだ。アートの創作そのものとは関係がないはずの「障害」という言葉が自分の作品に付されることに，居心地の悪さを感じる当事者も多いだろう。

何か別の名前が必要だ。そう思う人は少なくない。エイブルアートやポコラートのような造

語を考えた人もいたが，アール・ブリュットというフランス由来の既存の言葉を転用した人もいた。そしてこれが当たった。日本語に訳すと「生の芸術」，いかにもポジティブな感じで福祉とも折り合いが良さそうだ。海外ではそう呼ばれているらしい。しかし，残念ながらそれはガセネタだった。アール・ブリュットはその時点で50年以上前に作られた美術評論のための概念であり，障害者の創作物を差す言葉ですらなかった。

　もちろん，日本の福祉界にアール・ブリュットの語が氾濫しはじめた2010年の時点で，行政職員や福祉施設の支援員がその概念を正確に理解していなかったことは何ら責められるべきことではない。しかし，間違いに気づかないまま，あるいは間違いだという指摘には耳を貸さないまま，障害者の支援団体や行政がアール・ブリュットを用い続け，日本のアール・ブリュットは独自の変異を遂げていった。ただ，日本でも，2017年頃から少し風向きが変わり，アール・ブリュットの語を障害者の作品を言い表すものとしては使わないという立場を取る支援者も増えてきた。2010年に日本の障害者の作品がパリでアール・ブリュットとして大々的に紹介された時に手厚い経済的支援を行った公益財団法人日本財団が，2017年にアール・ブリュットの語の使用を取りやめ，障害者による芸術活動の支援を "Diversity in the Arts" の名前の下で行うようになったのは，その代表的な例だろう。

アール・ブリュットに遺された意義

　欧米ではどうか。美術の文脈から障害者の作品に接近する人たちのなかには，今も好んでアール・ブリュットを用いる人もいる。彼らは，自分の審美眼に絶対の自信を持っている。そうでなければコレクターなど務まらない。自分がこの作品を選別したのは，障害者がそれを作っ

たからではなく，美術品として優れているからだ。そして，それを見抜いたのは自分だ。コレクターであればこう主張したいだろう。つまり，アール・ブリュットという視点に立った途端に，作り手が障害者であったとしても，そのことは考慮に入れてはならないという暗黙の了解が作動する。

　しかし，美術の表現や美術家の出自がこれほど多様になった現代において，アール・ブリュットが他と違うこととは何だろうか。多くの場合それは，作品それ自体ではなく，創作活動に向き合う態度，作品の作り方においてである。何十年にもわたって秘密裡に自宅で創作していたとか，できあがった作品には興味がなくすべて人に譲ってしまうとか，アール・ブリュットの作り手にはその種の伝説が多く伝わる。それにもかかわらず，脳性麻痺の不自由な身体で，口で加えた絵筆で懸命に描いた絵を，それを理由にアール・ブリュットが評価することはない。制作に向かう態度は重要だが，その結果もまた並外れたものでなければならない。したがって，先に挙げたようなアニメの模写や絵手紙が評価されることもない。

　アール・ブリュットはひとつの "作法" なのである。そして，美術の文脈のなかではその作法には確かに意味がある。アール・ブリュットは，描くことで生をつなぎとめているような，描くことがその人にとって特別な意味を持っているような作り手の作品を称賛する。それは，知的ゲームのように行われる論理的作品や，社会問題と向き合う運動家のような作品とは別の種類のもので，そのような作品が好みだという人が一定数いること自体は納得できる。と同時にアール・ブリュットは，現代美術の名前で流通しているものが現代の美術の全体像ではなく，いかに偏ったものであるかを示してもくれる。

　そのようなアール・ブリュットの文脈にあえて乗ろうというのが，日本で行われている障害者

の芸術活動支援の大勢だ。アール・ブリュットの作法には確かにマーケットがあり，そのマーケットにとって日本は未開拓の魅力的な場所に映る。ここでは，新奇な，すなわちマーケット的価値の高い作品が見つかりやすい。この欧米からの期待感に応えれば，高額で取引される有名作家を輩出できる。もちろんそれは悪いことではない。もしそれを障害のある作り手が望むのであれば，である。先に紹介したエガール協会も，アール・ブリュットの文脈に作り手をつなぎ，作品の販売を行うこともあるし，自分たちの団体と契約している作り手がヨーロッパの著名なアール・ブリュットの美術館に購入されたことを誇らしげにウェブサイトなどで告知している。その際，彼らが遵守していることは，本人がアール・ブリュットの芸術家として生きていきたいのかどうかの確認だ。作品の販売において，本人にその肩書を受け入れる意志があることが不可欠だという。そもそも，彼らが契約するのは，アートの文脈に自分の意志で入っていこうとする障害者だけであり，美術の側の一方的な「発見」を主流とするアール・ブリュットとは一線を画する倫理がそこにあるのだという。日本ではその辺りの線引きが極めて曖昧だ。それは，セラピーとアート活動の境目が曖昧だと言い換えることができるのかもしれない[註6]。

　もちろん，本人が望むか望まないかにかかわらず，展示されることには一定の効果があるかもしれない。しかし，本人が望まないにもかかわらずそれを展示する行為は，その作品が制作された文脈から作品を剥ぎ取って一方的に鑑賞するという意味で，制度化された美術鑑賞の暴力的な構造をそのまま温存しているといえる。

ケアの文脈を超えて

　アートセラピーの文脈では，クライエントの創作的活動の過程そのものを重視し，最終的に完成したものを「作品」と呼ぶことに否定的な立場がむしろ一般的だろう。治癒的プロセスで生じたものを「美術作品」として展示するべきではないという立場もよくわかる。一方で，展示は制作者と社会の新しい回路を開くことにもつながる。もちろん，それがアール・ブリュットの名前で行われる必要はない。自分の作品が展覧会で展示されることで，頻繁に会場となった地域へ旅をするようになる。海外に行くこともある。旅先の公式行事で見知らぬ人たちと出会う。挨拶をする。それによって社会に慣れ，作品を通じた社会との適切な距離感や付き合い方を習得していく。そういう人も確かにいる。日々その人と接している事業所の支援員が，展覧会会場で来場者に作品を説明している当事者を見て，こんなに人前で話ができる人ではなかったのにと驚くというのはよく聞く話だ。しかし実は驚くほどのことではない。家や職場では無口だが趣味の会合だけでは社交的で饒舌という人はいくらでもいる。その人に障害があるということだけで，周囲が特別な色眼鏡をかけているだけなのかもしれない。展覧会という場では，そのフィルターが剥がされることもある。

　そう考えると，アール・ブリュットをモデルとするような，特別な作品を特別なものとして恭しく展示し，それを美術の愛好家が一方的に鑑賞するというその仕組みが，障害のある創作者のケアを難しくしているのかもしれない。

　そのことについて思い出すのは，滞在型，プロジェクト型の美術家である山村幸則氏が2012年に奈良県で知的な障害のある森口敏夫氏と行ったプロジェクト「どうしょんど」だ[註7]。奈良県の一般財団法人たんぽぽの家が企画した「アートリンク」と呼ばれる企画の一環として，山村氏は奈良県磯城郡三宅町に住む森口氏とペアになって創作活動を行った。この種の活動の場合，美術家の側が技法や画材を提案してワークショップ的に創作活動を行うことが多い。し

図3　山村幸則・森口敏夫《どうしょんど》
（左が山村氏／2012年，山村幸則氏提供）

かし，山村氏は彼自身の通常の創作スタイルを変えることなく，森口氏との長い対話や町歩きのなかから表現の種を探していった。アーティストが訪ねてきて一緒に絵を描くのだと思い込んでいた森口氏は，最初はかなり戸惑っていたという。長い時間の丁寧なやりとりの末に山村氏は，森口氏が養護学校時代に野球部に所属していたことを知り，高校時代に野球部に所属していた自分との共通点を見つける。山村氏は森口氏に二人だけの野球チームを作ることを提案し，森口氏の所属する福祉事業所や地域の商店や工場を巻き込んでいく。森口氏のデザインによるオリジナルのユニフォームも作った。こうして，公営球場を借り切って日暮れまでお互いにノックをする映像作品が完成した（図3）。この映像を上映し，二人が使用した野球道具や創作のプロセスを展示した展示室では，森口氏が饒舌に，誇らしげに自身の創作活動について来場者に説明していたことが印象的だった。

　障害者の"自由な"創作を支援者が支援するというかたちは，その障害者が創作的意欲と一定の才能を有するということを前提としている

点でアール・ブリュット的なモデルである。一方，山村氏と森口氏の事例においては，二人は対等な共同制作者でありつつ，完成された作品は森口氏個人の芸術的才能に依拠するものではない。このような共同作業のかたちこそが，よりインクルーシヴな創作活動のあり方ではないだろうか。アール・ブリュットから当事者のケアへ，そしてそのケアという視点すら後退した時に，より治癒的な障害者の創作が立ち上がる。

▶註

1　服部（2019）などを参照のこと。
2　2020年6月18日から，予約制で限定的に部分開館している。
3　Trinkhall Museumウェブサイト（http://www.trinkhall.museum/index），および筆者が2019年8月に行ったカール・アヴランジュ館長へのインタビューによる。
4　服部（2017）を参照のこと。
5　Égartウェブサイト（https://egart.fr/），および「京都・パリ市友情盟約締結60周年記念展覧会「描き，紡ぎ，絆ぐ」」（2018年）関連イベント「描く日常を社会へ開く——福祉と芸術のかけ橋として」でのエガール協会創立者のベルナデット・グロジュー氏，ディレクターのマリー・ジロー氏の発言による。
6　服部（2018）を参照のこと。
7　岡部（2016）を参照のこと。

●文献

服部正（2017）アール・ブリュットの体現者としてのアドルフ・ヴェルフリ．In：服部正 監修：アドルフ・ヴェルフリ——二萬五千頁の王国．国書刊行会，pp.195-199．
服部正（2018）日本のアール・ブリュット，治癒と芸術実践の狭間で．In：アール・ブリュット・コレクション 編：日本のアール・ブリュット——もうひとつの眼差し．国書刊行会，pp.8-11．
服部正（2019）二つのアール・ブリュット——戦後フランスと現代日本．日本病跡学雑誌98；26-35．
岡部太郎（2016）地域とつながる アーティストとつながる．In：服部正 編著：障がいのある人の創作活動——実践の現場から．あいり出版，pp.38-45．

ギャンブラーズ・アノニマス（12ステップの自助グループ）

共感・絆・自律の語り

大谷大学社会学部
滝口直子

　依存症の自助グループとは，同じ問題（ギャンブルの場合は，過度のギャンブルによる多重債務や家庭内不和，失職，自殺未遂など）を抱える本人が，本人同士の相互支援のなかで回復（ギャンブルを止めること）をめざす集いである。ギャンブル依存症の回復の場はギャンブラーズ・アノニマス（GAとここでは呼ぶ）であり，アルコールの自助グループAAと同じように，12ステップの「回復のためのプログラム」の実践および「一致のためのプログラム」の遵守を原則としている。GAへの参加はギャンブルを自分では止めることのできないギャンブラーにどのように変化をもたらし，ギャンブラーが「普通」の生活を取り戻す経路となるのだろうか？　この本題にはいる前に，受診したギャンブラーにまずGAを勧める臨床の実践家と科学的根拠の提示を要請する研究者との不協和音について取り上げたい。

臨床家（現場）と研究者の不協和音

　ギャンブル依存症（診断名はギャンブル障害）の治療・支援に関わる臨床家の多くは，自助グループへの参加を回復に必須の条件と考える。ギャンブル依存症は再発する病気である。長くギャンブルをやめつづけるには，期間に限りのある医療的治療では不十分，自助グループのなかでの相互支援が不可欠と考える。

　欧米を中心とした研究者は，科学的根拠なしにはその治療法に効果ありとは言えないと考える。自助グループはその参加者の流動性や匿名性から，ランダム化された治療群とコントロール群の比較は難しい。アルコール依存症の自助グループAAについては，治療効果なしとする研究はあるものの，断酒率はAA参加者の方が高く，参加の回数が多いほど（少なくとも週1回）断酒率は高いと報告されている（Kaskutas, 2009）。アルコール依存症に加え，他の精神疾患を合併する人たちにも効果ありと報告されている（Tonigan et al., 2018）。

　GAの効果についての研究は少ないが，参加を中断する率が高いことが指摘されている。GA参加者の方が，同時に専門的治療を受けていたとしても結果は良く，参加継続者の配偶者は，家族のための自助グループGam-Anonに参加していることが多いとの報告がある（Hodgins & Holub, 2007；Petry, 2005）。そもそも研究されていないのなら，「科学的根拠が見つからないから効果がない」とは断言できない。

　ギャンブラーやその家族の回復を支援する筆者としては，科学的に「根拠あり」とされる治療方法——その多くは認知行動療法である（Ladouceur & Lachance, 2007）——について経験上「申し立てたい」ことは多くある。現場にまず登場する人は家族である場合が多い。本人はなかなか援助を求めない。先進諸外国でも治療を

受けるのはせいぜい10％程度である（Gainsbury & Blaszczynski, 2011）。ただし，本人が援助を求める場合には回復につながることが多い。研究目的を明示した治療プログラムに自ら参加する人は，回復への動機付けがなされていると考えられる。臨床の現場に登場するギャンブラーは合併症や合併した問題を抱える人も多い。ギャンブルと性や暴力，統合失調症や気分障害，パーソナリティ障害や発達障害，PTSDなどである。例えば，ひきこもり傾向の人がパチンコ店にひきこもるのはやめて，自分の部屋にひきこもりゲーム依存症になったとしたら，これを回復と言えるのだろうか。研究では特定の疾患に焦点を当てることが多いが，現場ではその人全体，あるいはその家族全体を見なければ，さまざまな問題が絡み合った状況は改善されない。GAはギャンブルをやめることを唯一の目的としているが，実際は，それ以上に人間を育み成長させる力がある。ではGAとはどのようなものか，仮想の新人参加者の例を通し見ていきたい。

GAとは何か

1957年，ロサンゼルスにて誕生したGAは，AAなどと同様に，12ステップの回復プログラム，一致のプログラムに依拠する自助グループである（表1・2を参照）。日本で初めてのミーティングが開かれたのは1989年であり，その後，地元の定期ミーティング，いろいろな地域のメンバーが集うミーティング，そして全国のメンバーが集うミーティングが催されるようになった。2020年5月1日現在，全国で203グループが活動している（GA日本インフォメーションセンター［JIC］ホームページ）。家族の自助グループGam-Anonも1991年発足以降，全国で活発に活動している（一般社団法人ギャマノン日本サービスオフィス ホームページ）。

定期的に開かれるGAミーティングにはオープンとクローズドがあり，オープンはメンバー（ギャンブラー）以外でも参加可能である。ただし非メンバーの発言は，普通，許可されない。クローズドはギャンブラーのみの参加であり，本音を吐露しやすいであろう。

何度も借金の肩代わりを家族にしてもらったギャンブラー（よくある例として，配偶者や子ども，職もある中高年の男性としよう。もちろん仮想例であり，GAメンバーには女性や若年者もいることを断っておきたい）が，妻に伴われ，嫌々ながら地元のGAの会場に初めて登場したとしよう。「よく来たね」とニコニコしながらメンバーがウェルカムのキーチェーンを手渡すだろう。

「ここでは，名前も住所も職業も名乗らなくていいです。ニックネームを教えてください」と告げられる。諸外国ではファーストネームであるが，メンバー同士はアノニマスネーム（ニックネーム）で呼び合うのが日本の慣しである。100円のハンドブックの購入と100円の寄付を要請されるであろうが，メンバーになるのに会費は不要である。

知らない人のなかで，新人は落ち着かないものの，周りを見ると普通に生活を送っている人たちのように見える。「借金の片付け方をここでは教えてくれるのか」「何か先輩から説教されるのか」という考えが頭に浮かぶ。ひとまず座っていると，指導者らしき人（チェアパーソンというらしい）の主導でハンドブックの読み合わせが行われた。「自分を越えた大きな力？　カルトか，ここは？」そういう思いもよぎったが，読み合わせの後，「ここで聞いたことは，ここに残しておいてください」と注意を受け，「うそ」というテーマで話し合いが始まった。「ひとまず，秘密は守ってもらえるようだ」と多少は安心した。1人が話す時には，周りの人は聞いているだけだった。「パスします」と言って話さない人もいる。順番に話し終えた後，チェアパーソンが何か言うかと思ったが，「言いっぱなし，聞

表1 回復のためのプログラム

(GA日本インフォメーションセンター [JIC], 2010)（※GA日本の許諾のもとに掲載）

1　私たちはギャンブルに対して無力であり，思い通りに生きていけなくなっていたことを認めた。

2　自分を越えた大きな力が，私たちの考え方や生活を健康的なものに戻してくれると信じるようになった。

3　私たちの意志と生き方を自分なりに理解したこの力の配慮にゆだねる決心をした。

4　恐れずに，徹底して，モラルと財務の棚卸しを行ない，それを表に作った。

5　自分に対し，そしてもう一人の人に対して，自分の過ちの本質をありのままに認めた。

6　こうした性格上の欠点全部を，取り除いてもらう準備がすべて整った。

7　私たちの短所を取り除いて下さいと，謙虚に（自分の理解している）神に求めた。

8　私たちが傷つけたすべての人の表を作り，その人たち全員に進んで埋め合わせをしようとする気持ちになった。

9　その人たちやほかの人を傷つけない限り，機会あるたびに，その人たちに直接埋め合わせをした。

10　自分自身の棚卸しを続け，間違ったときは直ちにそれを認めた。

11　祈りと黙想を通して，自分なりに理解した神との意識的な触れ合いを深め，神の意志を知ることと，それを実践する力だけを求めた。

12　私たちのすべてのことにこの原理を実行しようと努力を続け，このメッセージをほかの強迫的ギャンブラーに伝えるように努めた。

表2 一致のためのプログラム

(GA日本インフォメーションセンター [JIC], 2010)（※GA日本の許諾のもとに掲載）

1　優先されなければならないのは，全体の福利である。個人の回復はグループの一体性にかかっている。

2　私たちのリーダーは奉仕を任された僕であって，支配はしない。

3　GAのメンバーになるために必要なことはただ一つ，ギャンブルをやめたいという願いだけである。

4　各グループの主体性は，ほかのグループ，またはGA全体に影響を及ぼす事柄を除いて，尊重されるべきである。

5　GAの本来の目的はただ一つ，いま苦しんでいる強迫的ギャンブラーにメッセージを運ぶことである。

6　GAはどのような関連施設や外部の事業にも，その活動を支持したり，資金を提供したり，GAの名前を貸したりすべきではない。金銭や財産，名声によって，私たちがGAの本来の目的から外れてしまわないようにするためである。

7　すべてのGAグループは，外部からの寄付を辞退して，完全に自立すべきである。

8　GAはあくまでも職業化されずアマチュアでなければならない。ただ，サービスセンターのようなところでは，専従の職員を雇うことができる。

9　GAそのものは決して組織化されるべきではない。だが，グループやメンバーに対して直接責任を担うサービス機関や委員会を設けることはできる。

10　GAは外部の問題に意見を持たない。したがって，GAの名前は決して公の論争では引き合いに出されない。

11　私たちの広報活動は，宣伝よりもひきつける魅力に基づくものであり，活字，電波，映像の分野では，私たちはつねに個人名を伏せる必要がある。

12　無名であることは，GAプログラムのスピリチュアル（霊的）な基礎である。それは各個人よりも原理が優先すべきことを，つねに私たちに思い起こさせるものである。

きっぱなし」で終わってしまった。最後に「平安の祈り」を唱え，「また戻ってきてください」とみんなで言った。

「祈ったって借金問題は片付かない」「こんなところに来なくても，自分で止められる」と思ったものの，GAでは責められないというのがわかってほっとした。同じ建物の別部屋の家族グループに参加した妻が「みんな同じ経験をしてきたのに，今は穏やかな顔をしている。普通の生活に戻れるのね」と言い，いつも暗い顔をして文句ばかり言っているのに，顔が明るくなっていた。

1週間経った。妻は今までと違って，外出しても後をつけ回したり，「またパチンコに行ったでしょ」などとは言わなかった。「私はGam-Anonに行くわよ」という言葉に，「あんなグループに参加する必要ないだろう」とは思ったものの，妻が落ち着いているようなので，一緒に行くことにした。気づくと3カ月経っていた。3カ月の記念のキーチェーンをもらうことになった。周りのメンバーが，拍手してくれた。車で3時間くらいのところで大きなミーティングがあるらしい。他のメンバーから「一緒に行こう」と誘われた。地元以外のミーティングは初めてだった。

100人くらいのギャンブラーや家族がそこにはいた。次々に語られるメンバーのギャンブル体験談を聞いて，高揚した気分にもなった。ギャンブルの時の高揚感とは多少，違ったけれども。体験談のなかには自分と似たような，うなずけるものもあったし，自分よりひどいと思うものもあった。「職場のお金に手をつけた人でも，今，普通に生活できている。だったら自分にも穏やかな生活が戻ってくるかもしれない。いつも妻と喧嘩している，喧嘩が嫌で家に帰らない，嘘をつく，そんな生活はもうごめんだ」。

気づくと1年，ギャンブルをやめつづけていた。1年のバースデーを仲間も家族もGam-Anonのメンバーも祝ってくれた。色紙ももらった。

いろんな地域のミーティングで出会った仲間やその家族も色紙に書いてくれていた。自分にもGAの役割が回ってきて，書籍を注文する担当になった。

妻もGam-Anonに参加しつづけている。一緒に家を出て，別の部屋でミーティングに参加して，帰りは一緒だ。いつもはそんなに家で話をすることもないが，帰りがけには互いに心もほぐれているせいか，子どものこととか，いろいろ話をするようになった。

回復のための12ステップ
——共感と絆の語り

12ステップの回復成分の重要なものとしては共感と絆があげられる。残念ながら1，2回参加したのみで，仲間との共感を体験する以前の段階，絆を作る以前の段階で，GAに来なくなる人は多い（Petry, 2005）。数カ月参加を継続するならば，GAの匿名性，守秘義務，批判されないという安心感を体感できるであろう。ギャンブラーは散々，家族に迷惑をかけてきているため，自分のプライドは地に落ちている。それでもなんとかギャンブルで一発逆転，借金を返そう，自分のプライドを守ろうと嘘をつきつづけ，家族の詰問には耳を塞ぐ生活を送ってきた。「自分はなんでこんなに惨めなんだ」と自己憐憫に陥り，心を閉ざしてきた。回復のプログラムの1〜3は，ある意味では「自分の行った悪事」の棚上げである。求められるのは今日一日，ギャンブルをやめることだけである。

他のメンバーの語りを聴き，自分のことについて語り，経験を分かち合うことで共感が生まれてくる，そして他のメンバーが自分の仲間に変わっていく。仲間が自分の鏡となって，自分を振り返ることができるようになる。そして押し殺してきた自分の思いを言葉にできるようになる。言語化することで，自分とギャンブル行

動との間に距離を置くことができ，それがさらなる振り返り，内省に繋がっていく。

回復ステップの4〜10は，自分の過去を振り返り，誰にどういう迷惑をかけたのかを自分で把握し埋め合わせをするプロセスである。プログラムのこのステップは，心の痛みを伴うことが多い。性急にこのステップに取り掛かると，自分の行った「とんでもないこと」（過去のことは，どうあがいても取り返しはつかない）に心が痛み，その痛みに耐えきれずにまたギャンブルに走るかもしれない。GAのプログラムは問題が一挙に片付かないこと，根気が必要であることを説いている（GA日本インフォメーションセンター [JIC]，2010）。

回復の11〜12ステップは，まだ苦しんでいるギャンブラーに手を差し伸べるステップである。手を差し伸べるとは，新しいメンバーをあたたかく歓迎する，経験と知恵を分かち合う，病院や回復施設などに回復のメッセージを届けるなどの活動である。嘘で固めた鎧のなかで暮らしてきたギャンブラーは，心を開いて，同じ境遇のギャンブラーとの経験の分かち合いプロセスを通し回復していく。「自分みたいな人間は生きる価値もない」と心の底で自分を責めていたギャンブラーが，自己尊重感を体験できるステップでもある。

「今日一日」仲間と共にギャンブルをやめつづければ，穏やかな生活を取り戻すことができるようになる。それだけではない。自分もGAの大切な仲間の一人になっていく。自分の話が，GAの集合知に加わり，GAの歴史の一部にもなっていく。GAにはギャンブルが引き起こした難題に苦しむ人が健康的な生活を取り戻すための実践的な解決の知恵が蓄積されているといえる。

一致のためのプログラム
——自律の語り

一致のためのプログラムは，回復のプログラムほど注目されることはないが，自助グループの倫理コードともいえるものである。このプログラムは，大規模カジノの導入が予定されている現在，GAの自律性を高め，さらには自助グループの力を剥奪されないための防波堤となることができると考える。

大規模カジノが存在する欧米でのギャンブル依存症の予防や治療の対策は，ギャンブル産業主導のものが多い。産業が研究や治療に直接，あるいは間接的に助成金を与えることで，中立公正とは言えない対策のもと予防や治療がなされてきた（Adams, 2016）。産業からの税金を必要とする政府は，産業の規制には積極的ではない。そして産業からの助成金は，利益相反の規範をめぐり，助成金授受に反対する研究者と助成金を受ける研究者の間に分断を生じさせてきたともいえる（Hancock & Smith, 2017）。

ここでは一致のためのプログラムがGAの自律性，GAに蓄積された回復の力をどう維持することに寄与するかを見ていきたい。

まず，一体性である。ギャンブルのような論議を巻き起こす問題は，論議に止まらず人々の間に溝を作り，グループの分裂を生じさせやすい。グループの一体性を保つために，GAは「ギャンブルをやめたい」という単一の，みんなが一致できる目標を掲げている。いかなる関連施設や外部の事業とも（例えば，回復のメッセージを運ぶなどを通して協力したとしても）提携はしない。外部からの寄付は受け付けない。GAとしては外部の問題には意見を持たず，たとえ個人としてカジノに賛成あるいは反対であったとしても，GAメンバーとしては意見を表明しない。まさに中立で自律しているからこそ，一体性を守ることができる。

次に平等と匿名性である。メンバーはすべて平等の立場である。何年，ギャンブルをやめていたとしても，先輩として新しいメンバーに教えることがあったとしても，それは経験の分かち合いである。チェアパーソンや他の役目を通して指導する立場にあったとしても，支配者ではない。GAの外では専門のカウンセラーであるとしても，GAでは単に一人のメンバーである。誰かそのグループを支配する人が登場すれば，もしその人が力量ある指導者であったとしても，その存在はグループの分裂につながりかねない。回復の希望と知恵の集合体であるGAが健全に運営され発展していくことが，最優先されるのである。

おわりに

1957年以降世界に拡がったGAは，政府や大規模なギャンブル産業に比べれば小さな力かもしれない。しかし，ミーティングに参加し，自分の経験を語ることで，そして書籍注文や会場の鍵の管理などの役割を担うことで，一人ひとりがGAの歴史を作り上げる活動に，その回復の力を強化する活動に参加し，貢献することができる。政策にも産業からの助成金にも振りまわされない，「ブレない」原則に依拠する12の回復と一致のプログラムを一人ひとりが実践し，共感と絆，自律の語りを通して回復の場を創造していくのである。

◉ **文献**

Adams P (2016) Moral Jeopardy. Cambridge University Press.

Gainsbury S & Blaszczynski A (2011) Online self-guided interventions for the treatment of problem gambling. International Gambling Studies 11-3 ; 289-308.

GA日本インフォメーションセンター［JIC］ホームページ：回復のためのプログラム／一致のためのプログラム（http://www.gajapan.jp［2020年5月1日閲覧］）.

GA日本インフォメーションセンター［JIC］（2010）GAギャンブラーズアノニマス──ミーティング・ハンドブック.

Hancock L & Smith G (2017) Critiquing the Reno model I-IV international influence on regulators and governments (2004-2015). International Journal of Mental Health and Addiction 15 ; 1151-1176.

Hodgins DC & Holub A (2007) Treatment of problem gambling. In : G Smith, DC Hodgins & RJ Williams (Eds) Research and Measurement Issues in Gambling Studies. Elsevier.

一般社団法人ギャマノン日本サービスオフィス ホームページ：ようこそギャマノンへ（http://www.gam-anon.jp［2020年5月1日閲覧］）.

Kaskutas LA (2009) Alcoholics anonymous effectiveness. Journal of Addictive Diseases 28-2 ; 145-157.

Ladouceur R & Lachance S (2007) Overcoming Pathological Gambling : Therapist Guide. Oxford University Press.

Petry NM (2005) Pathological Gambling. American Psychological Association.

Tonigan JS, Pearson MR, Magill M & Hagler KJ (2018) AA attendance and abstinence for dually diagnosed patients. Addiction 113-11 ; 1970-1981.

失われた「声」を求めて
パフォーマンス・アートの表現するリアリティ

大阪ダルク
倉田めば

回復の集約と拡散

　私は，大阪ダルクという薬物依存症の回復施設で仕事をしている。私自身が薬物依存当事者であり，36年前に精神科病院から自助グループや回復施設につながって，今日まで薬物を使わない人生を歩み続けている。

　ダルクは薬をやめ始めたばかりの薬物依存者の回復の初期支援を，数カ月〜数年にわたって集中的に行っているリハビリテーション・センターである。薬物をやめ続けていくための基礎づくりをしている場所だと言ってもよい。

　それでは，回復の集約ともいうべき，リハビリテーション期間が終わった後の薬物依存者の仲間の回復とは一体どのようなものであろう？私は，とりあえず薬物の問題も一段落し，それぞれの人生を歩み始めることを「回復の拡散」と勝手によんでいる。成長という言い方をする人もいるが。そのあり方は，各人各様であり，仕事に就く仲間，薬物依存症以外の障害を抱えて生きていく仲間，結婚をし子育てをしながら家庭生活を営む仲間，ダルクなどの依存症関連の施設のスタッフとして働く仲間，NAなどの自助グループのサービスにボランティアとして積極的に関わる仲間など……これらの属性を時間の経過とともに，取っ替え引っ替えしながら，薬物を使わない人生を歩み続けている。

　本稿では，回復の拡散のシーンで私自身が体験したことのなかで最も重要だと思われる「表現」や「アート」に焦点をあててみたい。クリーンになって，仕事に就くことや家庭生活を営むこととはまた異なった側面から，なぜ表現者として生きようとすることが，私自身の回復にとってもそれほど重要なことなのかを少し掘り下げて考えてみる。

薬物体験とアート

　薬物をめぐる言説や立場は大きく次のように振り分けることができる。

　①違法行為としての薬物使用
　②薬物乱用防止などの一次予防教育
　③薬物依存症からの回復とその支援
　④薬物そのものが垣間見せる世界

　①司法と②教育，この2つはその価値観を共有しながら，薬物使用を絶対悪とし「ダメ絶対」を九官鳥のように唱える。私たち回復者と呼ばれる当事者はおおむね，③回復とその支援の場に存在し続ける。ここでは，過去どのようであり今どのようであるかという振り返りは欠かすことのできない薬物依存からの回復のストーリー・フォーマットである。しかし回復のための自己開示やナラティヴを，合法非合法を問わず薬物を使っているからといって，社会的検閲

に従って内面化しかねない窮屈さと薄気味悪さを私は常々感じていた。

回復的言語の画一化は，回復の初期（集約期）には，プログラムの実践として役立つことは間違いない。私もそのような道を歩んできた。

精神科の診察室や自助グループのミーティングにたどりついたと同時に，忘れ去った世界や言葉がこの世界のどこかや，私自身の心の闇に埋もれているという感じはずーっとあるのだが，④薬物そのものが垣間見せる世界に執着することは，回復の足をひっぱるという懸念があった。だから回復のために，捨て去ってしまわなければならないイリュージョンの世界は封印されたのである。

薬やトルエンを使いながら，薬物を使うことによって知り得た神秘体験について，何かを書き留めようとしたり，幻覚に向けてカメラのシャッターを切ろうとしたことがある。それは不毛な努力だった。

薬物を使うことそのものが，人生や社会そして家族につっかかっていく表現行為であり，アディクションはそのための言葉でもあったのだが，それは今から思い起こして構造的に説明できることで，アディクションの真っ只中にいる時には，薬物を使ってチラ見する世界のなかに，自己表現の緒をつかもうと，虚しい妄想にいつも駆られていた。

ジル・ドゥルーズ＋フェリックス・ガタリは『哲学とは何か』のなかで述べている。

つぎのような問題がある。麻薬は，芸術家がそれらの感覚存在を創造する手助けとなるのかどうか，麻薬は，内的な手段の一部であるのかどうか，麻薬は，わたしたちを実際に「知覚のドア」に連れていってくれるのかどうか，麻薬は，わたしたちを被知覚態と変容態のもとに届けてくれるのかどうか，という問題である。そのような問題は，麻薬の影響下でつくられた合成態がほとんどすべての場合異常にもろく，おのれ自身を保存することができず，できあがるそばからまた見ているそばから壊れだす以上，すでに一般的な答えが出ている。

それにしても，若い頃の私は，薬物そのものが垣間見せる世界に，なぜ，あれほど固執し，その虚しさを知りつつ，トレースしようとしたのだろうか？

それは，表現者としての自己実現を望みつつ，何らかの理由によって果たせなかったことへの一種の反動，あるいは自己防衛的な退行だったのかもしれない。

影のアーティスト

『ずっとやりたかったことを，やりなさい』（キャメロン，2017）という創造性開発の12週にわたるワークブックの体裁を備えた本がある。作者のジュリア・キャメロンは多彩なアーティストであるが，私が親しみを感じたのは，ジュリアが1978年からアルコールや薬物をやめている人で，この本のバックボーンに私には馴染み深い12ステップのドグマが随所に反映している点だ。

冒頭に「影のアーティスト」という言葉が出てくる。

影のアーティストとは，「アーティストになりたいという夢を抱きながらも失敗するのが怖くて一歩を踏み出せず，葛藤している人間のことを指す」。

駆け出しの画家が障害者に手工芸を教える教師になるように勧められたり，生まれながらの作家が人の話を聞く才能のあるセラピストになったりと，影のアーティストは影の職業を選ぶ場合が多い，とある。

これを読んで，私は自分自身がまさに影の

アーティストとして，長い年月を過ごしてきたことに，はたと気づいた。アディクションが表現行為となっていった背景にはこのようなことがあったのは事実だ。

そして，薬物を使わない生活が始まってからの，回復の拡散期においても，影のアーティストたる私は，支援や仲間の手助けの名目の下に本当にやりたいことを，抑圧し続けてきた気がする。幸いなことに，それは今回，ジュリア・キャメロンの本を読む11年以上前に，自分でも薄々気づいていたことではあった。ダルクの仕事の傍ら，詩作を再開し，パフォーマンス・アートを始めたのもこの時期だった。

パフォーマンス・アート

パフォーマンス・アートとはアーティストが自らの身体やマテリアルを使って行う行為芸術である。アクション・ポエトリー，あるいは，ダイレクト・フィロソフィーともいわれ，多様な表現スタイルがある。

パフォーマンス・アートを始めて3年ほど経った頃だった。東京出張の折に，たまたま小さなパフォーマンス・イヴェントが夜，吉祥寺であるということを知り，急遽私も出演することに決めた。観客が20人も入れば満席になるような小さなホール。

少し前にバングラデシュにパフォーマンスをしに行ったときに買った，バングラデシュのオールドソングを集めたCDをかけ，床にビニールを敷いた。その上にスーパーで買った豆腐を10丁ほど並べ，裸足になって，豆腐をゆっくり踏みつぶしながら，わたしはある言葉を呪文のように繰り返した。

アル中の仲間たちが殻付きの茹で卵なら，
お前は豆腐のもろさ，壊れ易さだ……
アル中の仲間たちが殻付きの茹で卵なら，

お前は豆腐のもろさ，壊れ易さだ……
アル中の仲間たちが殻付きの茹で卵なら，
お前は豆腐のもろさ，壊れ易さだ……

……というのが呪文の内容である。自助グループにつながって間もない頃，東京のNAのオールドタイマーに指摘されたことだった。当時，私の住んでいる大阪には薬物依存者のための自助グループであるNAもまだ開かれておらず，私はアルコール依存症の自助グループと回復施設に通っていた。周りのアル中のおっちゃんやおばちゃん達と同じだと思っちゃいけないよ，おまえは重症だという警告の言葉だった。

そんなふうに言われたのだということを，私は何度も何度もミーティングのなかで話をした。回復施設のスタッフからは，あんたは周りのアル中達の3倍は回復に時間がかかると説明を受け，実際他の仲間達の3倍の時間，施設のプログラムを受けることになった。

お前は豆腐のもろさ，壊れ易さだ……と何度も呟くうちに，踏み潰した白い豆腐が足の指の間からはみ出してくるのを見つめながら，涙がこぼれてきた。ミーティングで同じことを話してもけろっとしていたのに，同じ言葉を発しながら，豆腐と言われた自分が豆腐を踏み潰していると，悲しみがこみ上げてくる。悔しさも。怒りも。いくつもの感情が一塊になって，涙を作る。

ジュリア・キャメロンは自身のブログ（The Artist's Way）に書いている。

セラピーは，傷ついた感情を「置き直す」ことで，感情の武装解除を目的としています。一方，アートは，傷ついた感情でもなんでも，便利な燃料になるなら使います。感情をかきたてられる外側のリアリティへの認識は変えませんが，自分が表現するリアリティを通して，リアリティを置き換え

ようとします。

なるほど，そういうことが起こったのだ。あふれ出た涙は，溜まっていた涙ではなく，今ここに突然流れ出た液体である。言葉としての「涙」はパフォーマンス作品を終えた後にやってくる。

自分が表現するリアリティ。そういえば，現代のパフォーマンス・アーティストとしては最も著名なマリーナ・アブラモヴィッチ（2019）はインタビューでこう語っていた。

演劇は見せかけ。そのナイフは本物じゃないし，血だって感情だって本物じゃない。パフォーマンスはその反対よ。ナイフも血も感情も全部本物。

私のこと男だと思う？ 女だと思う？（嘘でもいいよ）

2016年，私も毎年日本で参加しているニパフ（日本国際パフォーマンス・アート・フェスティバル）が舞台をベトナムに移して開催され，参加した。ハノイの会場では，途中で警察が介入しイヴェントが中止になるかもしれないという事前情報が流れ，緊張のうちにタイムテーブルが進んでいった。結果的に警察は姿を現さなかったが，一見自由そうに見える市民生活の裏で，国家権力が表現や集会の自由にも目を光らせている不気味さを感じた。

ハノイでの作品は，ジェンダー・アトリビューション（人が男に見えるか女に見えるかという性他認のこと）がコンセプトだった。

"What do you think of me Man? Or Woman?（You may be told a lie）"

と書かれたフリップを両手で持って，膝丈の花柄のワンピースを着た私は観客の輪のなかに立った。一人の観客を指名し，舞台で向かい合わせに立ち，私はフリップの言葉を質問する。「男？　女？」。答えによって，私は相手の片手をつかみ，ある人には私の胸を触らせ，ある人には私の腕を触らせる。当初，私は「女」と答えた人には私の胸を触らせ，「男」と答えた人には私の腕を触らせようと思っていた。舞台の上でパフォーマンスに協力してもらう観客には，女も男もいた。だが観客は「Woman」「女」「女」と答える人ばかりで，私は「今日は素直な人ばかりね」と微笑みかけた。

一方，私の心中では一つのためらいが募っていった。女の観客に胸を触らせるのはいいが，男には触らせたくない。途中から私は，私が女だと思う観客には胸を触らせ，私が男だと思う観客には腕を触らせることにした。

ジェンダー・アトリビューションは，私がどう見られるかではなく，私がどう見るかというコンセプトに舞台上で書き換えられたのだった。

ただ，印象に残っているのは，一人の若いベトナム人の観客だった。「男？　女？」という私の質問に対し，彼女は「あなたはどう思うの？」と反対に聞き返してきた。一瞬，ためらったのち，私は "I'm a woman" と答えた。

失われた「声」を求めて

パフォーマンス・アートを始める少し前に，音声外科で声帯の手術をした。私はトランス女性で，低い男性声のまま日常生活を送ることに不便を感じていたのだった。しかし術後の声はかすれたような心許ない声で，どのキーから話し出せばいいのか戸惑うばかりだった。

声のアイデンティティ喪失に面食らった私は，自作の詩を自分で朗読する教室に出席しだした。自分の詩を読むことが，声のアイデンティティを得る最良の方法だと直感的に思ったのだった。なかなか，納得のいくキーは見つからなかったが，

私は，およそ30年ぶりの詩作に夢中になった。

それから程なくして私はパフォーマンス・アートに出会った。

「何をしていいかわからぬままに舞台に立て」という，パフォーマンス・アートのマスターである霜田誠二の言葉は刺激的だった。一から十まで手順がわかって行うパフォーマンスもいいが，即興性に感覚と身を預けるアートは，時に花開くフラッシュバックの連鎖を引き起こす。

2020年3月のニパフのパフォーマンス・アート公演で，私は幼少期のできたら墓場まで持って行きたかった，一つのトラウマ体験についての詩を朗読した。

それは，本当に思い出すのも嫌だった出来事で，自助グループのミーティングのなかでも詳細に話すことは憚られた。それを散文詩にしてみたのである。単に体験をノートに記すことと，それを一種の創作として形にすることは，同じ事実を述べるにしても，出力端子を異にする。

「小さな儀式」とそれからしばらく後になって題された詩の朗読を終えた後，私はパフォーマンスのなかで初めて，自分の失われた声を発してみた。最初，それはハミングから始まった。だんだん抑揚をつけた音を鼻から出していくうちに，喉の奥から私自身今まで一度も聞いたことのないような，私自身の声を聞いた。

まだ手の届いていない深い感情の淵から発せられるそのうめき声を聞きながら，こだまのように声を発していた。パフォーマンスのなかで一つのヴァイブレーションが次のヴァイブレーションを誘発し，一つの動作が次の動作を生み

出すことはよくあることだ。

パフォーマンスのマテリアルとして使っていたのはガラス製の冷酒器で，氷を置く部分にビー玉を入れ，揺すったり回転させながら音を出す。ビー玉を使ったオリジナルの楽器のうちの一つだ。

お酒の代わりに水を少し入れ，注ぎ口から声を発してみる。くぐもるようなうめき声や，引きつるようなハミング音が，ガラス器のなかで反響しながらビー玉の回転音に混じる。

いつの間にか，私は憑依したようになって，声が呼び起こす，ガラス器のなかのさざなみが，青くきらめくのをうっとり眺めていた。

◉ **文献**

マリーナ・アブラモヴィッチ（2019）衝撃，マリーナ・アブラモヴィッチ「ギャラリーの壁に掛けられる物なんかではない」インタビュー［1-2］．Dope Shit Magazine（https://w9y.me/dopeshitmagazine/?p=1758 ; https://w9y.me/dopeshitmagazine/?p=1814 ［2020年6月10日閲覧］）．

Cameron J : The Artist's Way. (https://juliacameronlive.com/ ［2020年6月10日閲覧］)

ジュリア・キャメロン［菅靖彦 訳］（2017）新版 ずっとやりたかったことを，やりなさい．サンマーク出版．

ジル・ドゥルーズ＋フェリックス・ガタリ［財津理 訳］（2012）哲学とは何か．河出書房新社［河出文庫］．

北山聖子（2017）汝の傷を見せよ──パフォーマンスアーティストと傷跡．アート・クロッシング創刊号；190-196．

倉田めば（2017）海を渡ってのニパフ．第22回ニパフ'17カタログ．

倉田めば（2019）依存と表現．統合失調症のひろば 14；117-120．

倉田めば（2020）招待詩「小さな儀式」月刊ココア共和国 2020年7月号；20-25．

透明人間の民族誌
言葉がない世界での苦悩とその癒し

北海道大学文学研究院
石原真衣

癒しは，言葉が共有される場において生まれる。

自分が抱える痛みや苦しみが，例えば言葉を通じて（もしかしたら非言語の手段によっても）理解され了承され受け入れられていると感じるとき，癒しがもたらされる。それがケアのひとつの側面だと思う。言葉を共有せずに，ケアをすることはまったく困難である。

「われわれ」とは誰かというと，言葉を共有している人びとを指すのだとしよう。それは日本語だとか，アメリカ英語だとかいう類の「言葉」ではない。同じ日本語を話していても，男と女は違う言葉を話しているかもしれないし，健常者と障がい者は違う言葉を話しているかもしれない。女同士であっても，ガヤトリ・スピヴァクが婉曲にしかし鋭く批判したように，エリートとサバルタンでは違う言葉によって世界を把握しているかもしれないし，同じ女でエリートであっても，異性愛者と同性愛者とバイセクシャルとアセクシャルでは，やはり違う言葉によって世界を把握しているかもしれない。

私がこれまでの研究で思索してきたことは，このような類の「われわれ」と「かれら・かのじょら」のあいだに生きる人びとの苦悩と，その苦悩から生まれる新たな「言葉」だった。

透明になった「私」

私は透明人間だった。言葉を共有できる人を見つけられなかった。透明人間が透明人間たる所以は，言葉を共有することができる人がいないからである。そして，透明人間のほとんどは，他に選択肢がなく，可視的人間へと無理やり変貌し，痛みや苦悩をどこかに押し込めて生きていく。それができなければ例えば13階から飛び降りて（あるいは一生誰にも秘め事を打ち明けずに）自己の存在そのものを抹消するしかないからだ。

しかし，私にとって可視的人間への無理やりな変貌は，先祖や家族が全存在をかけて生き抜いた歴史をないがしろにすることだったし，いまも理不尽な苦悩を生き続けている透明人間にさらなる社会的な死を強制することに他ならなかった。私はどうしても，透明人間の言葉を紡がなければいけなかった。

祖母は，日本人と対等に生きることを目指した。母は，多数派と競合しても負けない人生を目指し，そのゴールは，私へと託された。もっと簡単に言えば，2人は，ただ，「普通」を目指したのかもしれない。そのゴールにたどり着くことは，150年かけた悲願だった。あらゆる出費を控え，私の教育費に収入のほとんどが使われた。私は，庶民としては少しだけ優雅に育てられた。「普通」よりも多くの機会が与えられ

た。父はかなりの変わり者で，私を溺愛し，甘やかした。非常に知的だった父は，子どもの私を自立した人間として議論の相手にしてくれた。そしてその結果，私は大人や教員相手であろうが，自分の意見を優先させる問題児として成長し，私の安全や人権を脅かすものや社会的不正義に対しては，良く言えば果敢に挑む，やはり問題成人として生きることとなった。

多数派とは異なる他者には言えない属性について，母から告げられたのは12歳のときだった。「北海道の歴史を正しく認識している人にしか，言ってはいけない」と母は言った。北海道の歴史を正しく認識している人なんて，子どもの頃の私には見つけることができない。私はだれにもその秘密を言わずに，しかし，言わなければほとんどの場合，愉快な人生を送っていた。祖母はとても素晴らしい人で，私が一番愛する人だった。祖母が亡くなってから数年後，最愛の祖母の出自を隠蔽することに耐えられなくなった私は，その事実を信頼できる人に伝えることを選択した。

24歳のカミングアウトのとき，生まれて初めて私は「アイヌ」という言葉を口にした。

初めて口にしたことで，それほどまでに徹底的に避けて生きてきたことに気が付く。

「私のおばあちゃん，アイヌだったの」
「あなたがアイヌでも気にしない」

私は，その瞬間，突如，「日本人」ではなくなった。アイヌだったのは祖母で私自身がアイヌであるとは思っていなかった。しかしカミングアウトの相手は私をアイヌだと言った。ほとんどの日本人の要素と，100年続く日本人としての生活，意識の上で，私は自分が日本人ではないと想像すらできなかった。私の自己認識は，かつても今も，とてもクリアだ。善意であれ何であれ「アイデンティティが揺らいでいる」と

いう表現に位置付けられることが私にとっては何よりも暴力的だ（「アイデンティティの揺らぎ」というのはどうやら多くの人びとにとって魅惑的なトピックである）。

しかし，自己認識がクリアでいられたのは，「アイヌの出自をもつ」ことを隠蔽している限りにおいて実現することができた，綱渡りのような安息だったのだ。

若く血の気が多い問題成人だったかつての私は，こう思う。そして，当然，それを言う。

「なんで，勝手に私のアイデンティティを決めるの？「気にしない」って，下に見てるから，言ってるよね」

その人は，びっくりして表現を改めてくれるようになった。今思えば，何も知らない人に，それでも驚きを隠し優しい言葉をかけたかったその人に，そのような言い方をするのは申し訳なかった。しかし，その後もカミングアウトの際には，ほとんど同じことを言われ続け，私の目の前には二つの道が明確に現れるようになった。

一つは，もうアイヌの出自について触れないこと。もう一つは，この状況をどうにかすること。若く健康で明日が来ることを恐れたことがなかった私は，さほど迷わずに，選んだ。そして，教員の仕事を退職し，大学院に入学し，学者という声の権威を持っていそうな職業を目指すことにした。

アイヌの出自に向き合ってから，私には，社会的空間において発言の権利が認められなくなった。痛い，苦しい，と言うことすらできなくなった。痛みや苦しみを吐露するには優先順位があり，弱者としての経験をしていなかった私には，その順番は回ってこなさそうだった。恵まれた人間は泣き言を言えない。その弊害をわれわれは日々目撃しているのではないだろうか。アメリカの白人は熱狂的にトランプを指示

し，日本の「多数派男性」は，国内のマイノリティに対して排外主義的攻撃を行ったりもする。GAMAN（我慢）は日本の美徳らしいが，多数派少数派に限らず，自己の痛みを言語化しやすい社会の方が生きやすいと思う。多数派も生きづらいのだ。

一方で当然，少数派も生きづらい。だからこそ，戦略的に自己を本質化することもある。その結果強固になる集団的なアイデンティティや，そこから生まれる絶対的な語りに反すると容赦なく叩かれる。その場合の叩く行為は，ヴァルター・ベンヤミン流に言えば暴力をなくすためのviolenceかもしれないし，「正当化された暴力」と呼んでもよさそうなものだった。弱者に対する暴力は，まだ課題が多く残るものの，これまでそれなりに議論が重ねられてきた。しかし私は，弱者による暴力についても議論を拓きたい。それは，自家中毒のように当事者たちも蝕むし，そして弱者ではない人びととのあいだに対話不可能な領域を拡げてしまう（このような視点について，「告発の政治性」に関する議論が興味深い。川口（2010）を参照）。

誰が「私」の彩りを決めるのか

アイヌのコミュニティの内部に，私と当事者性を共有する人は，10年かけて探しても一人もいなかった。職を得られず階層的には最底辺にいるが（とある公的機関では「生活保護水準以下」と言われた。若手研究者の最下層化については今後議論したい），学歴だけはエリートの私は「150年経過して，やっと登場した」と言われたこともあった。さまざまなメディアに取り上げられることもあった。しかし，従来のアイヌ・イメージに合致せず，マルチレイシャルである自己の歴史性に異常な執着をする私は，さまざまな側面において異質だった。好意的に受け入れられる「アイヌ文化を継承し，誇りをもってアイヌ民族として生きる」というイメージとは対照的に，私が描いてきたのは，徹底的な文化の非継承性と，物語や歴史の非連続性だった。それはアイヌの歴史につながりをもつ「不在の存在」に関する思索だった。アイヌ社会に存在することができず，しかし，アイヌの出自に向き合い，それを公にすることで，多数派日本人からは，そして文化人類学者からは，例外なく「他者」とみなされた。

インターセックス当事者が「自殺しないためには仲間を見つけること」と言っていたが，私はたった一人も仲間を見つけることがなかった。マルクス・ガブリエル流に言えば，私が生きることができる「意味の場」を見つけることができなかった。「私」という実存に態度を合わせてもらうことが叶わなかった。「どちらでもない」は，人を透明人間にする。それはつまり，言葉を共有できる人を見つけられないということだ。言葉の不在は，痛みと苦悩を増大させる。多数派と少数派。植民者と被植民者。男と女。西洋と東洋。文化人類学者と描かれる人。ホミ・バーバが提示したハイブリディティは，その雑種性に価値をおいた「どちらでもある」概念だ。一方で，ガヤトリ・スピヴァクがバーバの提示するハイブリディティなどの概念とサバルタン概念が混同されることにいら立ちを隠さなかったのは，"サバルタン"とはその複数性が戦略的に資源化できるハイブリディティとは異なり，「社会構造にアクセスできない」人びとであり，「どちらでもない」と呼びうる概念であるからだ。不在の存在あるいはいまだ「意味の場」をもたない実存と言ってもいいかもしれない。私はこの議論を人類学的な蓄積である分類論において整理し，当事者研究と自伝的民族誌を掛け合わせ，互いを補う形で方法論として提示した（石原，2020）。

私の透明人間としての経験は，どれだけ探しても絶対に同じ人を見つけることができない，

どこまでも暗闇が続く，少しずつしかし確実に私を死に至らしめる孤独をもたらした。アイヌ民族か多数派日本人のどちらかの秩序や構造に，先祖と私の歴史や物語，そしてそこにつらなる実在を無理やり改造し適合すれば，私は生きていけただろう。アイヌの出自を言わなければ私は多数派日本人だった。誰もそれを疑わなかったし，私もかつては自分を多数派日本人と思っていた。アイヌの人びとの語りや文化や振る舞いを学び身につけて，多数派日本人である歴史性を放棄すれば，アイヌ民族の一員になれたかもしれない。しかし，当時者とはあるニーズの主体であるという定義を採用すれば，私のニーズはそのどちらでもなかった。

私は，精神と歴史性を植民地化されること，「私」の彩りを他者が決めること，「私」の痛みを一方的に領有されることに対して戦った。それは，多数派日本人とアイヌ両方との戦いでもあった。

そして，先祖に着せられた汚名を晴らす戦いでもあった。

私は，あらゆるアイヌ的なものを子孫に継承させずに，同族との結婚を拒み，血を薄くすることに腐心し，日本人になることだけを志した祖母を，全く恥じない。

若いころには，民族運動のようなものを行い，挫折し，私に出自の複数性をことあるごとに伝えた母を，曖昧だとか，弱いとか，決して思わない。

祖母や母や名もなきサイレント・アイヌたちは，ただ，150年にわたる歴史を，あらゆる知恵と忍耐と希望によって，絶大な痛みを伴いながら，闘い抜いてきたのだ。

祖母の伴侶として生きた和人の祖父や，父方の会津藩士の先祖たちもまた，北海道開拓という苦難の歴史のもと，生き抜いてきた。私にとってはどの歴史をとっても自分の血肉であり，どれかを捨て去ることは，身体を切り刻むような痛みである。

その結果今日を生きている私が，「アイヌでも和人でもない」という意識のもとに生きているという事実を，手放すことをどうしてもしたくなかった。しかしほとんど全ての場合，私の痛みを領有されたくないというニーズは徹底的に殺害された。善意の和人からは（たとえばオバマが白人の出自をもちながら黒人であることを「選択」したように）「どうしてアイヌとして生きないのか」と言われたし，民族の向上のために生きるアイヌからは，「アイヌを選択しないなら日本人になればいい！」と声を荒げられた。しかし，アイヌか日本人かは，アイデンティティの選択の問題ではない。いまだ根強い結婚差別は，不可視化されたレイシズムが背景にあり，「アイデンティティの選択」などは幻想であることを示している（この点は北海道内か北海道外か，あるいは年代によっても事情は異なるだろう）。サイレント・アイヌが生きる現実とは，レイシズムと社会構造の問題が背景にあり，多数派日本人として生きるためには沈黙と不可視化——透明人間化が必須だ。善意の和人も民族主義的なアイヌも，「私」の歴史性と実存と声を無自覚にしかし徹底的に殺害した（「第三項の排除」はこの論理を説明可能にしてくれる（今村，1982））。スピヴァクがサバルタンについて「社会構造にアクセスできない人びと」と規定したことは極めて重要である。私の歴史性と声は，弱者が生きる社会構造においては，秩序や構造に裂け目を造るという意味での暴力なのだ。だからこそ，そのアクセスはあらゆる方法によって阻まれる。

私の声や存在は決して了承されなかった。歴史性や声を殺害する行為が，「私」のこころや身体を壊していくことを，誰も気に留めないようだった。サイレント・アイヌの歴史性について発言することで，排外主義的な攻撃に遭ったこともあり，それは，外出できなくなるほどの恐怖だった。しかし，社会通念としてそのような

行為が不当であるということは共有されている（女子プロレスラーの木村花さんの自死以降，インターネットにおける誹謗中傷についてさらに議論が進んでいる）。あとは法制化が進むことを待つのみだ。私にも多くの人が同情してくれた。しかし，善意や正義による一方的な排除や包摂が，時としてとても暴力的であるということは絶対に了承されない。

正義は排除や包摂を正当化する。鷺沢萠が，「非・決定状態」をありのままに生き，彼女の物語の終わりに首を吊って死んだことは，逆説的に私の心のかたすみを癒していった（「アイデンティティ強迫」などについて，上野（2005）は今でこそ読まれたい）。私自身の死への欲望は，「考えすぎ」だったり「弱すぎ」だったり，「気にしなければいい」類のものではない。透明人間として生きることは，時としていのちを奪うほどの苦悩を当事者に浸み込ませるのだ。

「他者」と「自己」のはざまを生きる

奇しくも，上野千鶴子が，『臨床心理学』の増刊第10号で，「透明人間」という言葉を使っていた（上野，2018）。文化人類学という驚きと他者への愛と欺瞞に満ちた学問への複雑な愛憎をもつ私にとって，敬愛する上野が文化人類学を評価していることに，心のどこかが救われた。少し応答してみたい。

「同じ」と「違う」のはざまを生きる人びとがいる。そのはざまを「あいだ性」と言ってもいいかもしれない。あいだ性はあらゆる場所に発生するが，ほとんど場合，一過性のものと言えるだろう。大人と子どものあいだは，日本の制度的には成人式という儀礼における一日だし，昼と夜のあいだは，瞬く間に過ぎていく。ベンヤミンがせむしやイリュミオンと呼び，歴史哲学者の使命とした「敗者の歴史」は可視化されないことあるいは不在であることにその本質があ

る。私は「他者をもたない文化人類学者」だった。自己をも含めて民族誌を記述しながら（つまり描く側から学問的営為あるいは「言葉」の剝奪行為を行いながら），同時に，私を含む描かれる側の人びとへの文化人類学者のぶしつけな眼差しを敏感に感じ取っていた。私は両者のどちらにも，共有する言葉を見出せなかった。

あらゆる透明人間は，一瞬不可視であっても，ほとんどが構造や秩序に吸収され，彩を得て，可視化されていく。よって，透明人間は発見されない。文化人類学者がもつ「他者性への欲望」への問題提起は，透明人間によって可能となるかもしれない。描く側と描かれる側のあいだに明確な境界を引くことで成立する学問的営為は，上野が述べたように，他者性に関する倫理的な課題を設定し，その問題をあぶり出し，自己への内省を促す。しかし，二項対立的な概念が同時にもたらしてしまうのは，そこから零れ落ちる存在への不寛容ではなかろうか。意地の悪い言い方をすれば，文化人類学者の「文化めがね」は時としてこの死角に無自覚になったり，その死角を自覚的に排除する装置が備わったりしてはいないだろうか。自己と他者のあいだに境界線を引くことでしか，文化人類学は成立しないのだ。このような問いに関する議論が日本の文化人類学内部で十分であるとは到底言えない（例えば北米では元・描かれる側出身の人類学者がとても多くいるので，「ぶしつけな眼差し」については日本とは少し事情が違うのではなかろうか）。

もし日本人かアイヌのいずれかの彩を得たならば，もし描く側としての「文化人類学者」か描かれる側としての「現地の人びと」の彩を得ていれば，私は透明人間ではいられなかったと思う。しかし，私は透明人間でありつづけた。そして透明人間として語り始めてからは，まだ見ぬ透明人間たちに出会ってきた。当事者にしか分からないような病気の後遺症に苦しむ人は，健康な人からも重症な病や障がいをもつ人から

も「後遺症が軽くて良かった」と言われること
で痛みを抱えてきた。その人びとは声を失い透
明になり、あいだを生きている。福島で甚大な
被害を受けた「浜通り」と、他県よりも放射線
数値が低いこともあった「会津」のあいだにあ
る「中通り」で暮らす友人は、低線量被ばくに
よる苦悩と痛みを教えてくれた。その人びとは
声を失い透明になり、あいだを生きている。イ
ンターセックスとして生きようとする当事者の
声は、男と女の枠組みに強制的に適合させられ
る暴力をあばいている。その人びとは声を失い
透明になり、あいだを生きている。透明人間と
は不在の存在である。

　透明人間はいま、あいだ性を共通項として繋
がり始めている。そこからどのような彩が生ま
れるだろう。歴史叙述の競争に敗北し、社会構
造にアクセスできず、「意味の場」をもたない不
在の存在は、一方で、文化人類学者ヴィクター・
ターナーが高らかに謳った「力を供給する源泉」
でもある。敗北し、声を失い、存在できない人
びとの未来に、そのような可能性を託そう。

透明人間の言葉

　さて、私の透明人間としての役割は、そろそ
ろ終わりを迎えるだろう。

　かつて24歳の私が岐路に立たされたときに、
私の前に現れた二つの道が、再び目の前にある。

　一つは、もうアイヌの出自について触れないこ

と。もう一つは、この状況をどうにかすること。

　さほど若くなく健康ではなく明日が来ることを
恐れるようになった私は、もう選ぶことはしな
い。中動態的な世界は、私に意思を強要しない
（『中動態の世界』（國分，2017）は、私の痛みをずい
ぶん和らげてくれた）。どちらの道に進んだとして
も、それは、これまでの私の歩みの帰結である。
前者を「選択」したとしてもそれは当事者の「意
思」ではないことを私はこれまで自伝的民族誌
で記述してきた（選択と意思の関係性は、『中動態
の世界』（國分，2017）を参照されたい）。

　あのカミングアウトのときから14年。99％の
喪失と1％の獲得。99％を喪失しながら獲得した
1％とは、透明人間として紡いだ言葉たちだった。

　次なる透明人間が、さらに、われわれがまだ
見ぬ言葉を創造し、次の世界を拓くことを、い
つまでも願う。

◉文献

今村仁司（1982）暴力のオントロギー．勁草書房．
石原真衣（2020）〈沈黙〉の自伝的民族誌――サイレント・
　アイヌの痛みと救済の物語．北海道大学出版会［近
　刊］．
川口隆行（2010）原爆文学という〈問題領域〉．創言社．
國分功一郎（2017）中動態の世界――意志と責任の考古
　学．医学書院．
上野千鶴子 編（2005）脱アイデンティティ．勁草書房．
上野千鶴子（2018）アカデミズムと当事者ポジション．
　In：熊谷晋一郎 責任編集：当事者研究と専門知――生
　き延びるための知の再配置（臨床心理学増刊第10号）．
　金剛出版，pp.112-118．

当事者の生は"その後"も続く
親密性から開かれた世界へ

特定非営利活動法人リカバリー
大嶋栄子

ケアの場を「はしご」する

　私は現在，フィールドの軸足を地域においている。12年間働いた精神科病院を退職し，同業者たちと一緒に運営したカウンセリングルームの専従になる傍ら，当事者が運営するアディクション（依存症）の社会復帰施設で，女性のプログラムを3年担当した。2002年9月，支援の対象をアディクションに限定せず，「さまざまな被害体験を背景に，病気や障害という困難を抱える女性の包括的支援」を行う場を立ち上げ，その後NPOとして認証され現在に至る。

　女性にとって，依存の対象から離れることは重要でありながら同時に危機をもたらす。この一見すると逆説的な真理を私が実感できるようになったのは，地域における彼女たちの「暮らし」を支えはじめてからである。そして，アディクションという困難性の表現はないが同じように被害体験を背景に持ち精神的な不調に苦しむ女性にとって，穏やかで安定した日常は重要である一方で，安定が次の危機を引き寄せるという不思議な現実と直面することになった。

　「何が起こっているのだろうか」──援助者がそれを摑めないと的外れなケアになるだけでなく，ケアそれ自体が当事者にとって"被害体験の再演"となりかねないリスクがある。野坂は，支援者が対象者に対して威圧的になり，暴力を用いる，あるいは関わりを避けることは，業務のなかでトラウマにさらされた支援者が，自分自身の過去のトラウマティックな関係性を再演しているともいえると指摘する。そしてそのような支援者の再演が対象者にとってリマインダーとなり，対象者のトラウマ反応をますます強めてしまう悪循環が生じると述べている（野坂，2019［p.66］）。

　現在，トラウマという言葉や概念はずいぶんと拡散し，日常的な会話のなかにさえ頻回に登場するようになった。しかしトラウマを抱えた当事者の生に関しては，いまだに知られていないことが多いと感じている。私はトラウマに特別な関心を持って精神科臨床に入ったわけではないが，担当した人の深い抑うつの背景に目を向けていくうちに息子からの壮絶な身体暴力の傷痕を発見し，また食べ吐きを繰り返す若年女性の母親との関係に耳を傾けていくなかで，静かな暴力とも呼べる洗脳とコントロールに出遭った。そして，アディクションのもたらす酔いは彼／彼女らにとって耐えがたい"痛み"を一時的に逃すものとして機能していると知った（大嶋，2019［p.12］）。やがて，当事者が表明する困難は違っても，避けることのできなかった被害体験が時空を超えてその人の人生にもたらすものから，目が離せなくなった。

　私の専門はソーシャルワークである。トラウマを消し去るような治療は役割ではない。むしろ治療や援助が届きづらい人，届いたとしても

安全が怖くてその手を振り解いてしまう人が，なんとか治療を始められるようになった時期に，その暮らしを文字通り「支える」ことが私の役割である。というのも，当事者が自分に起こっていたことを名付け，その影響から解放される長い時間を無事に乗り切るには，治療の場までの送迎，栄養のある食事，静かに休める部屋，誰かが暮らしているという生活の音，必要なときに声をかけて少しおしゃべりができる人等々，実に多くの「支え手」を必要とするからである。特にケアの始まりは身体を起こしているのですら辛く感じられ，体幹に力が入らず小さな段差に足を取られ転倒するなどして，周囲を驚かせることがある。自分の身体でありながら自分の思うように動かない，あるいは身体が遠くにあって離れた場所から見ている感覚になるなど，独特の身体感覚に苦しむ時期でもある。

本稿では，ケアにたどりつく人たちと共に暮らし，彼／彼女らを支えながら私が支えられてきたなかで見出した暮らしの細部が物語るものについて書いてみようと思う。彼／彼女らが抱える困難さは多様だが，「生きていくことがどうにもならなくなった」という事実はどの人にも共通している。私たちが行う地域における暮らしを媒介としたケアは，医療と並行して行われることがほとんどだ。一般的にイメージされる「医療機関から地域支援への移行」という定型の流れとは異なる。また専門家が去るというより，当事者が次のケアへと動き出していくとき関係は一旦の終結を迎える。彼／彼女らは去ったあとも，ケアを「はしご」しながら生き延びていく。そして必要があれば再び同じ場へ戻り，やり残した宿題を片付けるように時間を過ごす。そのように自分のケアという場を確保する当事者の変化こそ，私たちがいつも望んでいることなのだ。

グループホームの火事
——Homeの喪失

2014年12月22日の早朝だった。入居しているメンバーから「大嶋さん，ハウスが火事になった。いま消防車のなかに避難している，全員無事だよ」の第一報が入った。日曜は当直が入らずスタッフが巡回し入居者の様子を確認しているから，火事は月曜の朝だったのだと思う。火事という言葉が現実味を帯びないまま，「リカバリーハウスそれいゆ」（以下，ハウス）の2階小部屋の屋根からの出火で火災報知器が作動したこと，誤作動かと思っていたら火柱が見えたので全員が声を掛け合いみんなで外へ出たこと，消防車が何台もハウスの周囲に集結していること，2階には高齢の女性が住んでいるが一緒に避難できたこと等々を聞いているうちに，事の次第が飲み込めて，身体が戦闘モードに入る。2002年の9月にこのハウスで行き場を失った女性の支援を始め，12年が経過したところだった。

すぐに近くに住むスタッフ2名に連絡を入れて現地に向かわせる。急ぎその日東京で行われるはずの会議をキャンセルする連絡を済ませると，自宅に入居メンバー全員を一旦受け入れるための準備を大急ぎで整えた。ハウスは2階の屋根部分が焼け落ちていた。6部屋のうち焼け方がひどかったのは1つだったものの，煙に燻された匂いが残り，消化作業の際に家財が水を被り，もう住めない状態だと一眼でわかった。朝晩はマイナス10度近くになる時期で，暖房も電気もないハウスから彼女たちに最低限の荷物を持ち出してもらうため，私たちはそれから2カ月近く片付け作業に追われた。さいわい法人が運営していたもうひとつのグループホームの移転を計画していた関係で，わずか1カ月ほどで新しいハウスに入居することができた。しかし必要な工事が終わるまでメンバーたちはホテル住まいとなり，スタッフは食事を届ける際に

メンバーたちの様子を確認するが，慌ただしく落ち着かない日を過ごしていた。

焼けてしまったハウスは当直室を入れると7LDKという，古いがとても大きな家だった。中庭にはぶどうの棚があり，野菜やハーブなどを育てていた。メンバーたちはそれぞれの個室と浴室やリビングを行き来しながら，そのときそのときに流れているハウスの空気に適応したり抗ったりしながら，自分が何故ハウスで暮らすことになったのかという現実と向き合う。そして数年が経ち生きることに少し希望を見出せるようになると，次の場所を見つけて出ていった。火事になってわかったのは，私たちが失ったのは家財道具や洋服とか，そうした現実的なモノたちだけでなかったことだ。中庭の草刈りを終えたあとのお楽しみのバーベキューや，夕涼みで食べたスイカ，近くを流れる豊平川の河川敷で見る花火大会や，文句を言いつつ全員でおこなう大雪の朝の雪かき，そしてそれぞれの誕生会を祝う御馳走づくりや年越し会などの生活にまつわるささやかなできごと，その手触りと共にある記憶が，今後も更新されると当たり前に思っていた現実を失ったのだ。

彼女たちにとってハウスでの暮らしは，人に不用意に侵入されないだけでなく，自分のおかしさがそのまま溢れ出たとしても否定されないことを保証するものだ。迷惑なことは迷惑だとはっきりと指摘されるが，それ以外はどんなにひどいことでも後で笑い話になるように受け止められ，皆でその危機状況をやり過ごしていく。メンバーたちはそれぞれの事情を抱えてハウスにやってくるが，暴力の被害は深いうつや不眠という形で現れることもあれば，違法薬物の使用や自傷行為で表現されることもある。しかも表現は複雑で入り組んだ様相となることも少なくない。メンバーたちは皆，自分の「生き難さの現れ」を抱えるがゆえに，他者のそれに対して敏感で時に過剰に反応し，だが寛容でも

ある。火事でハウスを失ったことは，この大きな家が持つ独特の空間だけでなく，メンバー各自の個室が果たしてきた重要な境界（バウンダリー）と親密圏をも喪失したことになるのだ。

ホテルでの仮住まいのあいだ，メンバーたちの調子がゆっくり崩れていくのが感じられた。個室が保証されることは，境界を守られるという，それまでのような「よいこと」ではなくなり，むしろ小さな空間に押し込められ息がしづらくなって孤立感を深めていくようなこととして作用した。今までは当たり前に聞こえてきたハウスのなかの生活音，例えば誰かが洗面所で歯磨きをする音や，トースターでパンを焼く音，夜中にシャワーを浴びてドライヤーで髪を乾かす音……それらはすべて厚いコンクリート壁でしっかりと遮断されているし，かすかに聞こえたとしてもそれは，自分とは何も接点のない他者のものでしかない。ハウスの部屋から持ち込んだ植物たちが萎びていき，飼っていた熱帯魚が死んでいく様子と同じように，彼女たちから生き生きとした感覚が薄れていくのがわかった。

新しいハウスの工事が完了し全員で移ることができたのは，そんなギリギリの頃だった。スタッフによる夕食提供と当直が復活し，ハウスのなかには再び生活の音が溢れるようになった。

すぐにそれぞれの個室に慣れた様子だったが，窓を開けるとすぐに隣の家家が見えて以前のようにはいかない。庭はなくなり，恒例の雪かきもわずかなスペースだけなので全員が起こされることはなくなった。それでもメンバーたちは少しずつ新しいハウスを自分のHomeとして認識していく。Homeとは建物（House）とは異なり，そこで暮らす人のさまざまな「生き難さの現れ」を受け止めながらも，空間と時間と出来事が織りなす親密さを孕んだ，メンバー各自にとって自分がいつでも還れる場を指す。私たちは一度それを喪う体験を通じて，当たり前の日常が提供してきたもの，メンバーたちがそこから

得ていたものが何かを知ることとなった。援助者は暮らしの場を整えながら，そこを入居者にとってHouseからHomeへと変えていく仕事を任されている。メンバーたちが自分のどうしようもなさを出してしまえる場は，ウンザリするようなひどいことがあったとしても淡々とした日常によって支えられ，それでも生きていけるという安心につながる。その意味で援助者が暮らしに関わるというとき，私たちもまた，この社会で女性として生きる彼女たちと地続きの困難を生きる当事者であることを，横に置くわけにはいかない。地域での暮らしに関わる専門家は，そこから去ることができない。むしろ彼女たちが去った後，ケアの場を「はしご」するその姿が見えなくなるまで忘れず思い出しながら，新しくたどりついたメンバーにとってのHomeを創る仕事を，忙しく始めていく。

コロナがもたらしたリアル
――「居る」ことの意味

今年はコロナウイルスの感染拡大が日本中で大きな話題となり，気がつくと半年が過ぎてしまっていた。先述した火事の場合，直後は「非日常」がしばらく続くのだが，それでも片付けと共に終結が見えると，やがて「日常」が取り戻されていった。しかしウイルスという未知の体験を前に，今までの体験や知恵が使えない。なかでも「人との接触を避ける」というオーダーは，かなり悩ましかった。

というのも，法人の運営する4事業所を利用するメンバーの多くが，親しい人による本来は安全とされる場での被害を体験しており，ここへ来るまでは人への不信感も警戒心もとびきり強いからだ。しかしその場に「居つづけることで」ようやく人とのつながりを摑みかけたところなのだ。いまそれを「人との接触を避ける」という理由で止めてしまうことは，彼女たちが

自分というセル（Cell）のなかへ引き返すことを意味する。感染を避けることと，摑みはじめたつながりを途絶しないことは両立するのか。しかもウイルスという「非日常」には，火事の時のような終わりが見えない。

もうひとつ懸念されるのは，「日常」という緩やかな時間の枠と自分が担う仕事によって構成されるものがウイルスによって崩されてしまうと，まさに被害体験が起こっていた「あのとき」に引き戻されることにならないだろうか，ということだ。なぜなら彼女たちが被害体験で失ったものこそ，そこにあるはずの「日常」だったのだから。やはり，事業はいつものように継続するのがいいのではないかと思えた。ただし距離を取りながら，少ない人数を交代で出勤させ，けれど同じように昼食を提供しつつ，他愛のないおしゃべりと作業ができる通所施設を開所しつづけた。グループホームでもできる限りいつもと同じであることが重要だった。ひとりになりたいときには自室で過ごし，誰かと一緒に居たいときにはリビングで過ごす。そういう「日常」を積み重ねている。

*

最近，コロナウイルスがもたらしたリアルについて，興味深い考察と出会った。それをとりあえず「生命と自然の問題」として，作家と文化人類学，美学の研究者という3人が交互にリレーエッセイを綴るのだが，そのうちのひとりである伊藤（美学）は，人間が徐々に体を手放しつつあるのではないかと述べる（伊藤，2020）。高度な情報通信技術を手にした人類は，そのために大量の化石燃料を燃やしながら，自身の体からは物質的な側面を可能な限り削ぎ落とそうとしている。自分の同僚はパソコンの画面が映し出す影であり，わずかにズレながら耳に入ってくる声であるという。一方で伊藤は体を非物質化するメリットとして，リアルでの対面が難

しい人にとってリモートな人間関係はむしろ福音であるとも述べる（最近私たちが多く付き合う発達障害と呼ばれる人たちは，オンライン化された打ち合わせや会議の方法によって対面を避ける機会が増えて救われたという）。また物理的な体がないことで，相手が自分より優れているかなどを判断してしまうなど，無意識における差別も避けられる可能性が出てくる。

しかし，と伊藤は続ける。私たちは「いる」を喪失してしまったのではないか，「いる」こそ，物質としての体が私たちに与えてくれる最大の恩恵ではないかというのだ。たとえ言語的コミュニケーションが成り立っていても，それは必ずしも「いる」を生み出しはしないし，逆に言語的コミュニケーションが成り立たないような相手であっても，「いる」ことはできる。そして「いる」と共に失われるのは「変身」の可能性だという。変身とは自分と異なるものの世界の見え方をありありと実感することであり，物理的な体があるからこそ，私たちは自分でないものになることができる。

奥野（文化人類学）は伊藤の考察を引き受けて，次のように論を展開する（奥野，2020）。「いる」の喪失とは，コミュニケーションを特別な地位を与えられた人間のためのものに限定してきた必然的な結果であり，蜂やゴキブリ，植物，石や神，死者といった人間を超えた他者との対話を度外視し，人間世界の内側にコミュニケーションを限定的に設計してきたゆえに，「いる」が失われたのだと。そしてボルネオ島の焼畑稲作民カリスの人たちにとって「体」が持つ意味，人間を超えた他者との関係で世界が成り立つことを想定した暮らしを紹介したうえで，次のように論考を締めくくっている。「いる」の喪失は，人間を超えた世界からの人間の切り離しのうえに起きている。そして人間同士のコミュニケーションからの物質性の抹消とは，その完成形態の予告のようなものではないのか。

＊

私たちが常日頃からメンバーたちに投げかける言葉がある。「まずは何もできなくていい，話さなくてもいいから"居てごらん"」「とにかく"居る"ことが大事だよ」——自分の体をその場に運んでくること，人のなかに居ることを通して変化がやってくるといつも伝えてきた。加えて一昨年前から通所施設では農業の手伝いを始め，農家に赴いては果樹の手入れや収穫を手伝い，カフェで消費する野菜を作っている。トラクターを運転しながら農地を行くメンバーたちは，見ると無言で虫を観察し，道端の花をスケッチするなどして，思い思いに人間と異なる他者との対話にも忙しい。特に長く人とのコミュニケーションを避けてきたメンバーほど，農地では驚くほどに快活となり命が吹き込まれたようだ。そして長く続けているのは，ソマティクスと呼ばれる自分の体を感じ，手当てするメソッドの実践だ。

心身に深く刻まれた被害の記憶は，消すことができない。自分というセル（Cell）に閉じこもる状態から社会に戻っていくのは回復（リカバリー）とみなされるので，周囲にはその変化を喜ばれる。しかしコロナウイルスのもたらしたリアルとニューノーマルが示すものは，私たちが回復を続けるために大事だと言いつづけてきたことを激しく揺さぶっている。だが物質としての体にこだわりつづけ，自分たちを超えた力を信じて異質なものと共に「居る」のを目指してきたのは，やはり間違ってはいないという確信に変わろうとしている。今一度，自分と異なるものの世界の見え方をありありと実感することの意味と意義について考えていきたい。そして，戻っていく社会のなかに彼女たちがより息をつける場を多く拓くことも，これからの大きな目標となるはずだ。

◉**文献**

伊藤亜紗（2020）09 体をうしなう日．Web Magazine by akishobo「ひび割れた日常」（https://www.akishobo.com/akichi/nichijo/v9［2020年7月6日閲覧］）.

野坂祐子（2019）トラウマインフォームドケア──"問題行動"を捉えなおす援助の視点．日本評論社.

奥野克巳（2020）10「いる」の喪失とはなにか．Web Magazine by akishobo「ひび割れた日常」（https://www.akishobo.com/akichi/nichijo/v10［2020年7月6日　閲覧］）.

大嶋栄子（2019）生き延びるためのアディクション──嵐の後を生きる「彼女たち」へのソーシャルワーク．金剛出版.

編集後記
Editor's postscript

いつか文化について，取り組んでみたいと思っていた。今回，雄渾な執筆陣をお迎えすることができた。座談会の前に東畑さんがおっしゃっていた。「心理学が少ないですね」。たしかに。座談会の最中，北中さんがくりかえしおっしゃっていた。「今頃そんな議論をしているのですか」。たしかに。おそらく実践は，理論の先を進んでいる。私たちはそれを後追いしている。心理臨床で実際に行っていることは，早い。当事者家族が面接に持ってこられることの方が，理論よりずっと先を行っている。

文化を論じる。ある種の反発が予想される。厳しい現実と格闘しているこの時期に，悠長な評論などしている場合ではないだろうという声。文化論などは，臨床家の副次的な産物，そのようなものをまねているような暇はないだろうという声など。いや，むしろ臨床心理学の方法こそが，文化をとらえそのリソースを活かす具体的な力になる。精神人類学という独創を立てた藤岡喜愛先生を思い起こす。ロールシャッハテストやバウムテストの実にエキスパートでもあった。若き河合隼雄先生を触発した人であった。文化による世界認識の違いを，臨床的方法によって明らかにしていくことが，多文化の交差領域を生み出すのである。今，時代はそのような創造のエネルギーを求めている。

金剛出版編集部・藤井裕二さんの企画プロモートがなければ，今回の増刊号は成り立たなかった。パンデミックが迫る異様な状況下でも，私たちの協働を粘り強く支えていただいた。編集者魂をリアルに感じる瞬間がしばしばあった。深くお礼を申し上げたい。　　　　　　　　　（森岡正芳）

好評既刊

Ψ金剛出版　〒112-0005　東京都文京区水道1-5-16　Tel. 03-3815-6661　Fax. 03-3818-6848
e-mail eigyo@kongoshuppan.co.jp　URL https://www.kongoshuppan.co.jp/

リフレクティング・プロセス 新装版
会話における会話と会話

［著］トム・アンデルセン　［監訳］鈴木浩二

オープン・ダイアローグを実践するための必読文献！　クライエント⇔セラ
ピストとそれを観察する専門家チームがお互いに対話を繰り返すユニークな
面接法。
「リフレクティング・チーム」とは，セラピストと観察者，そしてクライエ
ントが互いに意見を反響させ，異なった循環を生み出すことで解決を図る技
法である。そこから発生した「リフレクト」概念は単なる技法論にとどまら
ず，会話や解釈，言語そのものにまで連関し，ポストモダン・セラピーにも
深い影響を与えている。　　　　　　　　　　　　　　　本体3,200円＋税

ナラティヴ・プラクティス
会話を続けよう

［著］マイケル・ホワイト　［訳］小森康永　奥野光

ホワイトの社会的，政治的，そして倫理的なものに向けられた関心は，彼の
治療的アプローチを形成している。彼はセラピーの世界にとって大切なト
ピックについて，雄弁かつ詳細に，それらへの探求を続けてきた。
近代的権力操作，ターニング・ポイント，個人とコミュニティの倫理，逆転
移，抵抗，豊かなストーリー展開，そしてセラピストの責任について。暴力
加害者，トラウマの生存者，拒食症患者，自死遺族，そしてセラピーを受け
るカップルへの臨床にも示唆を与えている，マイケル・ホワイトの理論が凝
縮された一冊。　　　　　　　　　　　　　　　　　　本体3,800円＋税

ナラティヴ実践地図

［著］マイケル・ホワイト
［訳］小森康永　奥野光

ナラティヴ・セラピーの創設者である著者の20年以上の経験の集大成とし
て書かれた本書は，ナラティヴの体系とテクニックを理解し，実践するため
の決定的なガイドである。「外在化する会話」「再著述する会話」「リ・メンバ
リングする会話」「定義的祝祭」「ユニークな結果を際立たせる会話」「足場作
り会話」というナラティヴ・セラピーの六つの主要な技法を，実際の臨床場
面でどうやって用いればよいのかが，トラウマやアディクション，摂食障害
やDVといったケースでの実際の面接の逐語録と，詳細な解説によって示さ
れる。　　　　　　　　　　　　　　　　　　　　　本体3,800円＋税